职业教育经济管理类新形态系列教材

ZHIYE JIAOYU JINGJIGUANLI LEI XINXINGTAI XILIE JIAOCAI

U0745698

证券投资实务（附微课 第3版）

Zhengquan Touzi Shiwu

孟敬 ◎ 主编

人民邮电出版社

北京

ZHIYE JIAOYU JINGJIGUANLI LEI XINXINGTAI XILIE JIAOCAI

图书在版编目（CIP）数据

证券投资实务：附微课 / 孟敬主编. -- 3版. --
北京：人民邮电出版社，2024.7
职业教育经济管理类新形态系列教材
ISBN 978-7-115-64344-5

Ⅰ. ①证… Ⅱ. ①孟… Ⅲ. ①证券投资－职业教育－
教材 Ⅳ. ①F830.91

中国国家版本馆CIP数据核字(2024)第087157号

内 容 提 要

本书融汇了国内外证券投资的相关理论，对有关证券投资理论和操作方法进行了较全面、简明的论述。本书共 11 章，可分为证券投资基础、证券市场、证券的发行和流通、证券投资分析、证券投资管理等五个部分。本书内容安排紧跟证券市场的形势变化，辅以丰富的微课视频、文本案例、知识性拓展内容、知识测试与实训操作，有助于读者对重点知识理解和掌握。

本书配有电子课件、课程标准、视频案例、文本案例、实训指导、习题答案、补充题库、模拟试卷及答案等教学资料，索取方式参见书末的"更新勘误表和配套资料索取示意图"（咨询 QQ：602983359）。

本书可作为职业院校财经类专业相关课程的教材，也可作为相关人员学习证券投资知识的参考书。

◆ 主　　编　孟　敬
　　责任编辑　万国清
　　责任印制　胡　南

◆ 人民邮电出版社出版发行　　　北京市丰台区成寿寺路 11 号
　　邮编　100164　　电子邮件　315@ptpress.com.cn
　　网址　https://www.ptpress.com.cn
　　北京市艺辉印刷有限公司印刷

◆ 开本：787×1092　1/16
　　印张：13.5　　　　　　　　2024 年 7 月第 3 版
　　字数：360 千字　　　　　　2025 年 5 月北京第 3 次印刷

定价：49.80 元

读者服务热线：(010)81055256　印装质量热线：(010)81055316
反盗版热线：(010)81055315

第 3 版前言

自本书第 2 版出版以来，我国资本市场又发生了很大的变化，针对这些变化，编者在学习党的二十大报告的基础上，对原书内容进行了相应调整，在上一版的基础上主要做了以下修订工作，以使本书逻辑结构更加合理、内容更加充实。

（1）更新了部分章节的内容，修订了教材中如《证券法》、科创板、北交所、全面注册制等相关内容。

（2）根据技能型应用人才培养目标，弱化教材体系的完整性，强化证券投资业务的操作规程和实践方法，通过对案例的分析和点评，让学生对实务操作有更真实的体验。

（3）强调理论与实践相结合，在选材上紧密结合形势发展，注重引用新的时事资料和研究成果。对于较重要的知识点，以二维码的形式链接视频、拓展阅读性资料。

（4）注重对学生职业能力的培养，为提高学生的实务操作能力，专门增加了证券投资软件操作的内容，再现了证券投资的实际场景。

（5）本书获得上海相誉网络科技股份有限公司提供的析金法动画教学视频，能让学习变得更简单、更有趣、更自由。

课外实训可有效提升学生的学习兴趣，编者建议在教学中抽出一定课时安排实训课（如 64 课时的课程，编者一般安排 28 课时进行课内实训）并鼓励学生自行安排课外实训。

教师可根据教学目标、学生基础和实际教学课时等情况灵活安排实训课和理论课课时，下表为 36 课时理论课具体课时分配建议（更多参考意见详见本书配套资料）。

章序	章名	课时	章序	章名	课时
第一章	证券投资概述	4	第七章	证券投资分析	2
第二章	证券投资基本工具	4	第八章	证券投资基本分析	6
第三章	证券投资衍生工具	2	第九章	证券投资技术分析	6
第四章	证券投资的收益与风险	2	第十章	证券投资指标分析	4
第五章	证券市场	2	第十一章	证券投资管理	2
第六章	证券发行与流通	2	合计		36

　　本书配有电子课件、课程标准、视频案例、文本案例、实训指导、习题答案、补充题库和模拟试卷及答案等教学资料，索取方式参见"更新勘误表和配套资料索取示意图"（咨询 QQ：602983359）。

　　鉴于编者学识、能力所限，书中难免有不妥之处，期待诸位同人、专家和同学提出宝贵意见（扫描书末的"更新勘误表和配套资料索取示意图"中的二维码可查看"更新勘误记录表"和"意见建议记录表"）。

编　　者

目　　录

第一章

证券投资概述

【学习目标与知识结构图】

1. 了解个人理财、投资与证券投资的基础知识，掌握证券与有价证券的基础知识。
2. 掌握证券投资的操作过程，会使用证券投资软件。
3. 树立正确的价值观、财富观，具有社会责任感、大国工匠精神。

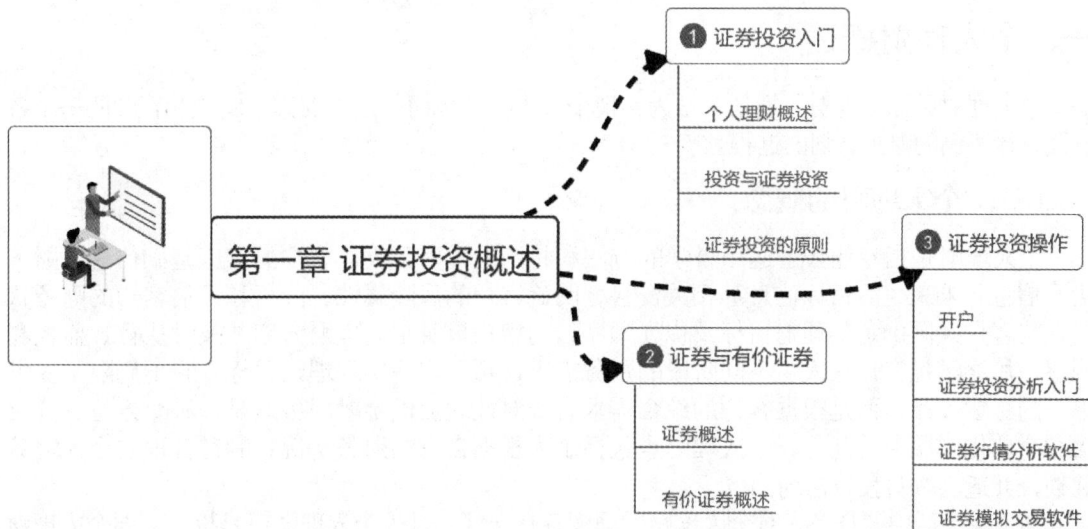

【案例导入】

A 刚进入大学，智商和情商都很高，对生活充满向往。他希望自己能成为像"股神"巴菲特一样的人物，拥有高财商。大家对智商、情商已耳熟能详，但是对财商又了解多少呢？

财商是指个人或集体认识、创造和管理财富的能力，是人在经济社会中正常生存必须具备的基本能力之一。我们经常会听到有人说："理财是有钱人的事，我现在没钱，不用考虑理财""现在还年轻，理财以后再说吧"。而事实是怎样的呢？理财与是否有钱没有直接的联系，而且越早开始理财效果越好。下面通过例子帮助大家加强对个人理财的理解。

假设我们每月能节省 1 785 元，将其投资到月收益率为 0.8% 的投资产品（例如，投资于某基金），坚持投资 40 年，总计投入 856 800 元，那么到时候我们将拥有的资产为

$$40 年后本利和 = 每月投资 \times [(1+月利率)^{总月数}-1] \div 月利率$$
$$= 1\,785 \times [(1+0.008)^{480}-1] \div 0.008$$
$$= 10\,000\,470.21（元）$$

如果把 856 800 元一次性存入银行，结果会是怎样的呢？读者可查询当前银行定期存款最高利率，据以计算 40 年后拥有的本利和（银行存款利率为单利），计算公式为[①]

$$40 \text{ 年后本利和} = 856\,800 \times (1 + \text{年利率} \times 40)$$

读者可自行计算，看看这种方法是否能使自己成为千万富翁。

思考与讨论

（1）如果自己属于工薪阶层，为了让自己在退休后能过上优质的生活，应该怎么分配工资呢？

（2）你认为作为学生，有必要现在就开始学习证券投资吗？为什么？

第一节　证券投资入门

证券投资属于狭义的投资，是指企业或个人购买有价证券，借以获得收益的行为。证券投资是个人理财的主要方式之一。

一、个人理财概述

个人理财又称个人财务规划，是为实现个人人生目标而制定、安排、实施和管理的一个各方面总体协调的财务计划的过程。

（一）个人理财的概念

个人理财是指专业人士运用科学的方法和特定的程序，收集客户的家庭基础信息、财务状况信息、未来生活目标信息等相关资料，明确客户的风险属性，分析和评估客户的财务状况，与客户共同确定其理财目标及优先顺序，为客户量身定制理财方案并及时执行、监控和调整，最终满足客户在人生不同阶段的财务需求，帮助客户实现理财目标。它不局限于提供单一的金融产品，而是根据客户的综合需求有针对性地提供金融服务，是一种全方位、分层次和个性化的服务。此外，个人理财也包括个人根据自身的财务状况，制定合理的个人财务规划，并适当参与投资活动。

在现实生活中，许多人对个人理财的理解存在误区，以为个人理财就是投资，即个人理财就是使资产增值。实际上个人理财规划是合理分配资产和收入，不仅要考虑财富的积累，还要考虑财富的安全。因此按照客户理财目标，可将个人理财分为投资理财和保障理财两种。

（二）个人理财的目标、任务和步骤

视野拓展

个人理财规划方案设计（示例）

1. 个人理财的目标和任务

个人理财的目标是建立一个财务安全、健康的生活体系，实现人生各阶段的目标和理想，最终实现财务自由。

个人理财是针对客户整个生命周期而不是某个阶段的规划，具体包括个人生命周期每个阶段的资产、负债分析，现金流量预算和管理，个人风险管理与保险规划，投资目标确立与实现，职业生涯规划，子女养育及教育规划，居住规划，退休计划，个人税务筹划及遗产规划等多个方面。

[①] 在实际操作中，定期存款到期如不取出，将自动转计活期存款利率。到期后将本利和重新存成定期会比运用本公式计算所得略多，但差异不大。零存整取利率较定期存款利率低，计算稍显复杂；活期存款收益可忽略不计。

2. 个人理财的步骤

个人独立开展理财规划包括以下几个步骤。

（1）确定个人理财的目标。个人理财的目标不应该只考虑投资收益率，还应该重点考虑个人和家庭对生活的期望和梦想，也就是在什么阶段能够达到什么样的生活状态。比如：期望何时退休，退休后能够达到什么样的生活水平；期望给孩子提供怎样的教育；期望居住或出行条件得到怎样的改善；在旅游娱乐方面有什么计划等。

（2）制定理财规划。一个科学的、系统的、可操作的，而且各方面总体协调一致的财务规划，能为我们指明达到自己理财目标的道路和方法。个人理财规划往往会涉及家庭财务的各个方面，包括家庭资产的配置、家庭保障的安排、家庭现金流的控制、家庭消费的合理安排、家庭投资资产的投资组合设计、投资策略的制定、个人税务问题的合理筹划以及遗产的安排等。注意，关于家庭财务诸多方面的规划设计一定要是统一、协调、一致和可操作的。

（3）理财实施。理财实施是指理财规划的具体实施和安排。这就需要选择具体的适合自己的投资理财产品，然后实施购买。理财产品没有绝对的好坏之分，只有适合不适合之别。在这个步骤中，我们一定要对各种投资理财产品有明确的认识，并对它们的优势和不足有详细的了解，通过取长补短、组合设计来实现整个家庭的财务目标。

（4）理财评估。理财评估是指对安排好的家庭资产、家庭保障和家庭现金流进行长期的管理、监控、评估和调整。个人理财是一个动态的过程，因此要在各个阶段做好评估。

二、投资与证券投资

（一）投资的概念、目的和作用

投资是指特定经济主体为了在未来可预见的时期内获得收益或资金增值，在一定时期内向一定领域投放足够数额的资金或实物的货币等价物的经济行为。投资分为实物投资、资本投资和证券投资等。前两种投资是直接以货币投入企业，通过生产经营活动取得一定利润；第三种投资是以货币购买企业发行的债券或股票，间接参与企业的利润分配。

1. 投资的目的

投资者在投资前，首先要明确自己投资的目的。一般而言，投资的目的有以下三种。

（1）本金保障。本金保障是最重要的投资目的，投资者往往通过投资保持资本或者资金的购买力。遇到通货膨胀时，若不进行有效益的投资，现金的购买力就会随时间的推移而下降。

（2）资本增值。对某些投资者来说，他们不仅要求资本保值，还要求资本增值。投资者希望通过投资工具使本金迅速增值，使财富得以累积。

（3）经常性收益。投资者在投资时，不仅希望本金能获得保障，还希望能定期获得一些经常性收益作为生活费用，如退休人士通过投资来获取稳定的退休金。

投资者在获取投资收益的同时，也面临着投资所带来的风险。投资者的生活背景和条件不同，承受风险的能力就有所不同，那么投资目的也就有所不同，进而投资取向、投资风格以及使用的投资工具也会有所不同。所以在制订投资计划时，投资者宜弄清楚自己的投资目的和风险承受能力等情况，并树立成熟的投资理念。

2．投资的作用

投资具体有以下两方面的作用。

（1）投资对经济增长有非常重要的影响。在经济理论界，西方国家和我国有一个类似的观点，认为经济增长主要是由投资决定的，即投资是经济增长的基本推动力，也是经济增长的必要前提。投资对经济增长的影响，可以从要素投入和资源配置两方面展开分析。

（2）投资是促进技术进步的主要因素。一方面，投资是技术进步的推动力，任何技术成果的应用都必须通过某种投资活动来体现；另一方面，技术本身也是一种投资的目标，任何技术成果都是投入一定人力资本和资源等后的产物。投资是技术与经济之间联系的纽带，新技术的产生和应用都离不开投资。

（二）个人投资的种类

个人投资就是以个人或家庭为投资主体的投资。在我国，个人投资一般有以下几种。

> **课堂讨论**
>
> 如何理解"房子是用来住的不是用来炒的"？

（1）房产。曾经有一段时间，在我国投资房产有很好的保值、增值效果。但未来其发展趋势很难预测，国外房地产市场的冷热循环值得我们反思。

（2）债券。相比于股票，债券风险低，但是收益也低，可以选择复利计息。常见的债券有国债、金融债券、公司债券等。

（3）股票。股票是主要的证券投资品种之一。

（4）贵金属。正所谓"乱世买黄金"，在金融危机或通货膨胀严重时，很多人都会转向购买黄金这种世界通用、价值稳定的物质。当前有很多黄金理财产品可供个人投资者选择，如黄金条块、纸黄金、黄金 T+D 等。

（5）保险。保险公司推出了很多理财型保险，预期收益率同银行存款利率差别不大。

（6）基金。基金是指具有特定目的和用途的资金，如信托投资基金、保险基金、退休基金以及各种基金会的基金等。通常所说的基金，主要是指证券投资基金。

（7）银行短期理财产品。这种产品的投资期限可以是几天、十几天或几个月，年化收益率可能比银行利率要高，比较适合有短期大额闲置资金的公司或个人。

（8）信托。信托理财适合资金比较充裕的投资者，一般是 100 万元起购，收益率可能较高。

（9）钱币、古董。收藏钱币、古董也是一种个人投资理财渠道，不过持有时间可能会很长，收益也难以预测。

（10）民间借贷。民间借贷的风险较高，不适合资金并不充裕的工薪阶层。

（三）证券投资的概念

证券投资是个人理财中最主要的投资方式，也是间接投资的重要方式。

<u>证券投资是指个人或机构购买资本证券以获取收益的行为和过程</u>。资本证券包括股票、债券、基金和证券衍生品等。

证券投资具有一般意义上的投资概念的内涵，同时又有别于其他投资方式。证券投资是一种金融投资，而不是实业投资。实业投资是指能形成固定资产和流动资产的投资活动，其物质载体是各类固定资产和流动资产。证券投资是一种间接投资，而不是直接投资。间接投资和直接投资的区别在于投资者的初始资金是否先通过金融中介机构进行重新组合和选择，然后才进入最终的使用。证券投资是一种高风险投资，其结果具有很大的不确定性。

（四）证券投资的相关要素

1. 投资场所

课堂讨论

如何理解"创造条件让更多群众拥有财产性收入。保护合法收入，调节过高收入，取缔非法收入，逐步扭转收入分配差距扩大趋势"？

投资场所是指证券投资交易的场所，即证券市场。证券市场是金融市场的重要组成部分。证券市场具有融通资金、定价、转移和分散风险以及提供流动性等多种功能，是投资者买卖股票、债券及其他有价证券的场所。随着现代信息、通信与电子技术的发展，证券市场已经不再是一个具体的场所，而是一个网络化的交易场所。

2. 投资参与者

证券投资参与者是资金的供给者，也是金融工具的购买者，包括以下三类。

（1）个人投资者（散户）。个人投资者是指以家庭资产进行投资的投资者，是投资活动的主体。从宏观角度来看，家庭消费后的结余构成社会储蓄，即家庭是社会主要资金的提供者。实际上，个人或家庭储蓄能否顺利地转化为投资是衡量一国（地区）宏观经济是否健康的重要指标。

（2）机构投资者。机构投资者可分为两类：一类是非金融企业，另一类是金融机构。非金融企业虽然有闲置资金，也需要通过证券市场进行投资，以获得尽可能高的收益，但这不是主要的，这类企业在证券市场中主要是资金的需求者，在投资活动中既是投资工具的发行人，也是投资资金的接受者。参与投资活动的金融机构主要有从事证券业务的投资银行，从事存贷款业务的商业银行，从事人寿保险、财产保险和再保险业务的保险公司以及包括共同基金、养老基金在内的各种基金管理公司。

（3）政府。政府与投资的关系表现在三个不同的层面：一是政府作为资金的需求者与企业一样，需要通过证券市场发行中长期国债或国库券筹措资金以满足其支出需要，特别是当政府的财政出现赤字或赤字增加时，更要通过发行债券来予以弥补；二是政府通过中央银行在证券市场中大量买卖国库券，以影响市场利率和货币供应量，从而调控宏观经济；三是政府通过专门的监管部门（如中国证监会）对证券市场进行监管，以使有关的信息得到规范的披露，确保证券交易的公平、公开和公正。政府投资不是为了营利，而是为了调控宏观经济。所以，政府既需要证券市场的资金，又需要负责对其进行监管。

三、证券投资的原则

证券投资的主要目的在于获取收益，但与此同时又不可避免地面临着一定程度的风险。在进行证券投资时，投资者一般应当遵循以下原则。

视野拓展

风险测评

（一）收益与风险最佳组合原则

在进行证券投资时，妥善处理收益与风险之间的矛盾至关重要。而要想处理好这一矛盾，应采用以下两种方法。

（1）在风险已定的条件下，尽可能使投资收益最大化。

（2）在收益已定的条件下，力争使风险降到最低。

收益与风险最佳组合是证券投资中一条基本的原则，它要求投资者必须明确自己的投资目标，清楚地认识自己的投资能力，从而不断培养并提高自己驾驭风险的能力。

（二）量力投资原则

对个人投资者来说，量力投资原则十分重要。量力投资原则包括以下两层含义。

（1）个人投资者能够用于证券投资的资金，只能是家庭或个人全部收入扣除必要消费支出后的剩余部分。量力投资原则就是要求投资者在投资前，衡量自己是否有足够的闲置资金用于证券投资。

（2）证券是一种风险性资产，其价格涨跌难以预料，因此进行证券投资具有一定的风险性。投资者在做投资决策前，必须客观衡量自己承担风险的能力，绝不能只看到理想的一面，还应充分估计损失的可能性并做好必要的准备。

（三）理智投资原则

证券市场风云变幻，各种影响因素也处于不断变化中。在进行证券投资时，投资者必须冷静、理智、谨慎、稳重，善于克制和控制自己的情绪，避免感情冲动，仔细分析证券市场行情，经过认真的比较、判断，审慎地做出投资选择。理智投资是建立在对证券客观认识的基础上，经分析比较后采取的行动，具有客观性、周密性和可控性等特点。

微课堂

巴菲特

巴菲特曾创造了三个神话：第一个是投资神话，从1965年到2006年，巴菲特的投资收益超过3 611倍，即如果我们投给巴菲特1万元，40年后他至少可以还给我们3 611万元；第二个是财富神话，巴菲特1956年从100美元起家，财富曾积累到1 000多亿美元（《2018胡润全球富豪榜》）；第三个是捐赠神话，巴菲特宣布将个人资产的85%全部捐献给慈善事业。

请问： 在证券市场中，投资成功的人很多，为什么巴菲特会成为公认的"股神"？

短线、中线和长线

（四）分散投资原则

分散投资原则也称投资组合原则。分散投资是依据不同证券的获利与风险程度，适当地选择并按不同比例合理搭配，投资于若干种不同风险程度的证券，建立理想的投资组合，从而将投资风险降到最低的方法。

1. 投资于多种证券

如果只投资一家公司的股票，一旦该公司经营不善甚至倒闭，投资者将不仅得不到收益，反而还会蚀本。如果同时投资多种股票或几家公司的股票，即使其中一种或数种股票得不到收益，其他收益较好的股票也可以给予一定程度的补偿，从而使投资者不至于亏损。

2. 投资于组合证券

在进行多种证券的投资时，投资者应注意投资方向，采取合理的投资组合。合理的证券投资组合包括证券品种合理组合、时间地点合理组合、风险等级和获利大小合理组合及期限合理组合。

第二节　证券与有价证券

证券是商品经济和社会化大生产发展到一定阶段的产物。

一、证券概述

证券是多种经济权益凭证的统称，是用来证明券票持有人享有某种特定权益的法律凭证，如借据、购物券、股票等。

（一）证券的概念

证券是各类记载并代表一定权利的法律凭证的统称，用来证明持券人有权依其所持证券记载的内容而取得应有的权益。

早期的证券表达权利的基本方式是在专用的纸单上借助文字或图形来表示特定的权利。但随着电子技术和信息网络的发展，现代社会的证券已趋于无纸化，即证券投资者几乎不再拥有任何实物券形态的证券，其所持有的证券数量或者证券权利均被相应地记载于投资者的账户中。总之，证券必须包括图1.1所示的几项要素。

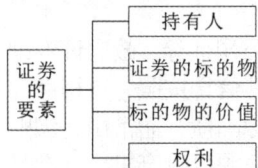

图1.1　证券的要素

（1）持有人，是指证券为谁所有。

（2）证券的标的物，是指证券票面上所载明的特定的具体内容，表明持有人权利所指向的特定对象。

（3）标的物的价值，是指证券所载明的标的物的价值大小。

（4）权利，是指持有人持有该证券所拥有的权利。

一般而言，证券具有以下两个特征。

（1）法律特征。法律特征反映的是某种法律行为的结果，证券本身必须具有合法性。同时，证券所包含的特定内容具有法律效力。

（2）书面特征。书面特征是指证券必须采取书面形式或与书面形式有同等效力的形式，同时必须按照特定的格式进行书写或制作，并载明有关法规规定的全部必要事项。

只有同时具备上述两个特征，才能称之为证券。

（二）证券的分类

证券按其性质不同可分为无价证券和有价证券，如图1.2所示。

无价证券又称凭证证券，是指本身不能使持券人或第三者取得一定收入的证券。无价证券可分为两大类：一类是证据证券，即单纯为证明某一特定事实的书面凭证，如借据、收据等；另一类是某种私权的合法占有者的书面凭证，即所有权证券，如购物券、车船票等。

图1.2　证券的分类

有价证券是指标有票面金额，用于证明持券人或该证券指定的特定主体对特定财产拥有所有权或债权的凭证。有价证券本身没有价值，但由于它代表着一定的财产权利，持券人可凭该证券直接取得一定量的商品、货币，或取得利息、股息等收入，因而可以在证券市场上买卖和流通，客观上也就有了交易价格。

有价证券有广义与狭义之分。广义的有价证券包括商品证券、货币证券和资本证券，狭义的有价证券指资本证券。注意，证券投资学的研究对象是狭义的有价证券。

商品证券是证明持券人拥有商品所有权或使用权的凭证，取得了这种证券就等于取得了这

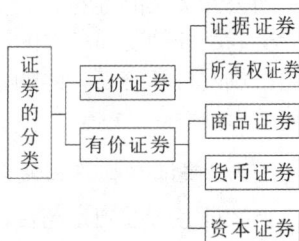

种商品的所有权；同时，这种证券所代表的商品所有权受法律保护。比如，提货单、运货单、仓库栈单等都属于商品证券。

货币证券是指本身能使持券人或第三者取得货币索取权的有价证券。货币证券主要分为两大类：一类是商业证券，主要包括商业汇票和商业本票；另一类是银行证券，主要包括银行汇票、银行本票和支票。

资本证券是指由金融投资或与金融投资有直接联系的活动而产生的证券，持券人对发行人有一定的收入请求权。资本证券包括股票、基金、债券及其衍生品，如基金证券、期货合约等。

二、有价证券概述

（一）有价证券的分类

有价证券种类多样，可以从不同角度、按不同标准进行分类。

1. 按证券发行主体分类

按证券发行主体的不同，有价证券可分为政府证券、政府机构证券和公司证券。政府证券即政府债券，是指由中央政府或地方政府为筹措财政资金或建设资金，凭借其信誉按照一定程序向投资者发行的债券，包括中央政府债券与地方政府债券。中央政府债券也称国债，通常由一国财政部发行；地方政府债券由地方政府发行，以地方税或其他收入作为偿还来源。政府机构证券是由经批准的政府机构发行的证券，我国目前不允许政府机构发行证券。公司证券是指公司等经济法人为筹措资金而发行的有价证券，主要包括公司股票、公司债券及商业票据等。

2. 按证券是否在证券交易所挂牌交易分类

按证券是否在证券交易所挂牌交易，有价证券可分为上市证券和非上市证券。上市证券又称挂牌证券，是指经证券主管机关核准发行，并经证券交易所依法审核同意，允许在证券交易所内公开买卖的证券。非上市证券也称非挂牌证券、场外证券，是指未申请上市或不符合在证券交易所挂牌交易条件的证券。非上市证券不允许在证券交易所内交易，但可以在其他证券流通市场发行和交易。比如，凭证式国债、普通开放式基金份额和非上市公众公司的股票都属于非上市证券。

3. 按证券收益固定与否分类

按证券收益固定与否，有价证券可分为固定收益证券和变动收益证券。固定收益证券是指持券人可以在特定的时间内取得固定的收益并预先知道取得收益的数量和时间的证券，如固定利率债券、优先股股票等。变动收益证券是指收益随客观条件的变化而变化的证券。

4. 按证券募集方式分类

按证券募集方式的不同，有价证券可分为公募证券和私募证券。公募证券是指发行人通过中介机构向不特定的社会公众投资者公开发行的证券，其审批较严格并采取公示制度。私募证券是指向少数特定的投资者发行的证券，其审查条件相对较松，投资者也较少，不采取公示制度。

5. 按证券性质分类

按证券性质的不同，有价证券可分为基础证券和金融衍生证券两大类。基础证券是指直接从实物资产演变而来的金融资产，它是最活跃的投资工具，是证券市场的主要交易对象，也是证券理论和实务研究的重点，如股票、债券和基金。金融衍生证券是指由基础证券派生出来的证券交易品种，主要有金融期货与期权、可转换债券、认股权证等。

（二）有价证券的特征

相对于无价证券，有价证券有以下几个特征（见图1.3）。

（1）收益性。证券的收益性，是指持有证券本身可以获得一定数额的收益。这是投资者转让资本使用权的回报。证券代表的是对一定数额的某种特定资产的所有权，而资产是一种特殊的价值，它在社会经济运行中不断运动、不断增值，最终形成高于原始投入价值的价值。

图 1.3　有价证券的特征

（2）流动性。证券的流动性又称变现性，是指证券持有人变现证券的难易程度。流动性是证券的生命力所在，它不但可以使证券持有人随时把证券转变为现金，而且可以使证券持有人根据自己的偏好选择持有证券的种类。证券的流动性可以通过到期兑付、承兑、贴现、转让等方式实现，不同证券的流动性是不同的。

（3）风险性。证券的风险性，是指证券持有人面临的实际收益与预期收益的背离，即证券收益的不确定性。未来经济的发展变化有些可以预测，有些则无法预测，这样投资者就难以确定自己所持有的证券将来能否获得收益和能获得多少收益，从而使证券具有风险性。从整体上来说，证券的风险与收益成正相关关系。

（4）期限性。证券的期限性，一般是针对债券而言的。债券多有明确的还本付息期限，以满足不同筹资者和投资者对融资期限以及与此相关的收益率的要求。债券的期限具有法律约束力，是对投融资双方权益的保护。股票没有期限，可以视为永久证券。

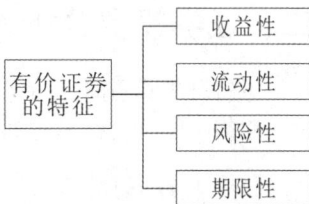

第三节　证券投资操作

实践是最好的学习方法，学习证券投资和学习其他理论知识一样都需要实践。本节涉及的证券术语较多，对初学者来说可能会比较困难，而且部分内容在后续章节才会予以详细介绍，但仍建议读者先行学习本节，以便在后续学习中随时能够实践所学内容。

一、开户

开户是指客户在证券营业部或证券登记机构开立账户。进行证券投资，首先要开户，即建立自己的账户。在证券交易程序中，开户包括开立证券账户和资金账户，只有将这两个账户开齐才能进行证券交易。

（1）证券账户，又称股东账户，相当于一个股票存折，一旦开立就可以在证券交易所拥有一个证券账户，开通证券账户需年满18周岁。

（2）资金账户。拥有证券账户后，投资者就具备了进行证券投资的资格，但此时还不能直接与交易所联系并进行交易，因为只有交易所的会员才能在交易所进行交易。因此投资者必须选择一家具有交易所会员资格的、可以从事证券经营业务的证券公司作为自己进行证券交易的经纪商，并

在证券公司开立资金账户，由证券公司代理个人到交易所内进行交易，并办理清算、交割、过户等手续。

（3）开户可以在证券公司的营业部柜台办理，也可以通过证券公司官方网站或手机应用程序进行线上开户。

二、证券投资分析入门

进行证券投资时，一定要先了解证券的价格走势。证券投资的技术分析主要通过K线图进行，K线图的横坐标是时间，纵坐标是价格。

（一）分时图

分时图是指大盘和个股的动态实时（即时）分时走势图，如图1.4所示。分时图在证券投资操作把握买卖点研判中极其重要，是即时把握多空力量转化即市场变化的根本所在。

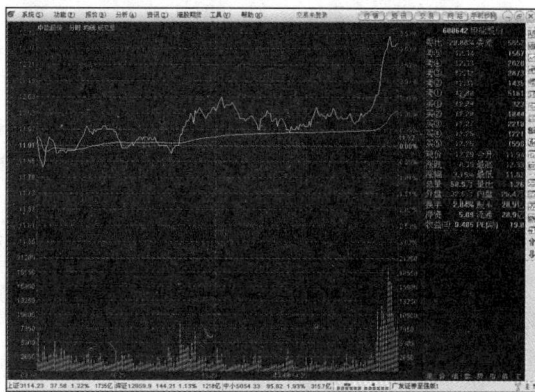

图1.4 分时图示例

在分时图中，白线为即时成交价格，黄线为即时成交价格的平均值，即当天成交总额除以总成交数。

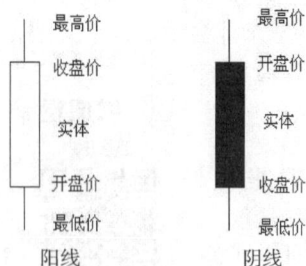

图1.5 K线

（二）K线

K线根据股价一天的走势中形成的开盘价、收盘价、最高价和最低价四个价位绘制而成，如图1.5所示。当收盘价高于开盘价时，开盘价在下、收盘价在上，二者之间的长方柱用红色空心绘出，称为阳线；其上影线的最高点为最高价，下影线的最低点为最低价。当收盘价低于开盘价时，则开盘价在上、收盘价在下，二者之间的长方柱用绿色实心绘出，称为阴线；其上影线的最高点为最高价，下影线的最低点为最低价。

（三）个股K线图

一条日K线代表的是一天的价格走势，那么从由多条K线组成的K线图就能够全面观察并透彻了解市场的真正变化。在K线图中，既可看到股价（或大市）的趋势，同时也可以了解到每日市况的波动情形。大部分证券

行情分析软件的界面都和图 1.6 所示界面很相似，个股 K 线图由以下七个部分组成，包括 K 线图、价格平均线、成交量、技术指标、五档委买委卖单、成交基本数据和成交快照等。

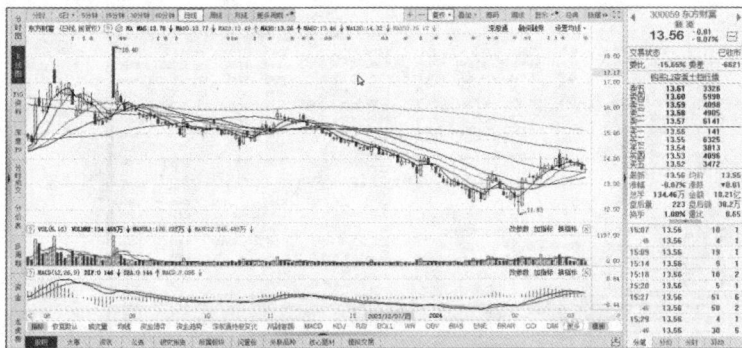

图 1.6　个股 K 线图示例

三、证券行情分析软件

证券行情分析软件对证券投资者非常重要，其主要功能是实时揭示证券价格信息（包括行情信息和资讯信息）。证券行情分析软件一般都会提供股票、期货、外汇等多个金融市场的行情、资讯和交易等一站式服务，并包括技术分析、基本面分析、资讯汇集、智能选股、自动选股、联动委托交易等功能。

（一）证券行情分析软件简介

1. 软件的下载

当前，市面上有大量证券行情分析软件可供选择并使用，如同花顺证券行情分析软件、大智慧证券信息平台等。本书介绍的证券行情分析软件是东方财富网提供的东方财富终端。

2. 软件的登录

东方财富终端经下载安装即可使用，打开软件后会出现登录界面。

初次使用需要注册账户，其具体操作为：单击"注册账户"，在账户注册界面输入手机号后单击"获取手机验证码"，随后手机会收到由东方财富发送给用户的六位验证码，填写密码及验证码后，单击"注册"即完成注册。

单击"游客登录"，可以选择以游客方式登录该软件。如果已经是注册用户，可以直接输入账号和密码进行登录。

3. 工作界面

东方财富终端界面由标题栏、菜单栏、工具条、主窗口、指数条和信息栏组成，如图 1.7 所示。

东方财富终端界面各部分的功能：①标题栏及菜单栏，显示程序名称和系统主要菜单，以便用户调用；②工具条，汇集了一些常用的功能；③主窗口，即用户工作界面，显示证券交易行情信息；④指数条，显示上证/深证指数、涨跌、成交金额以及上涨、平盘、下跌家数；⑤信息栏，显示滚动条、连接状态、预警提示灯及系统时间等信息。

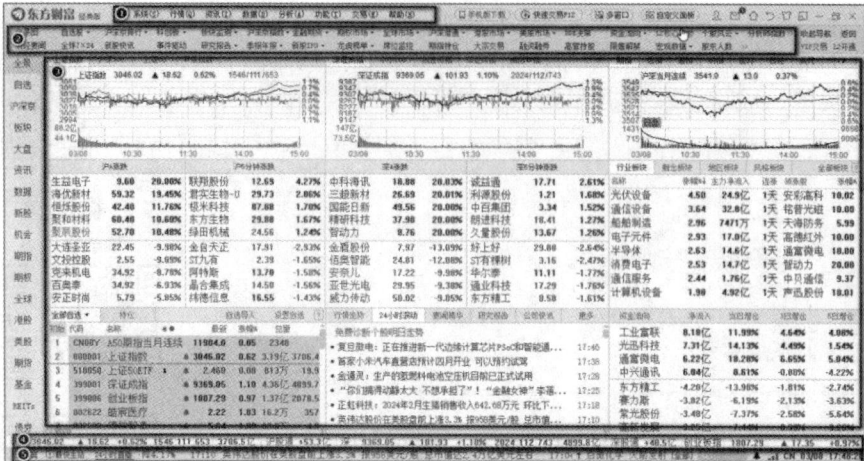

图 1.7 东方财富终端界面

（二）证券行情分析软件的使用

证券行情分析软件便于用户快速确定股票买卖点并通过交易系统进行投资操作。

1. 键盘的操作

图 1.8 键盘提示界面

在使用东方财富终端时，输入键盘上的任意一个数字、字母或符号都会弹出键盘提示界面，用户可以在其中输入中英文和数字进行搜索，如图 1.8 所示。

用户在东方财富终端界面可通过输入代码、名称或名称的汉语拼音首字母来搜索对应的股票、基金、债券、指数等，然后按回车键进入相关界面；还可通过输入指标（如 KDJ）的中英文名称，更换指标。东方财富终端为用户提供了一些快捷键，比如想看"上证 A 股涨跌幅排名"，可以直接输入"61"并按回车键。

2. 自选股的操作

在导航栏中单击自选股（输入"06"并按回车键；或直接按 F6 键）进入自选股界面。单击界面上的"设置自选股"按钮，可以把自己看好的股票加入到自选股列表中，方便浏览多个股票，如图 1.9 所示。

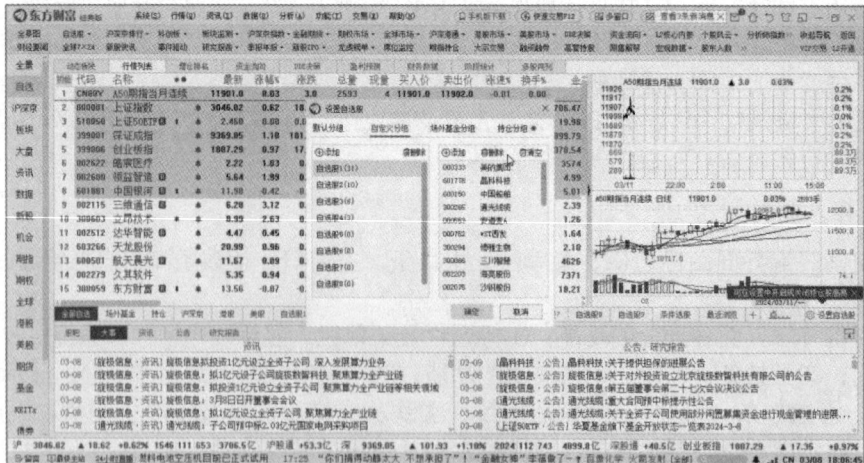

图 1.9 自选股界面

3. 宏观基本面

在菜单栏中选择"资讯"选项，进入财经资讯栏目，可以了解并分析影响证券价格的政治、经济和社会因素，如图 1.10 所示。

图 1.10　财经资讯栏目

4. 个股基本面

在分时走势或技术分析界面输入"10"并按回车键/F10 键，可以查看个股资料，如图 1.11 所示。在分析个股基本面时，F10 键的功能非常重要。

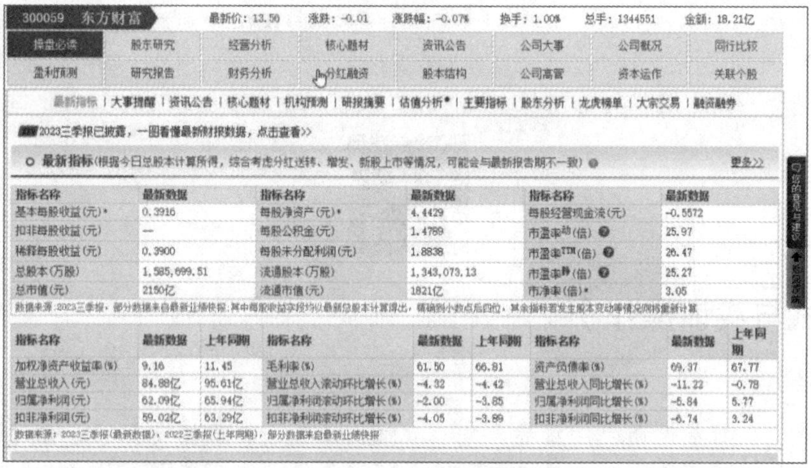

图 1.11　个股资料示例

四、证券模拟交易软件

证券交易软件一般由证券投资者开户的证券营业部提供，其主要功能有两个：一是投资资金的转入与转出，二是证券的买卖操作。

投资者在实际投资前必须进行模拟练习，建议先通过证券模拟交易软件练习证券投资的基本操作。证券交易的主要操作有委托买入、委托卖出、委托撤单和查询等，模拟证券交易的起始资金一般设置为 100 万元。

1. 东方财富终端的模拟操作

东方财富终端提供了模拟操作功能，如图 1.12 所示。

图 1.12　东方财富终端模拟操作

2. 叩富网模拟股票交易系统

叩富网模拟股票交易系统是一个专业的模拟股票交易平台，经过多次升级，其技术已非常成熟。该系统同时为用户提供网页版、客户端及 App 三种方式进行股票模拟交易，行情与交易所实时同步，成交撮合、闭市清算流程与交易所完全一致。登录叩富网后，可用手机扫描二维码下载手机端软件。

【本章小结】

投资是指特定经济主体为了在未来可预见的时期内获得收益或资金增值，在一定时期内向一定领域投放足够数额的资金或实物的货币等价物的经济行为。投资分为实物投资、资本投资和证券投资等。

本章介绍了投资与证券投资的基本知识、证券投资的原则、证券与有价证券的基本知识，以及证券的分类等内容。

【自测题】

【知识测试与实训操作】

一、名词解释

投资	证券投资	证券	有价证券	直接投资	分时图
量比	成交量	换手率	流通量	市盈率	

二、简答题

1. 什么是投资？如何正确理解投资的含义？
2. 什么是证券投资？它与实物投资有何异同？
3. 证券投资一般要经过哪些步骤？
4. 在证券投资过程中应该遵守哪些原则？
5. 有价证券的特征有哪些？

三、实训操作

下载叩富网 App，注册成为用户（记得使用学号作为用户名），进行证券模拟操作，并将操作结果截图，完成一份操作报告并记述心得体会。

第二章

证券投资基本工具

1．掌握股票、债券和基金的概念，掌握各种证券投资工具的特点。
2．了解股票、债券和基金的异同。
3．懂得"投资有风险，入市需谨慎"的道理，拥有风险意识，践行理性的价值投资理念。

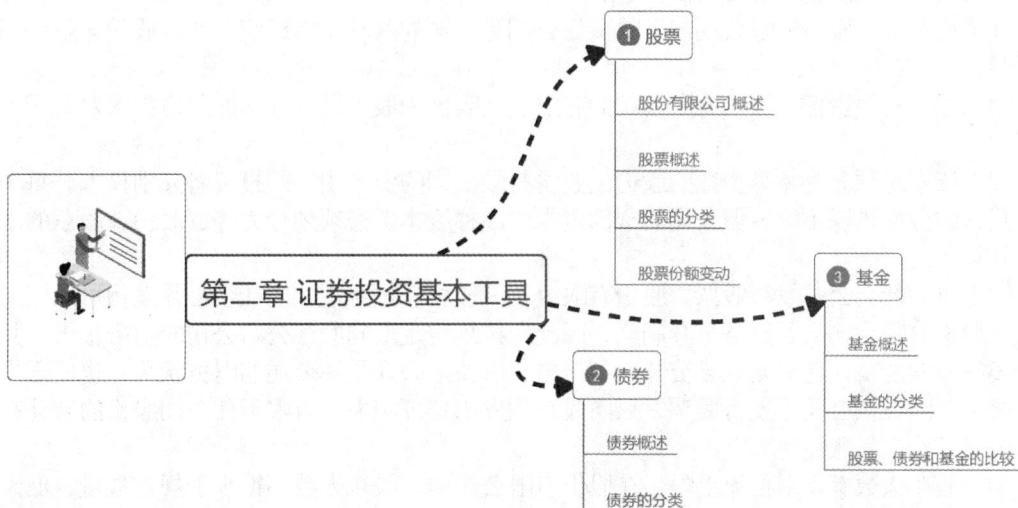

【案例导入】

上大学期间，A 在一家公司做兼职。有了收入，A 就为自己制定了一份投资规划：每个月针对自己的薪酬收入制作一个支出计划表，将节余部分用于基金定投，扣款日设定为发工资的后一日，以此强制自己做好储蓄。

进行了半年的基金定投后，A 又准备进行股票、债券等证券投资。但 A 对股票、债券等证券投资工具还不熟悉，因此需要详细了解。

思考与讨论

（1）基金定投是什么？这种投资有什么特点？适合在校大学生吗？

（2）作为学生，你认为学习证券投资应采取什么办法？

第一节　股　票

股票是股份有限公司为筹集资金发行给各个股东作为持股凭证并借以取得股息和红利的一种有价证券，可以转让、买卖，是证券市场主要的投资工具之一。

一、股份有限公司概述

公司是指依法设立的，以营利为目的的，由股东投资形成的企业法人。本书所称公司是指依照《公司法》在中国境内设立的有限责任公司和股份有限公司。

（一）股份有限公司的概念

股份有限公司（也称股份公司）是指将全部资本分成等额股份，股东以其认购的股份为限对公司承担责任，公司以其全部资产对公司债务承担责任的企业法人。

有限责任公司是指由 50 人以下的股东出资设立，股东以其所认缴的出资额为限对公司承担责任，公司以其全部资产对公司债务承担责任的经济组织。

在现代社会，股份有限公司与有限责任公司是公司的两种基本组织形式。股份有限公司有以下特征。

（1）承担有限责任。股份有限公司的有限责任表现为股东以其认购的股份为限对公司承担责任。

（2）资本总额分为相等金额的股份。股份有限公司的资本由不同投资者分别投入，每个投资者投入的金额可以不等，但公司的全部资本（或称股本）必须划分为等额股份，股东的出资按股计算。

（3）可向社会公开发行股票。股份有限公司一般可以按照规定向社会公开发行可以流通的股票。股份有限公司实行财务公开制度，因此应按规定定期向股东公布公司的财务报告。其中公开发行股票的公司还需向社会公开财务报告，以便于公众了解公司的财务状况，也便于投资者监督。有限责任公司不发行股票，只向股东签发出资证明书。有限责任公司股份的转让有一定的限制条件，其账目也可以不公开。

（4）股东人数有下限但无上限。在股份有限公司中，股东人数不得少于规定数量，但无上限，即符合条件的人都可以通过购买股票成为公司的股东。在有限责任公司中，股东人数在数量上有规定，一般设最低和最高限制。

（二）股份有限公司的设立

股份有限公司的设立是指依照法定程序组建公司实体并取得法人资格的行为，包括发起设立和募集设立两种方式。

课堂讨论

创建一个股份有限公司需要哪几个步骤？

1. 发起设立

发起设立指由发起人认购公司应发行的全部股份而设立公司。通过这种方式组建的股份有限公司，实际上是在发起人范围内筹集全部的股本金。公司设立时的股东都是发起人。

2. 募集设立

募集设立指由发起人认购公司应发行股份的一部分，其余部分向社会公开募集而设立公司。在我国的股份制试点中，募集包括以下两种基本形式。

（1）定向募集。定向募集指股份有限公司发行的股份由发起人认购一部分，其余部分向其他法人定向募集或向本公司内部职工募集。公司也可以同时向其他法人和本公司内部职工募集。

（2）社会募集。社会募集指股份有限公司发行的股份由发起人认购一部分，其余部分向社会公众公开发行。本公司也可以公开认购一定比例的股份。

发起设立与募集设立相比较，前者为公司的全部股份由发起人认购，而后者除了发起人可认购外，其他法人和社会公众也可以认购。一般而言，后者的股东人数比前者要多，这样他们承担的风险相应就比较分散。

（三）股份有限公司的组织结构

股份有限公司的组织结构主要包括股东会、董事会、监事会和经理。

1. 股东会

股东会是指由全体股东组成的，决定公司经营管理的重大事项的机构。股东是股份有限公司的投资者和股份持有人。股东作为出资者按投入公司的资本额享有所有者的资产收益、进行重大决策和选择管理者等权利，并以其所持股份为限对公司承担责任。

股东会是公司的最高权力机构，其行使的职权有：决定公司的经营方针和投资计划，选举和更换董事及由股东代表出任的监事，决定有关董事和监事的报酬事项，审议批准董事会的报告和监事会的报告，审议批准公司的年度财务预算方案、决算方案以及利润分配方案和弥补亏损方案，对公司增加或减少注册资本做出决议，对发行公司债券做出决议，对公司合并、分立、解散和清算等事项做出决议，修改公司章程，等等。

股东会会议由董事会负责召开，由董事长主持。股东会会议是股东行使权利的时机和场所，股东的权利集中体现在表决权上。股东出席股东会，所持每一股份有一票表决权。股东还可以委托代理人出席股东会，代理人应当向公司提交授权委托书并在授权范围内行使表决权。

2. 董事会

董事会是股份有限公司的常设权力机构，由股东会选出的董事组成。董事人数通常为奇数，以便表决处理事务。董事一般由本公司股东担任，但有的国家也允许由有管理专长的专家担任（即独立董事），以利于提高管理水平。独立董事又称外部董事、独立非执行董事，其不代表出资人（包括大股东），也不代表公司管理层。

董事会会议必须有二分之一以上的董事出席方可举行，董事会做出的决议必须经全体董事的过半数通过方为有效。董事的职权主要是参加公司董事会，参与决议公司业务。董事会对股东会负责。

3. 监事会

监事会是股份有限公司的常设监督机构，由股东会选举的监事组成。监事由股东代表和公司职工代表担任，两者的比例由公司章程规定。

监事有权列席董事会会议，在股东会的领导下，代表股东会执行监督职能，从而保证公司能正常有序地经营，防止公司内发生滥用职权、危害股东和第三者利益的情况。

4. 经理

经理是在股份有限公司章程授权范围内，由董事会聘任的负责公司业务活动的高级职员。经理对董事会负责，并有权列席董事会会议。经理行使的职权有：主持公司的生产经营管理工作；组织实施董事会决议；组织实施公司年度经营计划和投资方案；拟定公司内部管理机构设置方案；拟定公司的基本管理制度；拟定公司的具体规章；提请聘任或者解聘公司副经理、财务负责人；聘任或者解聘除应由董事会聘任或者解聘以外的负责管理人员；公司章程和董事会授予的其他职权。

二、股票概述

股票是有价证券的一种主要形式，每股股票都代表股东对公司拥有一个基本单位的所有权，而每只股票都代表一家股份有限公司。

股票是一种由股份有限公司签发的用以证明股东所持股份的凭证，它表明股票的持有人对股份有限公司的部分资本拥有所有权。股票的持有人凭着股票，可获得一定的经济利益并享有相应的权利。股票就是一种有价证券、要式证券、证权证券、资本证券、综合权利证券。

目前，我国公开发行的股票均在证券交易所进行交易。对股权登记采用证券存管方式，证券存管的原则是对股票、基金、无纸化国债等记名证券实行中央存管的办法，并按股东开设的证券账户以计算机记账的形式记载存管证券数量及变更情况；对存管后的证券实行非流动性制度，对因股权、债权变更引起的证券转移不签发实物证券，而是通过账面予以划转。

和其他有价证券一样，股票也具有收益性、风险性和流动性的特征。除此之外，股票还具有以下两个特征（见图2.1）。

（1）参与性。参与性是指股票持有人有权参与公司重大决策的特性。根据《公司法》的规定，股票的持有人就是股份有限公司的股东，有权出席股东会、参加公司董事机构的选举及公司的经营决策。

（2）永久性。股票是一种无偿还期限的有价证券，即具有永久性。投资者一旦认购股票，就不能要求退股，只能到流通市场卖给第三者。股票的转让仅仅意味着公司股东的改变，而并非公司资本的减少。

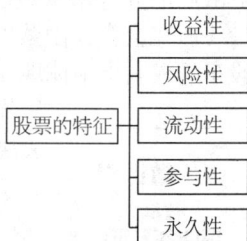

图2.1　股票的特征

三、股票的分类

股票的分类方法有很多，以下简单介绍几种常见的分类方法。

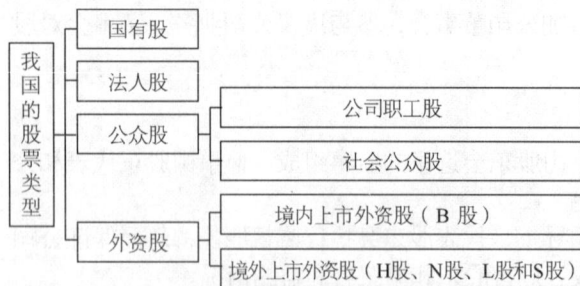

图2.2　我国的股票类型

（一）按投资主体的性质分类

按投资主体的性质，我国的股票可分为以下四类（见图2.2）。

（1）国有股。国有股是指有权代表国家投资的部门或机构以国有资产向公司投资形成的股份。它包括以公司现有国有资产折算成的股份。由于我国大部分股份制企业都是由原国有大中型企业改制而来的，因此国有股在公司股权中占有较大的比重。国有股并不是由国家以现金方式直接投资形成的，而是全部以该企业的土地、房产、机械设备等作为出资，再由审计部门通过审计评估出来的。

（2）法人股。法人股是指企业法人或具有法人资格的事业单位和社会团体以其依法可支配的资产向公司非上市流通股权部分投资所形成的股份。根据法人股认购的对象，可将法人股进一步分为境内发起法人股、外资法人股和募集法人股。

（3）公众股。公众股也称个人股，是指社会公众依法以其拥有的财产投入公司时形成的可上市流通的股份。股份公司通过社会募集方式发行的股份，除了由发起人认购一部分外，其余部分都应该向社会公众公开发行。

（4）外资股。外资股是指股份公司向外国和我国香港、澳门、台湾地区投资者发行的股票。这是我国股份公司吸收外资的一种方式。按上市地域，可将外资股分为境内上市外资股和境外上市外资股。

（二）按上市地区分类

按照上市地区的不同，我国上市公司的股票主要分为以下几种。

（1）A股。A股的正式名称是人民币普通股票。它是由我国境内的公司发行，供境内机构、组织或个人以及合格境外机构投资者（QFII）以人民币认购和交易的普通股票。

（2）B股。B股的正式名称是人民币特种股票。它是指以人民币标明面值，以外币认购和交易，在中国境内（上海、深圳）注册、上市的特种股票。

（3）H股。H股是指境内公司发行的以人民币标明面值，供境外投资者以外币认购，在我国香港联合交易所上市的股票。

（4）N股。N股是指境内公司发行的以人民币标明面值，供境外投资者以外币认购，在纽约证券交易所上市的股票。但在实践中，大多数非美国公司都采用存托凭证（ADR）而非普通股的形式进入美国股票市场。存托凭证是一种采用证书形式发行的可转让证券，通常代表一家外国公司已发行的股票。另外，越来越多的中国企业开始在美国纳斯达克（NASDAQ）挂牌，其发行的股票一般被称为纳指中国概念股。

（5）S股。S股是指境内公司发行的以人民币标明面值，供境外投资者以外币认购，在新加坡交易所上市的股票。这些公司的生产、经营等核心业务和注册地均在中国境内。

（三）按股票代表的股东权利分类

按代表的股东权利不同，可将股票分为普通股和优先股两类。

1. 普通股

普通股是指在公司的经营管理、盈利及财产的分配上享有普通权利的股份，代表满足所有债权偿付要求及优先股股东的收益权与求偿权要求后对公司盈利和剩余财产的索取权。普通股是股票的一种基本形式，也是构成公司资本的基础。目前，在上海证券交易所和深圳证券交易所上市交易的股票都是普通股。

普通股股东按其所持股份比例享有以下基本权利。

（1）公司决策参与权。普通股股东有权参与股东会，并有建议权、表决权和选举权，同时也可以委托他人代表其行使股东权利。

（2）利润分配权。普通股股东有权从公司利润的分配中得到股息。普通股的股息是不固定的，取决于公司盈利状况及其分配政策。普通股股东必须在优先股股东取得固定股息之后，才有权享受股息分配。

微课堂
普通股和优先股

（3）优先认股权。当公司需要扩张而增发普通股股票时，现有普通股股东有权按其持股比例，以低于市价的某一特定价格优先购买一定数量的新发行股票，从而保持其对企业所有权的原有比例。

（4）剩余资产分配权。当公司面临破产或清算时，若其资产在偿还欠债后还有剩余，则剩余部分应按先优先股股东、后普通股股东的顺序进行分配。

2. 优先股

优先股是相对于普通股而言的，在利润分配及剩余财产分配权利方面优先于普通股。优先股股东没有参与企业决策的投票权，但有以下两种特殊的权利。

（1）优先分配权。在公司分配利润时，优先股股东与普通股股东相比，其利润分配在先，且享受相对固定金额的股利，即优先股的股利是相对固定的。例如，若公司不对优先股股东进行股利分配，就不能对普通股股东进行股利分配。

（2）剩余财产优先分配权。若公司要进行清算，在分配剩余财产时，优先股较普通股分配在先。在很多国家，当公司决定连续几年不分配股利时，优先股股东可以进入股东会表达他们的意见，从而维护自己的权利。

（四）其他分类

以下几种类型的股票也较为常见。

（1）记名股票和无记名股票。这主要是根据股票是否记载股东姓名来划分的。记名股票在股票上记载股东的姓名，如需转让，必须经公司办理过户手续才可生效。无记名股票在股票上不记载股东的姓名，如需转让，通过交付即可生效。

（2）有票面值股票和无票面值股票。这主要是根据股票是否记明每股金额来划分的。有票面值股票在股票上记载每股的金额。无票面值股票只在股票上注明股份数量或每股占公司资本总额的比例。

（3）单一股票和复数股票。这主要是根据股票表示的份数来划分的。单一股票即每张股票表示一股。复数股票即每张股票表示数股。

（4）表决权股票和无表决权股票。这主要是根据股票持有者有无表决权来划分的。普通股持有者都有表决权，而在某些方面享有特别利益的优先股持有者在表决权上常受到限制。持有无表决权股票的股东不能参与公司决策。

四、股票份额变动

股票份额并非永远固定的，有时也会发生变动。

（一）股票份额变动简介

股份有限公司首次公开发行股票并在证券交易所上市以后，还会因增发、配股、资本公积金转增股本、股份回购、可转换债券转换为股票、股票分割与合并等而改变公司股份总数并影响股价。

（1）增发。增发是指公司因业务发展需要增加资本额而发行新股。上市公司可以向公众公开增发，也可以向特定机构或个人增发（又称定向增发）。增发之后，公司的注册资本和股份都会相应增加。

（2）配股。配股是指面向公司的原股东，按其持股数量的一定比例增发新股。原股东可以享有配股权，也可以放弃配股权。在现实中，由于配股价

通常低于市场价，所以配股上市之后可能会导致股价下跌。

（3）资本公积金转增股本。资本公积金转增股本是指在股东权益内部，把公积金转到"实收资本"或者"股本"账户，并按照各个投资者所持有公司股份的份额比例分到其账户中，以此来增加每个投资者的投入资本。转增股本以后，股东权益总量和每位股东占公司股份的比例均未发生变化，唯一的变化就是发行在外的股份总数增加了。因此，与股票股利类似，转增股本之后，要对股价做除权处理。资本公积金转增股本同样会使投资者持有的股份数量增加，但它实质上不属于利润分配行为，因此投资者无须纳税。

（4）股份回购。股份回购是指上市公司利用自有资金，从公开市场上买回发行在外的股票。《公司法》规定，公司不得收购本公司股份，但是有下列情形之一的除外：减少公司注册资本；与持有本公司股份的其他公司合并；将股份用于员工持股计划或者股权激励；股东因对股东会做出的公司合并、分立决议持异议，要求公司收购其股份；将股份用于转换公司发行的可转换为股票的公司债券；上市公司为维护公司价值及股东权益所必需。

（5）可转换债券转换为股票。上市公司符合法定条件并经监管机构核准后可以公开发行可转换债券，并在发行时约定债券持有人可以在一定条件下将债券转换为公司股票。当可转换债券持有人行使转换权时，公司收回并注销发行的可转换债券，同时发行新股。此时，公司的实收资本和股份总数均相应增加。

（6）股票分割与合并。股票分割又称拆股、拆细，是将1股股票均等地拆成若干股。股票合并又称并股，是将若干股股票合并为1股。从理论上说，不论是分割还是合并，都将增加或减少股份总数和股东持有股票数，但并不会改变公司的实收资本和每位股东所持股东权益占公司全部股东权益的比重。

微课堂
股票分割与合并

（二）股利政策

股利政策是指股份公司对其经营获得的盈余公积和应付利润，采取现金分红或派息、发放红股等方式回馈股东的制度与政策。股利政策体现公司的发展战略和经营思路。稳定可预测的股利政策有助于实现股东利益最大化，是股份公司稳健经营的重要指标。股利的发放包括派现和送股两种方式。

1. 派现

派现是指上市公司以现金分红方式将盈余公积和当期应付利润的部分或全部发放给股东，股东为此应支付所得税。派现致使公司现金流出，且公司的资产和股东的权益减少同等数额。稳定的现金股利政策对公司现金流管理有较高的要求，通常将那些经营业绩较好、具有稳定且较高的现金股利支付的公司股票称为蓝筹股。

微课堂
高送转股票

2. 送股

送股是指上市公司向原股东无偿派发股票的行为。送股时，将上市公司的留存收益转入股本账户，留存收益包括盈余公积和未分配利润，现在的上市公司一般只将未分配利润部分送股。实质上，送股是留存利润的资本化。送股后，股东持有的股份数量会因此增长，但股东在公司中占有的权益比例和账面价值均无变化。

3. 四个相关的日期

上市公司宣布分红派息方案（包括配股、资本公积金转增导致的股份变动）后至除权除息日前，该上市证券为含息或含权证券。除息是指证券不再含有最近已宣布发放的股息（现金股

利），除权是指证券不再含有最近已宣布的送股、配股及转增权益。

（1）宣布股利日，即公司董事会将分红派息的消息公之于众的时间。

（2）股权登记日，即统计和确认参加本期股利分配的股东的日期，只有在此日期前持有公司股票的股东方能享受股利发放。

（3）除权除息日，通常为股权登记日之后的1个工作日，本日之后（含本日）买入的股票不再享有本期股利。

（4）派发日，即股利正式被发放给股东的日期。根据证券存管和资金划转的效率不同，通常会在几个工作日之内到达股东账户。

（三）除权除息价格

除权除息都在股权登记日的收盘后进行，也就是说股权登记日之后的1个工作日为除权除息日。当股票名称前出现 XD（Exclude Dividend）字样时，表示当日是这只股票的除息日；当股票名称前出现 XR（Exclude Right）字样时，表示当日是这只股票的除权日；当股票名称前出现 DR（Dividend Right）字样时，表示当日是这只股票的除权除息日。除权除息日之前（不包括除权除息日）的收盘价格为含权价格，除权除息日之后（包括除权除息日）的开盘价格为除权价格。除权除息后，股票的价格会变低，股票的数量会增加，即股东持股的总市值不变。因此，除权除息前，股东持股的总市值等于除权除息后股东持股的总市值，据此可推算出除权除息后的股票价格。具体计算公式为

除息价格=含权价格-股息

除权价格=含权价格/(1+送股比率)

除权除息价格=(含权价格-股息+配股价×配股比率)／(1+送股比率+配股比率)

【例2.1】某上市公司股利分配方案为每10股送3股，派2元现金，同时每10股配2股，配股价为5元，该股股权登记日收盘价为12元，求该股票除权除息价格。

解：

该股票除权除息价格为

$$除权除息价格=(12+0.2×5-0.2)÷(1+0.3+0.2)=8.53（元）$$

【案例】

世界上的第一只股票

16世纪初，欧洲进入了大航海时代。当时欧洲各国兴起海上冒险，发展海外商机。在那个年代，最赚钱的生意就是和东方的印度等国家进行海上贸易。但是，要从遥远的欧洲跨越广袤的海域，就必须打造可靠的船队，而这需要大量的资本。加上途中危机四伏，说不定还会遇上海盗，因此风险不小。聪明的荷兰人想出了一个奇妙的办法：让公众一起出钱来打造船队，之后将贸易获得的利润按比例分给出资者。这样既解决了资金不足的问题，也解决了由小部分投资者出钱而难以承受太大风险的问题。于是，世界上第一个股份制公司——荷兰东印度公司就诞生了。

凭借股票，荷兰人后来居上。鼎盛时期，荷兰拥有的船只超过1.5万艘，占全欧洲商船的4/5，是英国的4～5倍、法国的7倍。金融市场和资本运作在荷兰诞生，从第一天起就展现了惊人的能量，不仅企业，国家也能借助资本的力量扶摇直上。

思考与讨论：荷兰正是因为最先应用股票，其经济才得以称霸全球，试说明资本的力量。

第二节 债　券

债券是债务人为筹集资金，按照法定程序发行并向债权人承诺于指定日期还本付息的有价证券。

一、债券概述

债券是政府、金融机构、工商企业等直接向社会借债筹措资金时，向投资者发行，同时承诺按一定利率支付利息并按约定条件偿还本金的债权债务凭证。债券购买者与债券发行人之间是一种债权债务关系，债券发行人即债务人，债券购买者（或投资者、债券持有人）即债权人。

债券的定义包括以下四层含义：①债券的发行人（政府、金融机构、工商企业等）是资金的借入者；②购买债券的投资者是资金的借出者；③发行人（借入者）需要在一定时期还本付息；④债券是债的证明书，具有法律效力。

1. 债券的特征

债券是一种有价证券，除具有有价证券的一般特征外，还具有以下三个独有的特征。

（1）偿还性。债券一般都有规定的偿还期限，发行人必须按约定条件偿还本金并支付利息。

（2）安全性。债券的安全性是指债券相比其他有价证券的投资风险较小。首先，利率固定。筹资人必须按规定的期限和利率向投资人支付利息，直到期满为止。债券利率一般不受银行利率变动的影响，因而债券也称为固定附息债券。其次，本利安全。一方面，债券本金的偿还和利息的支付都有法律保障，国家在商业法、公司法、财政法、信托法等法律中都有对债券还本付息的明确规定；另一方面，投资人可以根据债券的评级对债券风险的大小及安全程度做出判断。

（3）期限性。几乎所有债券都有规定的到期日，即发行期限。按发行期限的长短，债券可分为短期债券（期限为 1 年以内）、中期债券（期限为 1～5 年）、长期债券（期限为 5 年以上），债券持有人在到期日将全部收回本金。

2. 债券的票面要素

债券作为证明债权债务关系的凭证，一般用具有一定格式的票面形式来表现。通常来说，债券的票面要素有以下几项。

（1）债券价值。债券价值是债券券面上所表示的金额，包括币种、票面金额。一般而言，债券发行单位可设计几种面额，以便投资者进行认购。

（2）还本期限。还本期限指债券从发行之日起至偿清本息之日止的时间，即债券的偿还年限。债券的还本期限长短主要是依据债券发行人使用资金的计划、投资项目的投资回收期、金融市场利率的变动趋势以及债券市场的情况综合决定的。如果债券发行人使用资金的周期比较长，投资项目的投资回收期也比较长，且市场利率预计会逐渐上升，则债券的还本期限会长一些。

（3）债券利率。债券利率也称债券的息票利率，即在债券的券面上标明的利率。债券利率是债券利息与债券票面价值的比率，通常年利率用百分比表示。债券利率一般是参考当时银行的同期存款利率水平、债券市场的一般收益率水平、使用资金的年限、投资项目的收益率水平等因素确定的。

（4）发行人名称。债券发行人名称指明债券的债务主体，为债权人到期追回本金和利息提供依据。

以前，纸质债券的票面要素一般会印刷在债券上（见图2.3），现在的债券已全部电子化。

图2.3　纸质债券示例

二、债券的分类

债券的种类较多，大体可按以下几种方式进行分类。

（一）根据是否约定利息分类

债券依据是否约定利息可分为以下三类。

（1）零息债券或贴现债券。零息债券或贴现债券未约定支付利息，一般会低于面值发行。比如一个公司发行的一张面值1 000元的债券，只卖900元且没有相应的利率。也就是说你花900元买了一张到期还款1 000元的债券，那么这100元差价就是你购买此张债券的利息。零息债券与贴现债券的区别主要在于付息方式和期限长短不同，一般来说，贴现债券期限较短，如国库券，而零息债券期限则要长得多，最长可达20年。

（2）附息债券。附息债券又分为固定利率债券和浮动利率债券，约定半年或一年支付一次。

（3）息票累积债券。息票累积债券到期一次性支付本息，期间无利息。

（二）根据债券券面形态分类

债券依据债券券面形态可分为以下三类。

（1）凭证式债券。凭证式债券是债权人认购债券的收款凭证，而不是债券发行人制定的标准格式的债券。

（2）国家储蓄债券。国家储蓄债券是由财政部发行的，有固定面值及票面利率，以纸质收款凭证记录债权债务关系的国债。国家储蓄债券从投资者购买之日起开始计息，可以记名、可以挂失，但不能上市流通转让。投资者购买国家储蓄债券后如需变现，可以申请提前兑取，除本金外，还会得到按实际持有天数及相应的利率档次计付的利息，同时银行会收取2%的手续费。

（3）记账式债券。记账式债券是无实物形态的债券，债券发行人利用账户通过计算机系统完成债券发行、交易及兑付的全过程。我国于1994年开始发行记账式债券，它可记名、可挂失，可上市流通，安全性高。

（三）根据发行主体分类

债券依据发行主体的不同可分为以下三类。

（1）政府债券。政府债券即国债，是国家为筹集资金而向投资者出具的、承诺在一定时期支付利息和到期偿还本金的债务凭证。由于发行主体是国家，所以它具有最高的信用度，被公认为最安全的投资工具。

视野拓展　国债债券信息示例

（2）金融债券。金融债券是银行等金融机构为筹措资金而面向个人发行的一种有价证券。

（3）公司债券。公司债券是由公司依照法定程序发行的，约定在一定期限还本付息的有价证券。

（四）根据是否有财产担保分类

债券依据是否有财产担保可分为以下两类。

（1）抵押债券。抵押债券是以企业财产作为担保的债券。按抵押品的不同，债券又可以分为一般抵押债券、不动产抵押债券、动产抵押债券和证券信用抵押债券。

（2）信用债券。信用债券是不以公司任何财产作为担保，完全凭信用发行的债券。其持有人只对公司的非抵押资产享有追索权，公司的盈利能力是其主要担保。因为信用债券没有财产担保，所以在债券契约中都要加入保护性条款，如不能将资产抵押给其他债权人、不能兼并其他企业、未经债权人同意不能出售资产、不能发行其他长期债券等。

（五）根据是否能转换为公司股票分类

债券依据是否能转换为公司股票可分为以下三类。

（1）可转换债券。可转换债券是指在特定时期内可以按某一固定的比例转换成普通股的债券。它具有债务与权益双重属性，是一种混合性筹资方式。由于可转换债券赋予债券持有人将来成为公司股东的权利，因此其利率通常低于不可转换债券。若将来转换成功，发行企业在转换前达到了低成本筹资的目的，在转换后又可节省股票的发行成本。根据《公司法》的规定，发行可转换债券应报请国务院证券管理部门批准，公司应同时具备发行公司债券和发行股票的条件。

微课堂
可转换债券

可转换债券的主要优势是它可转换成股票，从而弥补利率低的不足。如果股票的市价在债券的可转换期内超过其转换价格，债券持有人可将债券转换成股票而获得较大的收益。

（2）可交换公司债券。可交换公司债券是指成熟市场存在已久的固定收益类证券品种，它赋予债券投资人在一定期限内按照事先约定的条件将债券转换成发行人所持有的其他公司股票的权利。

（3）不可转换债券。不可转换债券又称为普通债券，是指不能转换为普通股的债券。由于它没有赋予债券持有人将来成为公司股东的权利，所以其利率一般高于可转换债券。

（六）根据利率是否固定分类

债券按利率是否固定可分为以下两类。

（1）固定利率债券。固定利率债券是指将利率印在票面上并据此向债券持有人支付利息的债券。固定利率债券的利率不随市场利率的变化而变化，因而固定利率债券可以较好地抵御通货紧缩风险。

视野拓展
公司债券信息示例

（2）浮动利率债券。浮动利率债券是指发行时规定债券利率随市场利率定期浮动的债券。浮动利率债券的利率与当前市场利率挂钩，而当前市场利率又考虑到通货膨胀率的影响，所以浮动利率债券可以较好地抵御通货膨胀风险。

（七）根据是否能够提前偿还分类

债券按是否能够提前偿还可分为以下两类。

（1）可赎回债券。可赎回债券是指在债券到期前，发行人可以以事先约定的赎回价格收回的债券。公司发行可赎回债券主要是考虑到公司未来的投资机会和回避利率风险等问题，以提高公司资本结构调整的灵活性。

（2）不可赎回债券。不可赎回债券是指不能在债券到期前收回的债券。

第三节　基　金

本书介绍的基金是指证券投资基金，为一种积少成多的整体组合投资方式。它从广大的投资者那里聚集巨额资金，组建基金管理公司进行专业化的管理和经营。

一、基金概述

基金是一种以大众为依托的投资工具，各国或地区对其称谓不尽相同，如美国称"共同基金"、英国称"单位信托基金"、日本称"证券投资信托基金"等。

1. 基金的概念

基金是一种利益共存、风险共担的集合证券投资方式，即通过发行单位基金证券，集中投资者的资金，由基金托管人托管，由基金管理人管理和运用，从事股票、债券等金融工具投资，并将投资收益按基金投资者的投资比例进行分配的一种间接投资方式（见图2.4）。

基金管理人是基金产品的募集者和管理者，其主要职责就是按照基金合同的约定，负责基金资产的投资运作，在有效控制风险的基础上为基金投资者争取最大的投资收益。

基金托管人是指根据基金合同的规定，直接控制和管理基金财产并按照基金管理人的指示进行具体资金运作的基金当事人。基金托管人是投资人权益的代表，是基金资产的名义持有人或管理机构。

基金一般分为场内基金与场外基金。场内基金需要先去证券市场开户才能购买，场外基金可以在第三方服务平台购买。

2. 基金的特点

基金之所以在许多国家受到投资者的广泛欢迎，与它自身的特点有关（见图2.5）。

（1）集合投资。基金是将零散的资金汇集起来，交由专业机构投资于各种金融工具，以谋取资产的增值。基金对投资的最低限额要求不高，投资者可以根据自己的经济情况决定购买数量。基金可以最广泛地吸收社会闲散资金，汇成规模巨大的投资资金。在参与证券投资时，资本越雄厚，优势越明显，且很可能享有大额投资在降低成本上的相对优势，从而获得规模效益。

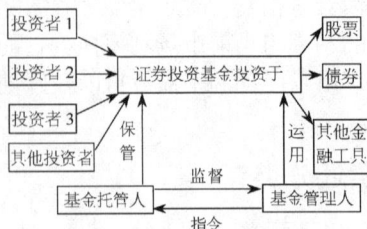

图 2.4　基金的投资方式

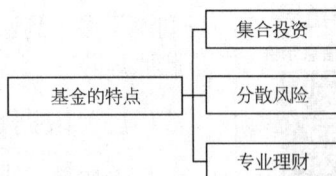

图 2.5　基金的特点

（2）分散风险。《中华人民共和国证券投资基金法》明确要求基金必须进行组合投资，即将基金资产分散投资于多种证券，实现资产组合多样化。多元化的投资组合，一方面可以借助于资金庞大和投资者众多的优势，降低每个投资者面临的投资风险；另一方面，可以利用不同投资对象之间收益率变化的相关性，达到分散投资风险的目的。

（3）专业理财。将分散的资金集中起来以信托的方式交给专业机构进行投资运作，既是基金的一个重要特点，也是基金的一个重要功能。基金实行专业理财制度，由受过专门训练、具有丰富证券投资经验的专业人员运用各种技术手段收集、分析各种信息资料，预测金融市场上各种证券的价格变动趋势，制定投资策略和投资组合方案，从而避免投资决策失误，提高投资收益。

视野拓展

明星基金经理应具备的条件

二、基金的分类

基金形式丰富，可按以下不同方式分类。

1. 按组织形式分类

依据基金组织形式的不同，基金可分为契约型基金和公司型基金。

（1）契约型基金是基于一定的契约原理而组织起来的代理投资行为，没有基金章程，也没有公司董事会，而是通过基金契约来规范三方当事人的行为。基金管理人负责基金的管理操作，基金托管人作为基金资产的名义持有人，负责基金资产的保管和处置，并对基金管理人的运作实行监督。

（2）公司型基金是由法律上具有独立法人地位的股份投资公司依据基金公司章程设立的经济组织。公司型基金以发行股份的方式募集资金，投资者购买基金公司的股份后，以基金持有人的身份成为基金公司的股东，凭其持有的股份依法享有投资收益。

契约型基金和公司型基金的不同点主要在于以下几个方面。

（1）资金的性质不同。契约型基金的资金是信托财产，公司型基金的资金为公司法人的资本。

（2）投资者的地位不同。契约型基金的投资者购买受益凭证后成为基金契约的当事人之一，即投资者既是基金的委托人，又是基金的受益人。公司型基金的投资者购买基金公司的股票后成为该公司的股东。因此，公司型基金的投资者比契约型基金的投资者对基金运作的影响大。

（3）基金的营运依据不同。契约型基金依据基金契约营运基金，公司型基金依据基金公司章程营运基金。

微课堂

封闭式基金

上市型开放式基金

2. 按运作方式分类

依据基金运作方式的不同，基金可分为封闭式基金和开放式基金。

（1）封闭式基金是指经核准的基金份额总额在基金合同期限内固定不变，基金份额可以在依法设立的证券交易场所交易，但基金份额持有人不得申请赎回的基金。

（2）开放式基金是指基金份额总额不固定，基金份额可以在基金合同约定的时间和场所申购或者赎回的基金。

封闭式基金与开放式基金主要有以下几点区别。

（1）期限不同。封闭式基金有固定的封闭期，通常在 5 年以上，一般为 10 年或 15 年。开放式基金没有固定期限，投资者可随时向基金管理人赎回基金单位。

（2）发行规模限制不同。封闭式基金在招募说明书中列明其基金规模，在封闭期内未经法定程序认可，不能再增加发行。开放式基金没有规模限制，投资者可随时提出认购或赎回申请。

（3）基金份额的交易方式不同。封闭式基金的基金份额在封闭期限内不能赎回，持有人只能寻求证券交易场所出售给第三者。开放式基金的投资者则可以在首次发行结束一段时间后，随时向基金管理人或其销售代理人提出购买或赎回申请。绝大多数开放式基金不上市交易，交易在投资者与基金管理人或其销售代理人之间进行。

（4）基金份额的交易价格计算标准不同。封闭式基金与开放式基金的基金份额除了首次发行价都是按面值加一定百分比的购买费计算外，之后的交易计价方式都不同。封闭式基金的买卖价格受市场供求关系的影响，常出现溢价或折价现象，不必然反映基金的净资产值。开放式基金的交易价格则取决于基金每单位净资产值的大小，其申购价一般是基金份额净资产值加上一定的申购费，赎回价是基金单位净资产值减去一定的赎回费，不直接受市场供求的影响。

（5）投资策略不同。封闭式基金在封闭期内基金规模不会缩小，因此可进行长期投资，基金资产的投资组合能在预定计划内有效进行。开放式基金的基金份额可随时赎回，为应对投资者随时赎回兑现的情况，其所募集的资金不能全部用来进行投资，更不能把资金全部用来进行长期投资，必须保持基金资产的流动性，且必须在投资组合上保留一部分现金和高流动性的金融工具。

3. 按投资标的分类

依据基金投资标的的不同，基金可分为国债基金、股票基金和货币市场基金等。

（1）国债基金。国债基金是以国债为主要投资对象的一种基金。由于国债的年利率固定，又有国家信用作为保证，因此国债基金的风险较低，适用于稳健型投资者。

（2）股票基金。股票基金是以上市公司股票为主要投资对象的一种基金。股票基金的投资目标侧重于追求资本利得和长期资本增值。基金管理人拟定投资组合，将资金投放到一个或几个国家，甚至全球的股票市场，以达到分散投资、降低风险的目的。

（3）货币市场基金。货币市场基金是以货币市场工具为投资对象的一种基金。其投资对象期限在一年以内，包括银行短期存款、国库券、公司短期债券、银行承兑票据及商业票据等货币市场工具。货币市场基金的优点是资本安全性高、购买限额低、流动性强、收益较高、管理费用低，有些还不收取赎回费用。因此，货币市场基金是一种低风险的投资工具。

4. 按投资目标分类

依据基金投资目标的不同，基金可分为成长型基金、收入型基金和平衡型基金。

（1）成长型基金。成长型基金是基金中最常见的一种，它追求的是基金资产的长期增值。为了达到这一目标，基金管理人通常将基金资产投资于信誉度较高、有长期成长前景或长期盈余的公司的股票。成长型基金中还有更为进取的基金，即积极成长型基金。

（2）收入型基金。收入型基金将资产主要投资于可带来现金收入的有价证券，以获取当期的最大收入为目的。收入型基金资产的成长潜力较小，损失本金的风险也相对较低。收入型基金一般可分为固定收入型基金和股票收入型基金。

（3）平衡型基金。平衡型基金将资产分别投资于两种不同特性的证券，并在以取得收入为目的的债券及优先股和以资本增值为目的的普通股之间进行平衡。平衡型基金的投资目标是既获得当期收入，又追求长期增值。其优点是风险比较低，缺点是成长潜力不大。

5．分级基金

分级基金又称结构型基金，是指在一个投资组合下，通过对基金收益或净资产的分解，形成两级（或多级）风险收益，表现有一定差异化基金份额的基金品种。它的主要特点是将基金产品分为两类或多类份额，并分别给予不同的收益分配。分级基金各个子基金的净值与份额占比的乘积之和等于母基金的净值。如果母基金不拆分，其本身就是一个普通的基金。

微课堂
分级基金

根据分级基金的性质，子基金中的 A 类份额可分为有期限 A 类约定收益份额基金、永续型 A 类约定收益份额基金；子基金中的 B 类份额又称为杠杆基金，B 类份额的基金有更大的波动。

视野拓展
基金信息示例

分级基金的风险

三、股票、债券和基金的比较

基金与股票、债券有明显的不同，主要表现在以下几方面。

（1）经济关系不同。股票反映的是所有权关系，债券反映的是债权债务关系，而基金反映的则是基金投资者和基金管理人之间的信托关系。

（2）所筹资金的投向不同。股票和债券是直接投资工具，所筹集的资金主要是投向实业；而基金是间接投资工具，所筹集的资金主要是投向其他有价证券等金融工具。

（3）风险水平不同。股票的直接收益取决于发行人的经营效益，不确定性较强，投资风险较大。债券的直接收益取决于债券利率，而债券利率一般是事先确定的，投资风险较小。基金主要投资于有价证券，投资选择灵活多样，因而投资收益可能高于债券，投资风险又可能小于股票。因此，基金可满足那些不能或不宜直接参与股票、债券投资的个人或机构的需要。

课堂讨论

把钱存入余额宝与用来投资证券有什么区别？

【本章小结】

股票是一种有价证券，是公司所有权的象征，是一种不确定性收益的证券，是一种具有流通性的证券，没有期限性。

债券也是一种有价证券，是社会各类经济主体为筹措资金而向债券投资人出具的，并且承诺按一定利率定期支付利息和到期偿还本金的债权债务凭证。债券作为一种重要的融资手段和金融工具，具有偿还性、安全性和期限性等特征。

基金是一种利益共存、风险共担的集合证券投资方式，即通过发行单位基金证券，集中投资者的资金，由基金托管人托管，由基金管理人管理和运用，从事股票、债券等金融工具投资，并将投资收益按基金投资者的投资比例进行分配的一种间接投资方式。可以按组织形式、运作方式、投资标的等对基金进行分类。

【自测题】

【知识测试与实训操作】

一、名词解释

股票	优先股	债券	可转换债券	可交换公司债券
基金	开放式基金	封闭式基金	A股	国有股　　法人股
除权	贴权	债券利率	分级基金	股东
董事	普通股			

二、简答题

1．简述股票的特征。

2．简述普通股和优先股的区别。

3．简述债券的特征。

4．简述可转换债券的特征。

5．简述基金的性质和特征。

三、实训操作

1．在上海证券交易所（简称上交所）和深圳证券交易所（简称深交所）各找两只已经上市的股票，在表2.1中填写股票资料。

表2.1　股票资料

股票代码	股票简称	发行价格	上市当天开盘价格	发行市盈率	发行时每股收益	发行方式	主承销商	上市日期	发行时股本结构

2．在上交所和深交所各找两只已经上市交易的债券，在表2.2中填写债券资料。

表2.2　债券资料

市场类别	债券代号	债券简称	起息日	到期日	债券类别	息票品种	票面利率（%）	期限（年）	市场价格

3．在上交所和深交所各找两只已经上市的基金，在表2.3中填写基金资料。

表2.3　基金资料

市场类别	基金代号	基金简称	每单位面值	基金类别	基金管理公司	发行日期	基金规模	基金单位净值	市场交易价格

第三章

证券投资衍生工具

【学习目标与知识结构图】

1. 掌握金融衍生工具、期货、期权、权证及远期与互换的概念，掌握各种衍生工具的特征及交易制度。

2. 了解期货、期权、权证及远期与互换的异同。

3. 提升运用多种金融工具对冲风险、细心谨慎、善于钻研的职业素养，提高风险意识与法治意识。

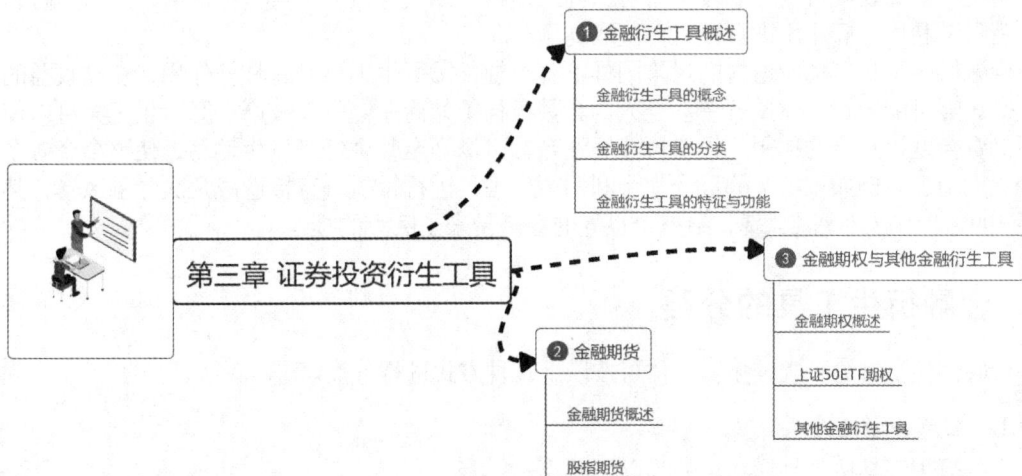

【案例导入】

A 投资基金、债券和股票一段时间后，发现了一个重要问题：投资基础证券时，只有证券上涨才能赚钱，即只能做多。如果在熊市中，或者遭遇股票系统性风险，所有的股票都在下跌，这时就只有亏钱的份。A 听说期货这种金融衍生工具很好，不仅可以进行双向交易，而且涨跌都可以赚钱，还可以进行套期保值。

好奇心驱使 A 又开始认真地学习金融衍生工具的知识。

思考与讨论

（1）证券投资衍生工具与基础投资工具有什么区别？

（2）作为学生，在投资衍生工具时应注意哪些事项？

第一节　金融衍生工具概述

随着金融自由化和国际化程度的不断加深，任何有价资产的持有者都会面临各种各样的风险。金融自由化使利率、汇率、股价的波动更加频繁、剧烈，使投资者迫切需要可以回避市场风险的工具，由此金融衍生工具应运而生。

一、金融衍生工具的概念

金融衍生工具简称衍生工具，是指建立在基础工具或基础变量之上，其价格随基础金融工具价格（或数量）变动的派生金融工具。这里所说的基础工具是一个相对的概念，不仅包括现货金融工具（如债券、股票、银行定期存款单等），也包括金融衍生工具。金融衍生工具的基础变量种类繁多，主要包括各类资产价格、价格指数、利率、汇率、费率、通货膨胀率以及信用等级等。近年来，某些自然现象（如霜冻、飓风）甚至人类的行为（如选举、温室气体排放）也逐渐成为金融衍生工具的基础变量。

金融衍生工具是由货币、债券、股票等传统金融工具的基础工具衍化和派生而来的，是以杠杆和信用交易为特征的金融工具。

相对基础金融工具，金融衍生工具具有以下几点优势：①可促进金融市场的繁荣，进而促进经济发展；②发现价格；③投资者可以利用期权、期货等衍生工具套期保值、规避风险；④投资者可以利用杠杆作用进行投机，获取高额利润。

金融衍生工具市场所蕴含的风险同样不容忽视：①衍生工具具有杠杆作用，在高收益的同时，高风险可能导致个体投资者甚至大的金融机构（如商业银行）破产；②衍生工具可以使一定量的资金发挥几倍的作用，投机可能导致金融市场乃至整个经济发生动荡，使整个金融系统风险大大增加。例如，著名的量子基金利用衍生工具进行投机，直接造成几次金融风暴，其中包括1997年的亚洲金融风暴，给整个世界的经济带来了巨大的损害。

二、金融衍生工具的分类

金融衍生工具的种类较多，大体可按以下几种方式进行分类。

1. 按产品形态分类

金融衍生工具按产品形态可分为以下两类。

（1）独立式衍生工具，是指其本身即为独立存在的金融合约，如期权合约、期货合约、互换合约等。

（2）嵌入式衍生工具，是指嵌入非衍生合同（以下简称"主合同"）中的金融衍生工具，该工具使主合同的部分或全部现金流量将按照特定利率、金融工具价格、汇率、价格或利率指数、信用等级或信用指数，以及类似变量的变动而发生调整。嵌入式衍生工具与主合同构成混合工具，如可转换公司债券等。

2. 按基础工具种类分类

金融衍生工具按基础工具种类可分为以下几类。

（1）股权类产品的衍生工具，是指以股票或股票指数为基础工具的金融衍生工具，主要包括股票期货、股票期权、股票指数期货、股票指数期权以及上述合约的混合交易合约。

（2）货币衍生工具，是指以各种货币作为基础工具的金融衍生工具，主要包括远期外汇合约、货币期货、货币期权、货币互换以及上述合约的混合交易合约。

（3）利率衍生工具，是指以利率或利率的载体为基础工具的金融衍生工具，主要包括远期利率协议、利率期货、利率期权、利率互换以及上述合约的混合交易合约。

（4）信用衍生工具，是指以基础产品所蕴含的信用风险或违约风险为基础变量的金融衍生工具，用于转移或防范信用风险，主要包括信用互换、信用联结票据等。

（5）其他衍生工具，主要包括用于管理天气变化风险的天气期货、管理政治风险的政治期货、管理巨灾风险的巨灾衍生产品等。

3. 按自身交易的方法和特点分类

按自身交易的方法和特点分类是金融衍生工具最常用的分类方法，如图 3.1 所示。

（1）金融期货，<u>是指交易双方在集中的交易场所以公开竞价方式进行买卖某种金融工具的标准化合约</u>，主要包括外汇期货、利率期货、债券期货和股票价格指数期货四种。

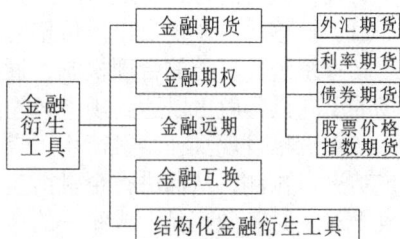

图 3.1　金融衍生工具的分类

（2）金融期权，<u>是指合约买方向卖方支付一定费用（被称为"期权费"或"期权价格"），在约定日期内（或约定日期）享有按事先确定的价格向合约卖方买入某种金融工具的权利的契约</u>，主要包括现货期权和期货期权两大类。

（3）金融远期（合约），<u>是指交易双方在场外市场通过协商，按约定价格（被称为"远期价格"）在约定的未来日期（交割日）买卖某种标的金融资产（或金融变量）的合约</u>，主要包括远期利率协议、远期外汇合约和远期股票合约。金融远期规定了将来交割的资产、交割的日期、交割的价格和数量，合约条款根据双方需求协商确定。

（4）金融互换，是指两个或两个以上的当事人按共同商定的条件，在约定的时间内定期交换现金流的金融交易，主要包括货币互换、利率互换、股权互换、信用违约互换等。

（5）结构化金融衍生工具。上述四种常见的金融衍生工具通常也被称作"建构模块工具"，是最简单和最基础的金融衍生工具。利用其结构化特性，通过相互结合或者与基础金融工具相结合，能够开发设计出更多具有复杂特性的金融衍生产品，它们通常被称为"结构化金融衍生工具"或"结构化产品"。例如，在证券交易所交易的各类结构化票据、目前我国各家商业银行推广的挂钩不同标的资产的理财产品等都是结构化金融衍生工具的典型代表。

三、金融衍生工具的特征与功能

金融衍生工具和股票最大的不同点是：股票市场会膨胀，股票上涨，人人可以受惠，股票下跌，无人可以幸免；购买金融衍生工具则为零和游戏，有人赚钱必定要有人亏钱。

1. 金融衍生工具的特征

金融衍生工具有以下四个特征。

（1）跨期性，指可约定在未来某一时间按照一定条件进行交易或选择是否交易。

（2）杠杆性，指具有放大效应。金融衍生工具一般只需支付少量的保证金或权利金就可签订远期大额合约或互换不同的金融工具。

（3）联动性，指金融衍生工具的价值与基础产品或基础变量紧密联系。

（4）不确定性或高风险性，指金融衍生工具的交易后果取决于交易者对基础工具（变量）

未来价格（数值）的预测和判断的准确程度。金融衍生工具通常存在以下几种风险：①因交易对手违约，没有履行承诺造成损失的信用风险；②因资产或指数价格不利变动可能带来损失的市场风险；③因市场缺乏交易对手而导致投资者不能平仓或变现所带来的流动性风险；④因交易对手无法按时付款或交割可能带来的结算风险；⑤因交易或管理人员的人为错误、系统故障或控制失灵造成的运作风险；⑥因合约不符合所在国法律，无法履行或合约条款遗漏及模糊导致的法律风险。

2. 金融衍生工具的功能

对现代经济而言，金融衍生工具有以下三种功能。

（1）转移风险。现货市场价格的频繁变动会给投资者带来较大风险，金融衍生工具恰恰构建了转移系统性风险的合理机制，通过套期保值就可以规避风险。例如，通过股票和股指期货市场的反向操作就可以达到规避风险的目的。

（2）价格发现。在金融衍生工具交易中，市场参与者通常会根据市场信号对金融资产的价格走势进行预测，从而进行金融衍生品的交易。在大量的交易中，通过平衡供求关系能够较为准确地对金融基础产品形成统一的市场价格。例如，在公开、高效的期货市场中，众多投资者的竞价有利于形成更能反映股票真实价值的股票价格。

（3）优化资产配置。金融衍生工具的出现，为投资者提供了更多的选择机会和选择对象，有利于优化资产组合。例如，由于股指期货采用保证金制度，交易成本很低，因此被广大机构投资者作为资产配置的手段。另外，企业也可以利用衍生工具达到优化资产组合的目的。例如，通过利率互换业务，企业能降低贷款成本，从而实现资产组合的最优化。

第二节　金融期货

期货与现货完全不同，现货是指实实在在可以交易的"货"（商品），期货不是"货"，而是标准化可交易合约。期货分为商品期货和金融期货，本节只介绍金融期货。

一、金融期货概述

金融期货是指以金融工具作为标的物的期货合约。金融期货交易是指交易者在特定的交易所通过公开竞价方式成交，承诺在未来特定日期或期间内，以事先约定的价格买入或卖出特定数量的某种金融商品的交易方式。金融期货交易具有期货交易的一般特征，但其合约标的物不是实物商品，而是金融商品，如外汇、债券、股票指数等。

金融期货产生于20世纪70年代，远不及商品期货历史悠久，但其发展速度却比商品期货快得多。现今，金融期货交易在许多方面已经走在商品期货交易的前面，占整个期货市场交易量的80%以上。在一些主要的金融市场，金融期货交易量甚至已超过其基础金融产品的交易量。

1. 金融期货的交易制度

金融期货的交易制度主要涉及以下内容。

（1）集中交易制度。金融期货是在期货交易所或证券交易所进行集中交易的。可以说，期货交易所是期货市场的核心。

（2）标准化期货合约和对冲机制。金融期货合约是由交易所设计、经主管机构批准后向市

场公布的标准化合约。金融期货合约设计成标准化合约是为了方便交易双方在合约到期前分别做一笔相反的交易进行对冲，从而避免实物交收。实际上，绝大多数的金融期货合约都不进行实物交割，通常在到期日之前就已平仓。

（3）保证金及其杠杆作用。设立保证金的主要目的是一旦交易者出现亏损能及时止损，防止发生不能偿付的情况。

（4）结算所和无负债结算制度。结算所是金融期货交易的专门清算机构，通常附属于交易所，但又以独立的公司形式组建。所有的金融期货交易都必须通过结算会员由结算机构进行，而不是由交易双方直接交收清算。结算所实行无负债的每日结算制度（逐日盯市制度），就是以每种期货合约在交易日收盘前最后1分钟或几分钟的平均成交价作为当日结算价，与每笔交易成交时的价格进行对照，计算每个结算所会员账户的浮动盈亏，以便随市清算。由于每日结算制度以1个交易日为最长的结算周期，因此对所有账户的交易头寸按不同到期日分别计算，并要求所有的交易盈亏都能及时结算，以调整保证金账户，控制市场风险。

（5）限仓制度。限仓制度是交易所为了防止市场风险过度集中和防范操纵市场的行为，而对交易者持仓数量加以限制的制度。

（6）大户报告制度。实行大户报告制度的目的是方便交易所审查大户是否有过度投机和操纵市场行为。限仓制度和大户报告制度都是降低市场风险，防止人为操纵，提供公开、公平、公正市场环境的有效机制。

（7）每日价格波动限制及断路器规则。为防止期货价格出现过大的非理性变动，交易所通常会对每个交易时段允许的最大波动范围做出规定，一旦达到涨（跌）幅限制，则高于（低于）该价格的买入（卖出）委托无效。

除上述常规制度之外，期货交易所为了确保交易安全，还规定了强行平仓、强制减仓、临时调整保证金比例（金额）等交易规则。交易者在入市之前，务必透彻理解相关规定。

2. 金融期货的分类

按照基础工具划分，金融期货分为以下三类。

（1）外汇期货，又称货币期货，是金融期货中最先产生的品种，主要用于规避外汇风险。1972年，芝加哥商业交易所（CME）所属国际货币市场（IMM）率先推出外汇期货。2005年，芝加哥商业交易所推出以美元、日元、欧元报价和现金结算的人民币期货及期货期权交易。

（2）利率期货，是指各类固定收益金融工具，主要是为了规避利率风险而产生的。1975年10月，利率期货在美国芝加哥期货交易所（CBOT）产生。利率期货又分成两种：①债券期货，以国债期货为主的债券期货是各主要交易所最重要的利率期货品种；②主要参考利率期货，常见参考利率为香港银行间同业拆放利率（Hibor）、欧洲美元定期存款单利率和联邦基金利率等。

（3）股权类期货，是指可分成以单只股票、股票组合、股票价格指数为基础资产的期货合约。股指期货即股票价格指数期货，是以股票价格指数为基础变量的标准化期货合约。单只股票期货，是以单只股票为基础资产的金融期货。股票组合期货，是以标准化的股票组合为基础资产的金融期货。

3. 金融期货的功能

金融期货作为金融衍生工具的一种，除了具有金融衍生工具的转移风险、价格发现、优化资产配置等功能之外，还有自己独特的功能。

（1）套期保值。在实际经济生活中，为避免各种金融资产价格波动的风险，及其导致的成本上升或财产损失风险，可利用金融期货交易进行风险对冲，即在期货市场上买进或卖出与现货市场上数量相等但交易方向相反的金融资产，使两个市场交易的损益相互抵补。

问与答

问：什么是多头与空头？
答：预计股价将会上涨，先买后卖赢取差价的投资行为叫作多头，反之则叫作空头。

（2）投机和套利。金融期货与所有有价证券的交易都相同，因此期货市场上的投机者也会利用对未来期货价格走势的预期进行投机交易。预计价格会上涨的投机者往往建立期货多头头寸，反之则建立空头头寸。所谓套利就是根据经济学中的"一价定律"，利用金融期货市场与现货市场相同资产在价格上的不合理差异进行交易，从而获得无风险利润。

二、股指期货

金融期货可分为三大类，分别是外汇期货、利率期货和股指期货。其中，普通投资者可投资的主要品种就是股指期货。

股指期货（SPIF）的全称是股票价格指数期货，也可称为股价指数期货、期指，是指以股价指数为标的物的标准化期货合约。股指期货交易双方约定在未来的某个特定日期，可以按照事先确定的股价指数的大小进行标的指数的买卖，到期后通过现金结算差价米进行交割。

微课堂
股指期货

1. 沪深 300 股指期货

沪深 300 指数由中证指数有限公司编制与维护，成分股股票有 300 只。该指数借鉴了国际市场成熟的编制理念，采用调整股本加权、分级靠档、样本调整缓冲区等先进技术编制而成。中国金融期货交易所首个股指期货合约

合约标的	沪深300指数
交易所	中国金融期货交易所
交易代码	IF
合约乘数	每点300元
报价单位	指数点
合约交割月份	1、3、5、7、9、11月
最小变动价位	0.2点
合约月份	当月、下月及随后两个季月
交易时间	9:15-11:30　13:00-15:15
最后交易日交易时间	9:15-11:30　13:00-15:00
每日价格最大波动限制	上一个交易日结算价的±10%
最低交易保证金	合约价值的12%
最后交易日	合约到期月份的第三个周五，遇国家法定假日顺延
交割日期	同最后交易日
交割方式	现金交割

图 3.2　沪深 300 股指期货合约

以沪深 300 指数为标的物。我国沪深 300 股指期货合约的规格如图 3.2 所示。

股指期货合约包括以下几个要素。

（1）合约标的，是指合约的基础资产。股指期货合约以某一股票价格指数为标的。

（2）合约价值，是指期货合约的市场价格与合约乘数的乘积。

（3）报价单位及最小变动价位，报价单位是指市场价格或指数点，最小变动价位为该报价的最小变化刻度。

（4）合约月份，是指合约到期交割的月份，一般是每年的 3 月、6 月、9 月和 12 月。

（5）交易时间，是指合约在交易所交易的时间。投资者应注意，最后交易日的交易时间一般会有特别规定。

（6）涨跌停板限制，是指合约在一个交易日中交易价格的波动不得高于或者低于上一个交易日结算价的一定幅度。

（7）合约交易保证金。股指期货保证金制度具有一定的杠杆性，投资者不需要支付合约价

值的全额资金，只需要支付一定比例的保证金就可以交易。

（8）最后交易日和最后结算日，是指由交易所规定的各种合约在到期月份中的最后一个交易日。绝大多数金融期货合约最终都是通过对冲交易结清的。若持仓者在最后交易日仍不做对冲交易，那么其必须通过实物或现金交割的方式结清其仓位。

（9）交割方式，是指由交易所规定的各种金融期货合约因到期未平仓而进行实际交割的各条款项，包括交割日、交割方式及交割地点等。股票期货的交割与结算可采用股票过户或现金形式，而股指期货一般采用现金交割，即根据合约规定的结算价格计算买卖双方的盈亏金额并对其账户的资金进行划转。

2. 期货的套期保值

通常一个完整的套期保值（简称"套保"）操作包括"决定是否需要进行套保、确定套保方向、选择套保合约月份、计算套保合约数量、结束套保、评估套保效果"等环节，下面简单介绍前两个环节。

课堂讨论

投资股指期货的要求是什么？为什么股指期货要设立门槛？

（1）决定是否需要进行套保。在股票投资中，并非任何时候都需要进行套保。在进行套保之前，投资者需要通过对投资风险进行评估，确定哪些风险需要通过套保手段进行回避。根据风险特征的不同，可以将套保业务区分为低估值组合的成本保值，高估值组合的减持净值保值，高收益组合的减持净值锁定、节假日保值等。评判是否需要套保的标准主要有两个：一是股票头寸买卖的灵活性，二是股票头寸受非系统风险影响的程度。股票头寸买卖的灵活性主要是指股票买卖对市场的冲击程度以及股票市场的流动性水平。如果一个股票组合市值不大，股票数目也不多，并且持有的时间有很大的弹性，则投资者可以在股票市场上进行灵活操作，那么此时套保的意义就不是很大。而如果一个股票头寸比较庞大，构成也比较复杂，而且持有时间比较长，则投资者可以考虑利用股指期货进行套保。

此外，利用股指期货进行套保主要是为了规避系统性风险。如果股票组合受某些非系统性风险因素的影响比较大，投资组合的价值变动与指数的变动就会存在较大的偏差，此时利用股指期货进行套保的效果就比较差，套保的必要性也就大大降低了。

（2）确定套保方向。按照投资者股票交易的方向不同，套保主要分为买入套保和卖出套保两类。买入套保适用于那些需要在未来某个时间买入股票组合的投资者，以降低股票组合买入成本的不确定性。卖出套保适用于目前持有股票组合，但会在未来某个时间卖出股票组合或希望组合投资市值稳定的投资者，以规避股市下跌造成的未来卖出股票的收入减少或股票组合市值损失的风险。

【案例】

套期保值操作

20××年4月15日，某机构持有市值900万元的股票组合（该组合与沪深300指数之间的β系数为1.2），拟在5月上旬股票分红完毕后卖出。由于预计5月初该股票组合可能下跌，于是该机构决定采取套保策略。假定此时IF1005合约的价格为3 000点，沪深300指数为2 990点，则套保的基本操作步骤（不计手续费等其他费用）如下。

（1）确定套保及方向。卖出套保。

（2）选择套保合约月份。由于拟在5月上旬卖出股票组合，根据"期限接近"原则，并考虑合约流动性，选择 5 月到期的沪深 300 股指期货合约，即 IF1005 合约。

（3）计算套保合约数量。根据"数量相当"原则，用于套保的期货合约总价值应与现货资产的修正价值基本相当。4 月 15 日，该股票组合的修正价值为：900×1.2=1 080（万元），一手 IF1005 合约的价值为：3 000 点×300 元/点=90（万元），因此应卖出 IF1005 合约的数量为：1 080 万元÷90 万元/手=12（手）。于是，该机构以 3 000 点的价格卖出开仓 12 手 IF1005 合约。

（4）结束套保。5 月中旬该股票组合分红结束时，沪深 300 指数已下跌至 2 950 点，而 IF1005 合约价格为 2940 点。该机构在卖出全部股票组合的同时，以 2940 点的价格买入平仓 12 手 IF1005 合约。

（5）评估套保效果。结束本次套保后，该机构在股指期货市场实现的盈利为

$$(3\,000-2\,940)\times300\times12=21.6（万元）$$

在股票市场，相比于 4 月 15 日，5 月中旬卖出股票组合的亏损为

$$(2\,950-2\,990)\div2\,990\times1.2\times900\approx-14.45（万元）$$

两者相抵后略有盈利：

$$21.6-14.45=7.15（万元）$$

即该机构相当于以比 4 月 15 日更优的价格卖出了股票组合，还如期获得了股票分红，从而达到了套保的初衷。反之，如果 5 月中旬股票市场相对 4 月 15 日处于上涨状态，则该机构在股指期货市场将出现亏损，但在现货市场能以更高的价格卖出股票组合，同样可实现套保的目的。

这里需要说明的是，利用期货为现货进行套保，并不是任何时候两个市场综合起来都一定会有净盈利，有时也会出现亏损。但是通过套保操作就能降低现货交易的风险，从而基本达到套保的目的，只是在程度上存在差异而已。此外，套保业务本身也存在一些风险，投资者一定要注意并加以防范。

思考与讨论：请说明金融衍生工具在证券市场中的作用。

第三节　金融期权与其他金融衍生工具

期权是在期货的基础上产生的一种金融工具，指在未来一定时期可以买卖的权利，但不负有必须买进或卖出的义务。

期权是在约定的期限内，以商定的交易对象、价格和数量，进行购买权或出售权的买卖交易的一种行为。期权交易最早始于股票期权，之后又出现了利率期权、外汇期权和股票指数期权等交易品种。

一、金融期权概述

金融期权（以下简称"期权"）是一份合约，是以期权为基础的金融衍生产品，指以金融商品或金融期货合约为标的物的期权交易的合约。具体来说，期权购买者在向出售者支付一定费用后，就获得了能在规定期限内以某一特定价格向出售者买进或卖出一定数量的某种金融产品或金融期货合约的权利。

（一）期权合约的要素

期权合约有以下几个要素。

（1）施权价。期权合同中规定的购入或售出某种资产的价格，称为期权的施权价，也称协议价格。

（2）施权日。期权合同中规定的期权的最后有效日期，称为期权的施权日或到期日。

（3）标的资产。期权合同中规定的双方买入或售出的资产，称为期权的标的资产。

（4）期权费。期权买卖双方购买或出售期权的价格，称为期权费或期权的价格。

（二）期权的分类

期权主要有以下两种分类方法。

1. 按期权买或卖行为的不同分类

按期权买或卖行为的不同，期权交易可分为买入期权和卖出期权。

买入期权也称看涨期权，是指在规定的期限内，按事先商定的价格和数量买入某种交易对象的交易权利的行为。当交易对象的价格上升时，买方的权益呈上升趋势，买方实现盈利的可能性较大；当交易对象的价格下降时，买方的收益呈下降趋势，买方亏损的可能性较大。

卖出期权也称看跌期权，是指在规定的期限内，按事先商定的价格和数量卖出某种交易对象的交易权利的行为。当交易对象的价格上升时，买方的收益呈下降趋势，买方亏损的可能性较大；当交易对象的价格下跌时，买方的收益呈上升趋势，买方实现盈利的可能性较大。

2. 按期权行使权利的有效期限不同分类

按期权行使权利有效期限的不同，期权交易可分为美式期权和欧式期权。

美式期权指可以在成交后的有效期内任何一天被执行的期权，即期权持有者可以在期权到期日以前的任何一个工作日纽约时间上午 9 时 30 分以前，选择执行或不执行期权合约。美式期权多为场内交易所采用。

美式期权合同在到期日前的任何时候或在到期日都可以执行，结算日则是履约日之后的一天或两天。大多数的美式期权合同都允许持有者在交易日到履约日之间随时履约，但也有一些合同对可以履约的时间规定得比较短，如"到期日前两周"。

欧式期权是指买入期权的一方必须在期权到期日当天才能行使的期权。欧式期权合同要求其持有者只能在到期日履行，结算日是履约后的一天或两天。我国的外汇期权交易采用的都是欧式期权合同方式。

> **问与答**
>
> **问：** 什么是死多头？
>
> **答：** 预计股价将会上涨，买入股票后，不管股价涨跌都始终看好的投资者，俗称死多头。

（三）期权与期货的区别

期权与期货的区别体现在以下几个方面。

（1）买卖双方的权利和义务。在期货交易中，买卖双方具有合约规定的对等的权利和义务。在期权交易中，买方有以合约规定的价格是否买入或卖出期货合约的权利，而卖方则有被动履约的义务。一旦买方提出执行，卖方则必须以履约的方式了结其期权部位。

（2）买卖双方的盈亏结构。在期货交易中，随着期货价格的变化，买卖双方都面临着无限的盈与亏。在期权交易中，买方的潜在盈利是不确定的，亏损却是有限的，最大风险是确定的；相反，卖方的收益是有限的，潜在亏损却是不确定的。

微课堂

建仓与平仓

（3）保证金与权利金。在期货交易中，买卖双方均要缴纳交易保证金，但都不必向对方支付费用。在期权交易中，买方支付权利金，但不缴纳保证金；卖方收到权利金，但要缴纳保证金。

（4）部位了结的方式。部位了结就是证券交易过程中在某个价格完成交易。在期货交易中，投资者可以平仓或实物交割的方式了结其部位。在期权交易中，投资者了结其部位的方式包括平仓、执行或到期等三种。

（5）合约数量。在期货交易中，期货合约只有交割月份的差异，数量固定而有限。在期权交易中，期权合约不仅有月份的差异，还有执行价格、看涨期权与看跌期权的差异；同时，随着期货价格的波动，还要挂出新的执行价格的期权合约。因此，期权合约的数量较多。

期权与期货各具优点与缺点。期权的好处在于风险有限，但需要投资者付出权利金成本，且只有在标的物价格的变动弥补权利金后才能获利。但期权的出现，无论是在投资机会还是风险管理方面，都给具有不同需求的投资者提供了更加灵活的选择。

二、上证 50ETF 期权

上证50ETF是一种创新型基金，是上海市场最具代表性的蓝筹指数之一。上证 50 指数是境内首只交易型开放式指数基金（ETF）的跟踪标的。上证 50ETF 期权是中国证券市场的第一个期权品种，于 2015 年 2 月 9 日正式上市，合约代码如图 3.3 所示，买卖类型如图 3.4 所示。

图 3.3　上证 50ETF 期权的合约代码

类型	说明
买入开仓	
卖出平仓	
卖出开仓	需保证金
买入平仓	成交后释放保证金
备兑开仓（策略指令）	需要100%现券担保
备兑平仓（策略指令）	

● 盘中双向持仓、日终单向持仓（自动对冲）

图 3.4　上证 50ETF 期权的买卖类型

上证 50ETF 期权的基本条款包括以下内容。

（1）合约类型。上证 50ETF 期权包括认购期权和认沽期权两种类型。

（2）合约单位。每张期权合约对应 10 000 份 50ETF 基金份额。

（3）到期月份。合约到期月份为当月、下月及随后两个季月，共 4 个月份。首批挂牌的期权合约到期月份为 2015 年 3 月、4 月、6 月和 9 月。

（4）行权价格。首批挂牌及按照新到期月份加挂的期权合约设定 5 个行权价格，包括依据行权价格间距选取的最接近 50ETF 前收盘价的基准行权价格（最接近 50ETF 前收盘价的行权价格存在两个时，取价格较高者作为基准行权价格），以及依据行权价格间距依次选取的两个高于和两个低于基准行权价格的行权价格。

50ETF 收盘价发生变化，导致行权价格高于（低于）基准行权价格的期权合约少于两个时，按照行权价格间距依序加挂新行权价格合约，使得行权价格高于（低于）基准行权价格的期权合约达到两个。

行权价格间距根据 50ETF 收盘价分区间设置，50ETF 收盘价与上证 50ETF 期权行权价格间距的对应关系是：3 元（含）以下为 0.05 元，3 元至 5 元（含）为 0.1 元，5 元至 10 元（含）为 0.25 元，10 元至 20 元（含）为 0.5 元，20 元至 50 元（含）为 1 元，50 元至 100 元（含）为 2.5 元，100 元以上为 5 元。

上证 50ETF 的代码是 510050，在行情软件中输入该代码可以查到其价格变动情况。

【案例】

上证 50ETF 期权交易

假设，目前上证 50ETF 价格是 2.5 元/份。投资者 A 认为上证 50 指数价格在未来 1 个月内会上涨，于是选择购买 1 个月后到期的上证 50ETF 认购期权。假设买入合约单位为 10 000 份，行权价格为 2.5 元、次月到期的上证 50ETF 认购期权一张，而当前期权的权利金为 0.1 元，需要支付 0.1×10 000=1 000（元）的权利金。

投资者 A 在合约到期后，有权以 2.5 元/份的价格买入 10 000 份上证 50ETF，也有权不买。

假如 1 个月后，上证 50ETF 价格涨至 2.8 元/份，那么投资者 A 行使该权利以 2.5 元的价格买入，并在后一交易日卖出，可以获利(2.8-2.5)×10 000=3 000（元），减去权利金 1 000 元，最终可获得利润 2 000 元。如果上证 50ETF 价格涨得更多，当然获利也就更多。

相反，如果 1 个月后上证 50ETF 价格下跌，只有 2.3 元/份，那么投资者 A 可以放弃购买的权利，届时亏损权利金 1 000 元。也就是说，不论上证 50ETF 价格跌到什么程度，投资者 A 最多只损失 1 000 元。

思考与讨论：请说明金融衍生工具中期货与期权的区别。

三、其他金融衍生工具

除了期货、期权外，常见的金融衍生工具还有权证、远期合同和互换合同等。

（一）权证

权证是基础证券发行人或其以外的第三人发行的，约定持有人在规定期间内或特定到期日，有权按约定价格向发行人购买或出售标的证券或以现金结算方式收取结算差价的有价证券。

1992 年我国的证券市场出现了第一只权证品种，由于权证交易过程出现了包括操纵市场、恶意炒作等行为，证监会停止了权证的发行，虽然目前权证市场暂停，但随着监管机构和市场环境的变化，权证市场有可能再次开启。

1. 权证的分类

权证可按以下几种方式分类。

（1）按基础资产分类，权证可分为股权权证、债权权证和其他权证。

（2）按基础资产的来源分类，权证可分为认股权证和备兑权证。认股权证也称为股本权证，一般由基础证券的发行人发行，行权时上市公司增发新股售予认股权证的持有人。备兑权证通常由证券公司发行，其所认兑的股票不是新发行的，而是已在市场上流通的，不会增加股份公司的股本。创新类证券公司创设的权证均为备兑权证。

（3）按持有人的权利分类，权证可分为认购权证和认沽权证。

（4）按行权的时间分类，权证可分为美式权证、欧式权证和百慕大权证。

（5）按内在价值分类，权证可分为平价权证、价内权证和价外权证。

2. 权证的要素

权证的要素主要有标的资产、执行价格、权利金、兑换比例、到期日、赎回权条款、执行方式及特别条款等，如赎回权条款即规定在特定情况下发行人有权赎回其发行在外的权证。

3. 权证的发行、上市与交易

权证的发行。由标的证券发行人以外的第三人发行并上市的权证，发行人应提供履约担保。发行人应通过专用账户提供并维持足够数量的标的证券或现金作为履约担保或提供经交易所认可的机构作为履约的不可撤销的连带责任保证人。

中国证券市场的最后一只权证在2011年8月底到期后，至今再也没有发行过新权证。

4. 权证与期权的区别

权证与期权在以下方面有所区别。

（1）发行主体。期权没有发行人，每个投资者在有足够保证金的基础上，都可以卖出期权（类似于发行），并且其买卖双方都可以是普通的投资者。而权证的发行主体要有一定的实力，一般由上市公司或者证券经营公司、大股东等第三方作为发行人。

（2）合约的当事人。期权合约的当事人是期权合约的买卖双方，期权的买方（权利方）与期权的卖方（义务方）是一一对应的。而权证合约的当事人是发行人与持有人。

（3）合约特点。期权是一种在交易所上市交易的标准化合约，交易之前标的、合约单位、执行价、到期日等都是固定的。而权证是非标准化合约，其要素由发行人确定。

（4）从理论上讲，期权供给数量是无限的，只要买卖双方达成交易，就可以创造出持仓量。而权证的供给是有限的，在权证发行时基本上已经确定，受发行人意愿、资金实力、上市流通的证券数量等因素限制。

（5）投资者交易期权，除了可以买入期权合约，同时还可以卖出期权合约（双向操作）。而在权证交易中，只有发行人才可以卖出权证收取权利金，投资者只可以买入权证（单向操作）。

（6）履约担保。期权的卖方（义务方）因为要承担义务需要缴纳保证金，期权的买方（权利方）则不用缴纳保证金。在同一权证市场上，投资者的地位是相同的。

> **课堂讨论**
>
> 为什么权证容易成为被疯狂炒作的对象？

（7）行权价格的确定。在期权市场上，行权价格的确定是由交易所根据一定规则确定的。而权证的行权价格由发行人根据一定模型确定。

（二）远期合同和互换合同

远期合同和互换合同一般都是在场外交换，所以普通投资者对它们都不太了解。

远期合同，是指合同双方约定在未来某一日期以约定价格，由买方向卖方购买某一数量的标的项目的合同。

例如：某进出口公司，在某年9月2日与银行（工行）签订了一笔期限为1年、金额为1亿美元的远期结汇合约，预计第二年9月有一笔出口收汇款，当时银行报给该公司的远期汇率为6.14。第二年9月，该公司收到从境外汇回的1亿美元的资金，银行按照合同约定的远期汇率6.14办理了结汇，该公司得到6.14亿元人民币的资金（当天人民币兑美元的外汇牌价为6.10）。签订远期合约，该公司一方面规避了汇率风险，另一方面还获得了400万元人民币的额外收益。

互换合同，是指合同双方在未来某一期间内交换一系列现金流量的合同。按合同标的项目不同，互换可以分为利率互换、货币互换、商品互换、权益互换等，其中利率互换和货币互换比较常见。典型的金融互换交易合约，通常包括交易双方、合约名义金额、互换的货币、互换的利率、合约到期日、互换价格、权利义务、价差、中介费用等内容。

【本章小结】

金融资产的衍生工具是金融创新的产物,主要通过创造金融工具来帮助金融机构管理者更好地进行风险控制。金融衍生工具主要包括期货、期权、权证、远期和互换等。

【自测题】

【知识测试与实训操作】

一、名词解释

金融衍生工具	期货	期权	保证金	对冲机制
套期保值	沪深 300 股指期货	套利		美式期权
欧式期权	权证	远期	互换	

二、简答题

1．金融衍生工具的主要功能有哪些?
2．金融期货与金融期权的区别是什么?
3．金融期权的基本特点有哪些?
4．简述沪深 300 股指期货合约的基本要素。

三、实训操作

1．在已经上市的金融期货品种中选出 1 个,在表 3.1 内填写其详细资料。

表 3.1 金融期货资料

交易单位		交割品级	
报价单位		交割地点	
最小变动价位		交易保证金	
每日价格最大波动限制		交易手续费	
合约交割月份		交割方式	
交易时间		交易代码	
最后交易日		上市交易所	
交割日期			

2．美国次贷危机是从 2006 年春季开始逐步显现的,2007 年 8 月开始席卷美国、欧盟和日本等世界主要金融市场,进而引发了全球性金融危机、经济危机。次贷危机不仅在当时成为国际上的热点问题,其影响甚至在之后七八年仍未完全消退。请搜索、查阅相关资料,编写一份研究报告,简述美国次贷危机形成的原因,分析当时各国所采取的应对措施。

第四章

证券投资的收益与风险

【学习目标与知识结构图】

1. 掌握证券投资收益的计算方法，了解证券投资的风险，掌握防范证券投资风险的方法。
2. 了解证券投资的收益与风险的关系。
3. 关注现实问题、勇于探索、实践创新。

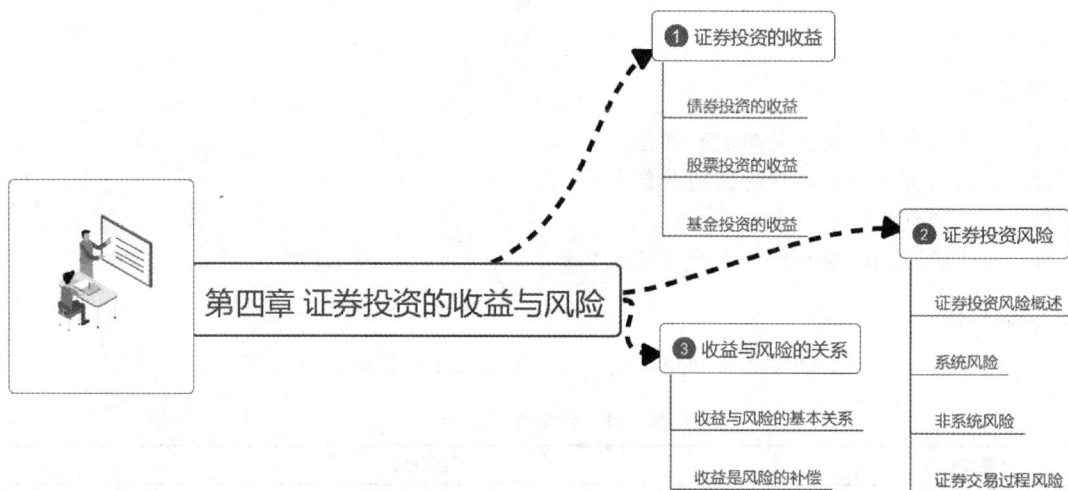

【案例导入】

A 投资基金、债券和股票一段时间，并尝试投资金融衍生工具与股指期货后，深刻体会到证券投资中存在着巨大风险。在证券投资中，收益和风险形影相随，收益以风险为代价，风险用收益来补偿。投资者在投资中会得到收益，但与此同时又不可避免地面临着风险。证券投资的理论和实战技巧，都是围绕着如何处理这两者的关系展开的。理智驱使 A 又开始认真地学习证券投资的收益与风险的相关知识。

思考与讨论

（1）不同证券投资的收益的计算方法有什么区别？

（2）作为学生，你认为证券投资中的收益与风险有什么关系？

第一节 证券投资的收益

证券投资的收益指投资者从购入证券到卖出证券期间的收入，是投资者关心的核心问题之一。证券投资的收益通常包括以下三个部分。

（1）证券发行者依据经营的成果定期分配给投资者的收益，如债券利息、股息。

（2）在证券流通市场上通过买卖证券所实现的资本损益，也称为差价收益。

（3）非货币收益，如重大决策的表决权、参与公司的经营管理权、公司的控制权、公司治理的改善等。非货币收益最终可以通过货币收益进行量化，因此分析证券投资的收益主要是分析投资所带来的货币收益。

证券投资收益的成果一般用收益率衡量，即投资收益与初始投资额之比。收益率的计算公式为

$$收益率=(期末财富-期初财富)/期初财富$$

在实际运用中，还要考虑未来现金流量的变化。

一、债券投资的收益

债券投资的收益主要来源于两个方面。一是债券的利息收入。因为债券还本付息的时间和数额往往是事先确定的，所以债券通常被称为固定收入证券。二是债券买入价格与卖出价格的差额，即资本损益。通常情况下，债券收益率用年收益率表示。由于受到多种因素的影响，债券价格总是处于不断变化之中，交易者在交易后所获得的价差也是收益的重要组成部分。如果考虑通货膨胀、信用风险、到期期限、市场利率的变化等因素，债券的收益就带有一定程度的不确定性，那么债券的收益率也就较为复杂。

微课堂
债券面值

（一）债券的价值和价格

1. 票面价格

票面价格（价值）又称为面值，是指债券上标明的金额。票面金额不同，对债券的发行成本、发行数额和持有者分布的影响也不同。票面金额较小就便于收入低的小额投资者购买，同时市场也广阔一些；票面金额过大，就会超出小额投资者的能力范围，销售面比较窄，购买者也就只能局限于少数大投资者，一旦这些投资者认购积极性不高，就可能导致发行失败。另外，票面价格对发行者来说具有重要的意义，因为发行者是以它来计算要支付的利息和偿还的本金的，即它直接决定着发行者筹资成本的高低。我国发行的债券，一般是每张面额为100元人民币。

微课堂
溢价发行与折价
发行

2. 发行价格

发行价格是指债券发行时，投资者和发行者通过一定方式确定的价格。债券的发行价格可能不等于其面值。当债券的发行价格高于面值时，称为溢价发行；当债券的发行价格低于面值时，称为折价发行；当债券的发行价格等于面值时，称为平价发行。一般来说，债券的发行价格取决于债券的现值，即债券到期应付的面值和各期应付的利息按市场利率折合的现值。债券发行人在考虑债券发行条件时，通常会参照当时的市场利率来确定发行的票面利

率。但是市场利率往往变化较快，因此发行时经常会出现发行价格不等于面值的情况。

3. 交易价格

交易价格也称为市场价格。债券发行后，在流通市场上按不同的价格进行交易。交易价格的高低，取决于公众对该债券的评价、市场利率以及人们对通货膨胀率的预期等，它给债券投资人的收益带来一定程度的不确定性，从而造成债券市场价格的波动。

> **课堂讨论**
>
> 你觉得回报率最高的投资是什么？

（二）债券收益率的计算

债券收益率包括票面收益率、直接收益率、持有期收益率、到期收益率等，分别反映投资者在不同买卖价格和持有年限下的不同收益水平。

1. 票面收益率

票面收益率又称为名义收益率或息票率，是印制在债券票面上的固定利率，即年利息收入与债券面额的比率。投资者如果将按面额发行的债券持有至期满，则获得的投资收益率与票面收益率一致。其计算公式为

$$票面收益率=债券年利息÷债券面额×100\%$$

票面收益率只适用于投资者按票面金额买入债券直至期满并按票面金额收回本金这种情况。由于债券的发行价格常常会偏离债券面值，因此票面收益率难以反映债券的实际收益率，一般情况下只是作为参考，实际用途有限。

2. 直接收益率

直接收益率又称为本期收益率，是指债券的年利息收入与债券市场的实际价格的比率。其计算公式为

$$直接收益率=债券年利息÷债券市场价格×100\%$$

直接收益率反映了投资者的投资成本带来的收益。投资者购买债券的价格低于债券面额，直接收益率就高于票面收益率。对那些每年会从债券投资中获得一定利息收入的投资者来说，直接收益率很有意义。直接收益率比票面收益率更接近投资者的实际收益率，但和票面收益率一样都不能全面反映投资者的实际收益。因为它忽略了债券持有的时间因素，没有反映不同期限债券的收益差别。票面收益率和直接收益率都是针对附息债券提供给投资者作为参考的，而不能用来估计贴现债券的收益率。

【例4.1】某种票面金额为100元的附息债券，现假定发行价格为98元，票面年利率为8%，偿还期限为5年，计算投资者认购债券持有至期满时可获得的直接收益率。

解：根据公式，该项投资的直接收益率为

$$直接收益率=债券年利息÷债券市场价格×100\%$$
$$=100×8\%÷98×100\%$$
$$=8.16\%$$

投资者的直接收益率为8.16%，略高于票面年利率，这是因为投资者的购买成本低于面值。

3. 持有期收益率

持有期收益率是指投资者买入债券后持有一段时间，又在债券到期前将其出售而得到的收益率。它是持有债券期间的利息收入和资本损益（卖出价和买入价之间的差额）与买入价之比。

到期一次还本付息债券和贴现债券没有债务期间支付利息的问题，因此持有期收益率为

$$持有期收益率=\frac{(卖出价-买入价)/期数}{买入价}×100\%$$

附息债券的特点是需要在规定时间支付利息，而不是到期支付，即持有者持有时间只要跨越一个利息支付期间就会获得规定的利息收入，其持有期收益率为

$$持有期收益率=\frac{债券年利息+(卖出价-买入价)/期数}{买入价}×100\%$$

【例 4.2】某附息债券的票面金额为 100 元，票面利率为 8%。若投资者以 101 元买入该债券，两年后以 99 元的价格卖出，计算该项投资的持有期收益率。

解：根据公式，该项投资的持有期收益率为

$$持有期收益率=\frac{债券年利息+(卖出价-买入价)/期数}{买入价}×100\%$$

$$=\frac{100×8\%+(99-101)/2}{101}×100\%=6.93\%$$

4. 到期收益率

到期收益率又称为最终收益率，是指投资者买入债券后持有至期满得到的收益率。它是利息收入与资本损益之和与买入债券的实际价格之比。这里我们考虑的是单利到期收益率，而不是以附息债券到期之前的利息收入进行再投资所获得的收益率。

到期一次还本付息债券到期收益率为

$$到期收益率=\frac{[债券面值×(1+票面利率×到期年限)-买入价]/到期年限}{买入价}×100\%$$

附息债券到期收益率为

$$到期收益率=\frac{债券年利息+(债券面值-买入价)/到期年限}{买入价}×100\%$$

贴现债券到期收益率为

$$到期收益率=\frac{(债券面值-买入价)/到期年限}{买入价}×100\%$$

【例 4.3】某贴现债券的票面金额为 100 元，发行价格为 96 元，期限为 180 天。若投资者在发行日以发行价格买入该债券，计算其到期收益率。

解：根据公式，该项投资的到期收益率为

$$到期收益率=\frac{(债券面值-买入价)/到期年限}{买入价}×100\%=\frac{(100-96)/0.5}{96}×100\%$$

$$=8.33\%$$

5. 可转换债券收益的计算

可转换债券赋予投者以将其持有的债务或优先股按规定的价格和比例，在规定的时间内转换成普通股的选择权。可转换债券有两种价值：理论价值和转换价值。可转换债券的理论价值是指当它作为不具有转换选择权的一种债券的价值。转换价值是指持有人可以用债券换取的普通股数量。

当市场价格大于理论价格即为转换升水，当市场价格小于理论价格即为转换贴水。

为了更好地理解可转换债券收益而引入转换平价这个概念。转换平价是指可转换债券持有人在转换期限内可以依据面值把债券转换成公司普通股

票的每股价格。除非特定情形，如发售新股、配股、送股、派息、股份的分割（拆细）与合并以及公司兼并、收购等，否则转换价格一般不作任何调整。

$$转换平价=可转换债券的市场价格/转换比率$$

转换平价是一个非常有用的数字，因为实际股票市场价格一旦上升到转换平价水平，则任何进一步的股票价格上升都会使可转换债券的价值增加。因此，可将转换平价视为一个盈亏平衡点。通常来说，投资者在购买可转换债券时都要支付一笔转换升水。每股的转换升水等于转换平价与普通股票当期市场价格（也称为基准股价）的差额，或者是可转换债券持有人在将债券转换成股票时相对于当初认购可转换债券时的股票价格而做出的让步，通常被表示为当期市场价格的百分比，公式为

$$转换升水=转换平价-基准股价$$

$$转换升水比率=转换升水/基准股价×100\%$$

而如果转换平价低于基准股价，基准股价与转换平价的差额就被称为转换贴水，公式为

$$转换贴水=基准股价-转换平价$$

$$转换贴水比率=转换贴水/基准股价×100\%$$

转换贴水的出现与可转换债券的溢价出售相关。

【例4.4】某公司的可转换债券，年利率为10.25%，2023年12月31日到期，其转换价格为30元，其股票基准价格为20元，该债券价格为1 200元。请计算转换比率、转换升水和转换升水比率。

解：根据公式，计算得出

$$转换比率=1\ 200÷30=40$$

$$转换升水=30-20=10（元）$$

$$转换升水比率=10÷20×100\%=50\%$$

二、股票投资的收益

股票投资的收益通常包括以下三个部分。

（1）股份公司经营成果定期分配给投资者的收益，如红利和股息。

（2）在股票流通市场上通过买卖股票所实现的资本损益，也称为价差收益。

（3）一定的非货币收益，如重大决策的表决权、参与公司的经营管理权、公司的控制权、公司治理的改善等。非货币收益最终可以通过货币收益进行量化，因此分析股票投资的收益主要是分析投资所带来的货币收益。

（一）股票投资收益的来源

微课堂
股息与红利

股票投资的收益是指投资者从购入股票开始到售出股票为止整个持有期间的收入，由股息、资本利得和公积金转增股本组成。

1. 股息

股息是指股票持有者依据所持股票从发行股票的公司分取的盈利。通常，股份有限公司在会计年度结算后，会将一部分净利润作为股息分配给股东。其中，优先股股东按照规定的固定股息率优先取得固定股息，普通股股东则按照余下的利润分取股息。股东在取得固定的股息以后，又从股份有限公司领取的收益，称为红利。由此可见，红利是股东在公司按规定股息率派后所取得的剩余利润。但在概念的使用上，人们对股息和红利并未予以严格的区分，只是笼统地称为股利。

股息的来源是公司的税后利润。公司从营业收入中扣减各项成本和费用支出、应偿还的债务及应缴纳的税金后，余下的即为税后利润。通常税后利润按以下程序分配：如果公司存在未弥补亏损，首先用于弥补亏损；按《公司法》的规定提取法定公积金；如果有优先股，按固定股息率对优先股股东分配；经股东会同意，提取任意公积金；剩余部分按股东持有的股份比例对普通股股东分配。可见，税后净利润是公司分配股息的基础和最高限额，但因要扣除必要的公积金，公司实际分配的股息总是少于税后净利润。股息作为股东的投资收益，用以股份为单位的货币金额表示。股息的具体形式有以下几种。

（1）现金股息，是指以货币形式支付的股息和红利，是最普通、最基本的股息形式。分派现金股息，既可以满足股东获得预期现金收益的目的，又有助于提高股票的市场价格，从而吸引更多的投资者。在公司留存收益和现金足够的情况下，现金股息分派的多少取决于董事会对影响公司发展诸多因素的权衡，以及公司和股东两者的利益。一般来说，股东更偏重目前利益，希望能得到比其他投资形式更高的投资收益；董事会更偏重公司的财务状况和长远发展，希望能保留足够的现金用于扩大投资或其他方面。但是由于股息的高低会直接影响公司的股价，而股价的涨跌又关系着公司自身信誉的高低及筹资能力的强弱，因此董事会在权衡公司的长远利益和股东的短期利益后，会制定出较为合理的现金股息发放政策。

（2）股票股息，是指以股票形式支付的股息，通常由公司用新增发的股票或一部分库存股票作为股息代替现金分派给股东。股票股息原则上采用的是增发普通股并发放给普通股股东的形式，按公司现有股东持有股份的比例进行分配，实际上是将当年的留存收益资本化。也就是说，股票股息是股东权益账户中不同项目之间的转移，对公司的资产、负债、股东权益总额没有影响，对得到股票股息的股东在公司中所占权益的份额也没有影响，仅仅是股东持有的股票数比原来多了。发放股票股息既可以使公司保留现金，解决公司发展需要使用现金的问题，又可以使公司股票数量增加、股价下降，有利于股票的流通。

（3）财产股息，是指公司用现金以外的其他财产向股东分派的股息，最常见的是公司持有的其他公司或子公司的股票、债券，也可以是实物。分派财产股息可减少现金支出，满足公司对现金的需要，有利于公司的发展。当公司现金不足时，将公司产品以优惠价格充作股息，可扩大产品销路。当公司需要对其他公司控股时，可有意将持有的其他公司的股票作为股息，通过内部转移方式分派给股东，以维持控股公司的地位。

（4）负债股息，是指公司通过建立一种负债，用债券或应付票据作为股息分派给股东。这些债券或应付票据是公司支付的股息，可满足股东的获利需要。负债股息一般是在已宣布发放股息但又现金不足、难以支付的情况下不得已而采取的权宜之计，董事会往往更愿意推迟股息发放日期。

（5）建业股息，又称建设股息，是指经营铁路、港口、水电、机场等业务的股份公司，由于其项目建设周期长，不可能在短期内开展业务并获得盈利，为了筹集所需资金，在公司章程中明确规定并获得批准后，将一部分股本作为股息派发给股东。建业股息不同于其他股息，它不是来自公司的盈利，而是对公司未来盈利的预分配；它实质上是一种负债分配，属于无盈利无股息原则的一个例外。建业股息的发放有严格的法律限制，公司开业后，应在分配盈余前抵扣或逐年抵扣冲销，以补足资本金。

2. 资本利得

上市股票具有流动性，投资者可以通过在股票流通市场出售持有的股票来收回投资并赚取利润，也可以利用股票价格的波动进行低买高卖来赚取差价收入。股票买入价与卖出价之间的差额就是资本利得，或称资本损益。资本利得可正可负，当股票卖出价高于买入价时，资本利得为正，此时可称为资本收益；当股票卖出价低于买入价时，资本利得为负，此时可称为资本损失。由于上市公司的经营业绩是决定股票价格的重要因素，因此资本利得主要取决于股份公司的经营业绩和股票市场价格的变化，同时也与投资者的投资心态、投资经验及投资技巧有很大关系。

3. 公积金转增股本

公积金转增股本可采取送股的形式，但送股的资金不是来自当年可分配利润，而是公司提取的公积金。

公司的公积金主要源于以下几个方面：一是股票溢价发行时，超过股票面值的溢价部分列入公司的资本公积金；二是依据《公司法》的规定，每年从税后利润中按比例提存的法定公积金；三是经股东会决议后提取的任意公积金；四是公司经过若干年经营后的资产重估增值部分；五是公司从政府部门、国外机构及其他公司等取得的赠与资产。

公司的公积金可用于弥补公司亏损、扩大公司生产经营或者转为公司资本，但是资本公积金不得用于弥补公司亏损。

（二）股票投资收益率的计算

股票和债券的主要区别之一是股票没有期限，而债券有偿还期限。衡量股票投资收益水平的重要指标有股利收益率和持有期收益率。在某些条件下，持有期收益率和拆股后持有期收益率等都有很重要的实际意义。

视野拓展
组合投资的五个
制胜要素

1. 股利收益率

股利收益率又称获利率，是指股份公司以现金形式派发的股息与股票市场价格的比率。该收益率可用于计算已得的股利收益率，也可用于预测未来可能的股利收益率。如果投资者以某一市场价格购入股票，在持有股票期间得到公司派发的现金股息（也称现金股利），可用本期每股股息与股票买入价计算，这种已得的股利收益率对长期持有股票的股东意义重大。如果投资者打算投资某种股票，可用该股票上期实际派发的现金股息或预计本期的现金股息与当前股票市场价格计算，得出预计的股利收益率。因此，该指标对投资者做出投资决策有一定的帮助。

股利收益率的计算公式为

$$股利收益率=现金股息÷股票买入价×100\%$$

2. 持有期收益率

持有期收益率是指投资者持有股票期间的股息收入与买卖价差占股票买入价格的比率。股票没有到期日，投资者持有股票的时间短则几天，长则数年。持有期收益率可反映投资者在一定的持有期内全部股息收入和资本利得占投资本金的比率，因此是投资者最关心的指标。但与债券收益率、银行利率等其他金融资产的收益率比较时，须注意时间因素，可将持有期收益率转化为年收益率。

$$持有期收益率=\frac{(股票卖出价-股票买入价)+年现金股息}{股票买入价}×100\%$$

【例4.5】某投资者以20元/股的价格买入×公司股票，持有1年，分得现金股息1.80元，计算股利收益率。该投资者在分得现金股息2个月后，将股票以23.20元/股的市价出售，计算持有期收益率。

解：股利收益率为

$$股利收益率=现金股息÷股票买入价×100\%=1.8÷20×100\%=9\%$$

持有期收益率为

$$持有期收益率=\frac{(股票卖出价-股票买入价)+年现金股息}{股票买入价}×100\%=\frac{(23.20-20)+1.8}{20}×100\%$$

$$=25\%$$

3. 股份变动后的持有期收益率

投资者在买入某股份公司的股票后，有时会发生该公司拆股、送股、配股、增发等导致股份变动的情况，从而影响股票的市场价格和投资者的持股数量。因此，有必要在股份变动后做出相应调整，以计算股份变动后的持有期收益率。

$$股份变动后的持有期收益率=\frac{调整后的资本利得或损失+调整后的现金股息}{调整后的购买价格}×100\%$$

【例 4.6】某投资者以 18 元/股的价格买入某只股票若干股，持有 1 年后分得现金股息 0.6 元/股；后该公司以公积金转增股本，每 10 股转增 5 股，分红转增后投资者以 14 元/股的价格将股票卖掉。计算股份变动后的持有期收益率。

解：股份变动后的持有期收益率为

$$股份变动后的持有期收益率=\frac{调整后的资本利得或损失+调整后的现金股息}{调整后的购买价格}×100\%$$

$$=\frac{(14-18÷1.5)+0.6÷1.5}{18÷1.5}×100\%=20\%$$

三、基金投资的收益

基金投资是以分散组合为特点，以证券投资为主要投资手段的一种大众集合式的投资方式。基金是当今世界上一种重要的投资工具，其发展十分迅速。

（一）基金投资的价值

基金单位净值（NAV）即每份基金单位的净资产价值，等于基金的总资产减去总负债后的余额再除以基金全部发行的单位份额总数。基金单位净值能够比较准确地反映基金的实际价值，是基金经营业绩的指示器，也是基金单位买卖价格的计算依据。基金单位净值的计算公式为

$$基金单位净值=(总资产-总负债)/单位份额总数$$

基金单位净值与基金单位价格的变动是一致的，投资的基金单位净值越高，基金单位价格就越高；反之，基金单位价格就越低。

1. 开放式基金的价格决定

开放式基金的规模往往不固定，加之经常需按投资者要求赎回或者出售基金证券，所以其价格分为申购价格和赎回价格两种。

（1）申购价格。开放式基金的基金证券流通买卖是在证券交易场所外进行的。投资者在买入基金证券时，除要支付资产净值外，还要支付一定的销售附加费用。因此，开放式基金的申购价格计算公式为

$$申购价格=资产净值/(1-附加费率)$$

如果是不计费的开放式基金，其申购价格等于资产净值。

（2）赎回价格。开放式基金承诺在任何时候都可以根据投资者的个人意愿赎回基金证券。收费型的开放式基金的赎回价格计算公式为

$$赎回价格=资产净值/(1+赎回费率)$$

如果是不计费的开放式基金，其赎回价格等于资产净值。

2. 封闭式基金的价格决定

封闭式基金的价格除受到基金资产净值的影响外，还受到市场上基金供求状况的影响。由于封闭式基金不承担购回基金证券的义务，基金证券只有在流通市场上交易后才能转让，因此封闭式基金的交易价格如同股票的价格一样，存在着很大的波动性。封闭式基金的价格决定可以利用普通股票的价格决定公式进行计算。

（二）基金投资的收益率

衡量基金收益最重要的指标是基金收益率，即基金证券投资实际收益与投资成本的比率。基金收益率的值越大，则基金证券的收益能力越强。如果基金证券的购买与赎回要缴纳手续费，则计算时应考虑手续费这一因素。

基金收益率的计算公式为

$$基金收益率=收益÷本金×100\%$$

1. 开放式基金收益率的计算

在确定条件下，开放式基金的投资收益一般用持有期收益率来衡量。但与封闭式基金不同的是，开放式基金的价格是由其单位净值来决定的。所以，开放式基金投资收益的计算还涉及基金单位净值、申购（或认购）价和赎回价等因素。

基金收益率计算公式为

$$基金收益率=收益÷本金×100\%$$

其中，

$$收益=赎回金额-本金$$

$$赎回金额=申购份额×赎回日基金净值×(1-赎回费率)$$

$$申购份额=\frac{本金}{(1+申购费率)×申购日基金净值}$$

2. 封闭式基金收益率的计算

在确定条件下，封闭式基金的投资收益通常用持有期收益率来衡量，因而与股票投资的持有期收益率是一样的。其计算公式为

$$持有期收益率=\frac{[(卖出价-买入价)+现金红利]/基金持有年数}{买入价}×100\%$$

【例4.7】某投资者以10 000元申购某基金，申购日基金净值为5.13元，申购费率为1.5%；赎回日基金净值为5.421元，赎回费率为0.5%。试计算该笔基金投资收益和收益率。

解：根据公式，

$$收益=\frac{本金}{(1+申购费率)×申购日基金净值}×赎回日基金净值×(1-赎回费率)-本金$$

$$=\frac{10\ 000}{(1+1.5\%)×5.13}×5.421×(1-0.5\%)-10\ 000≈359.03（元）$$

$$收益率=收益÷本金×100\%=359.03÷10\ 000×100\%≈3.59\%$$

该笔基金投资收益为 359.03 元，收益率为 3.59%。

第二节　证券投资风险

证券投资是一种复杂而又充满风险的金融活动，它能使投资者获得丰厚的收益，也能使投资者面临倾家荡产的风险。

一、证券投资风险概述

证券投资是一种风险投资。每一个证券投资者在证券公司开户的时候都会收到一个风险提示："股市有风险，入市需谨慎。"那么，什么是风险呢？

目前，理论界对风险的概念还没有统一的说法。由于对风险的理解和认识程度不同，或对风险的观察角度不同，人们提出了关于风险的不同概念，代表性的表述有以下几种。

（1）风险是事件未来可能发生结果的不确定性。

（2）风险是未来损失发生的不确定性。

（3）风险是可能发生损失的损害程度的大小。

（4）风险是未来损失的大小和发生的可能性。

（5）风险是预期结果变动的可能性及幅度。

（6）风险是实际结果与预期结果产生背离的可能性与程度。

以上表述都有其合理性，且都表明风险是由于未来收益的不确定性，实际收益可能与期望收益出现偏离，从而造成损失。若风险表现为损失的不确定性，说明风险只能表现为损失，没有从中获利的可能性，这属于狭义风险。而若风险表现为不确定性，则说明风险可能会造成损失、获利或无损失也无获利，这属于广义风险。金融风险属于广义风险。

在证券投资学中，一般将风险定义为证券投资的未来结果的不确定性，通常用实际收益与预期收益的偏离程度来表示。与证券投资相关的所有风险统称为总风险，总风险可分为系统风险和非系统风险两大类。

二、系统风险

系统风险是指由于某种全局性的因素引起的投资收益的可能性变动，且这种因素以同样的方式对所有证券的收益产生影响。在现实生活中，所有公司都受包括社会、政治、经济等在内的各个方面全局性因素的影响。由于这些因素来自公司外部，是公司无法控制和回避的，因此又叫不可回避风险。系统风险包括政策风险、经济周期性波动风险、利率风险和购买力风险等四种。

1. 政策风险

微课堂

系统性风险

政策风险是指政府有关证券市场的政策发生重大变化或有重要的举措、法规出台，引起证券市场的波动，从而给投资者带来的风险。政府针对证券市场发展实行的规划和政策应该是长期稳定的，而在规划和政策既定的前提条件下，政府应运用法律手段、经济手段和必要的行政管理手段引导证券市场健康、有序地发展。但是基于某些特殊的情况，政府也可能会改变发展证券市场所采用的战略部署，出台一些扶持或抑制市场发展的新法规或交易规则，从而改变市场原先的运行轨迹。特别是在证券市场发展初期，由于对证券市场发展的规律认识不足、法规体系不健全、管理手段不充分，往往会较多使用政策手段来干预市场。证券市场政策是政府指导、管理整个证券市场的手段，一旦出现政策风险，几乎所有的证券都会受到影响，因此政策风险属于系统风险。

2. 经济周期性波动风险

经济周期性波动风险是指证券市场行情周期性变动而引起的风险。这种行情变动不是指证券价格的日常波动和中级波动，而是指证券行情长期趋势的改变。证券行情变动受多种因素的影响，其中起决定性作用的是经济周期的变动。经济周期是指社会经济阶段性的循环和波动，是经济发展的客观规律。经济周期的变化决定着企业的景气和效益，因而从根本上决定着证券行情特别是股票行情的变动趋势。

证券行情随经济周期的循环而起伏变化，总体可分为看涨市场（或称多头市场、牛市）和看跌市场（或称空头市场、熊市）两大类型。

在看涨市场中，随着经济回升，股票价格从低谷逐渐上涨；随着交易量的扩大，交易日渐活跃，股票价格持续上升并维持较长一段时间；待股票价格上升至很高水平，资金大量涌入并进一步推动股票价格上升；当交易量不能进一步扩大时，股票价格开始盘整并逐渐下降，标志着看涨市场的结束。

在看跌市场中，随着经济衰退，股票价格从高点开始一直呈下跌趋势，并在达到某个低点时结束。

看涨市场和看跌市场是指股票行情变动的大趋势。实际上，在看涨市场中，股票价格并非直线上升，而是大涨小跌，不断出现盘整和回档行情；在看跌市场中，股票价格也并非直线下降，而是小涨大跌，不断出现盘整和反弹行情。但这两个变动趋势有一个重要的特征：在整个看涨市场中，几乎所有的股票价格都会上涨；在整个看跌市场中，几乎所有的股票价格都不可避免地会有所下跌，只是涨跌的程度不同而已。

3. 利率风险

利率风险是指市场利率的变动引起证券投资收益发生变动的风险。市场利率的变动会引起证券价格的变动，并进一步影响证券收益的确定性。利率与证券价格呈反方向变化，即利率提高，证券价格水平下降；利率下降，证券价格水平上升。具体来说，利率从以下两方面影响证券价格。

（1）改变资金流向。当市场利率提高时，会吸引一部分资金流向银行储蓄、商业票据等其他金融资产，减少对证券的需求，导致证券价格下降；当市场利率下降时，会使一部分资金流回证券市场，增加对证券的需求，刺激证券价格上涨。

（2）影响公司盈利。利率提高，公司融资成本提高，在其他条件不变的情况下，净盈利和派发股息减少，引起股票价格下降；利率下降，公司融资成本降低，净盈利和股息相应增加，促使股票价格上涨。

利率政策是中央银行的货币政策工具之一，中央银行会根据金融宏观调控的需要调节利率水平。当中央银行调整利率时，各种金融资产的价格都会灵敏地做出反应。当然，利率风险对不同证券的影响是不同的。

4. 购买力风险

购买力风险又称通货膨胀风险，是指通货膨胀、货币贬值给投资者带来实际收益水平下降的风险。在通货膨胀情况下，物价普遍上涨，社会经济运行秩序混乱，企业生产经营的外部条件恶化，证券市场也深受其害，所以购买力风险自然难以避免。

购买力风险对不同证券的影响是不同的。其中受影响最大的是固定收益证券，如优先股、债券。因为它们的名义收益率是固定的，当通货膨胀率上升时，其实际收益率就会明显下降。所以，固定利率证券和股息率证券购买力风险较大。同样是债券，长期债券的购买力风险要比短期债券大；浮动利率债券或保值贴补债券的购买力风险则比固定利率债券等小。

一般来说，普通股的购买力风险相对较小。当发生通货膨胀时，由于公司产品价格上涨，公司的名义收益会增加。特别是当公司产品价格的涨幅大于生产费用的涨幅时，公司净盈利增加，股息就会增加，股票价格也会随之提高，普通股股东可从中得到较高收益，从而在一定程度上减少通货膨胀带来的损失。但需要注意的是，购买力风险对不同股票的影响也是不同的。

三、非系统风险

非系统风险是指只对某个行业或个别公司的证券产生影响的风险。它通常由某一特殊的因素引起，与整个证券市场的价格不存在系统、全面的联系，而只对个别或少数证券的收益产生影响。非系统风险可以通过分散投资来抵消，因此又称为可分散风险或可回避风险。若投资者持有多样化的不同证券，当某些证券价格下跌、收益减少时，另一些证券可能正好价格上升、收益增加，这样就使风险得以抵消。非系统风险包括信用风险、经营风险、财务风险等。

1. 信用风险

信用风险又称违约风险，是指借款人、证券发行人或交易对方因种种原因，不愿或无力履行合同条件而构成违约，致使银行、投资者或交易对方遭受损失的可能性。证券发行人如果不能支付哪怕仅仅是延期支付债券利息、优先股股息或偿还本金，都会使投资者失去再投资和获利的机会，从而遭受利益损失。信用风险实际上揭示了证券发行人在财务状况不佳时出现违约和破产的可能性，主要受证券发行人的经营能力、盈利水平、事业稳定程度及公司规模大小等因素影响。债券、优先股、普通股都可能存在信用风险，只是程度有所不同。

投资者在投资债券和优先股时，回避信用风险最好的办法就是参考证券信用评级的结果。信用级别高的证券信用风险小，信用级别低的证券违约的可能性大。

2. 经营风险

经营风险是指公司的决策人员与管理人员在经营管理过程中出现失误而导致公司盈利水平变化，从而使投资者的预期收益下降的风险。

经营风险来自内部因素和外部因素两个方面。内部因素是公司自身的问题，如公司因不注意技术更新，使公司在行业中的竞争地位下降。外部因素是公司以外的客观因素，如政府产业政策的调整、竞争对手的实力变化使公司处于相对劣势地位，引起公司经营管理水平相对下降等。但是，经营风险主要还是来自公司内部的决策失误或管理不善。

公司的经营状况最终表现为盈利水平和资产价值的变化。经营风险主要通过盈利水平的变化产生影响，且对不同证券的影响程度有所不同。经营风险是普通股的主要风险，对优先股的影响较小，因为优先股的股息率是固定的，盈利水平的变化对其价格的影响有限。公司盈利水平的变化既会影响股息收入，又会影响股票价格。公

司债的还本付息受法律保障，除非公司破产清算，否则一般情况下不会受公司经营状况的影响。

3. 财务风险

财务风险是指公司财务结构不合理、融资不当而导致投资者预期收益下降的风险。

负债经营是现代企业必不可少的经营方式，能帮助企业弥补自有资本的不足，并且通过借贷资金来实现盈利。股份公司在运营中所需要的资金一般都来自发行股票和债务两个方面，其中债务（包括银行贷款、发行企业债券、商业信用）的利息负担是一定的。如果公司债务在资金总量中占比过大，或公司的资金利润率低于利率，就会使股东的可分配利润减少，股息下降，股票投资的财务风险增加。实际上，公司融资所产生的财务杠杆作用犹如一把双刃剑，当融资产生的利润高于债息率时，给股东带来的是收益增长的直接效应；反之，则是收益减少的财务风险。

四、证券交易过程风险

对于系统与非系统风险，投资者应多学习证券市场投资知识，多了解、分析和研究宏观经济形势及上市公司经营状况，增强风险防范意识，掌握风险防范技巧，提高风险抵御能力。除上述两类风险外，交易过程风险也是投资者需要关注的。

除了每天要面对股价的涨跌变化，投资者还会因股票运作复杂面临自己不慎或证券经营公司失责而导致股票被盗卖、资金被冒取、保证金被挪用等风险。鉴于此，投资者必须注意有关事项，学会自我保护，尽可能地降低证券交易过程风险。

（1）选择一家信誉好的证券公司的营业部。投资者买卖股票必须通过证券公司下属的营业部进行，因此证券公司及其营业部管理水平和服务质量直接关系着投资者交易的效率和安全性。投资者可以依据证券公司规模、信誉、服务质量、软硬件及配套设施、内部管理状况等，选择能让自己放心投资的证券公司营业部。

（2）签订相关协议。投资者选择一家证券公司营业部作为自己的股票交易代理人时，必须与其签订证券买卖代理协议，以形成委托代理的合同关系，如此双方才能依约享有和履行协议所规定的权利和义务。为保护自己的合法权益，投资者在与证券公司签订协议时要仔细了解协议的内容，并需重点关注以下条款：证券公司营业部的业务范围和权限；指定交易的有关事项；买卖股票和资金存取所需证件及其有效性的确认方式和程序；委托、交割的方式、内容和要求；委托人保证金和股票管理的有关事项；证券公司营业部对委托人委托事项的保密责任；双方的违约责任和争议的解决办法。

（3）认真核对交割单和对账单。目前 A 股市场采用"T+1"交收制度，即当天买卖，次日交割。投资者应注意核对自己的买卖情况，避免出现错误。

（4）防止股票被盗卖和资金被冒提。投资者股票被盗卖及资金被冒提主要有两个原因：一是投资者不慎将自己的相关证件和交易资料泄露出去，使违法者有机可乘；二是证券公司管理不严等，使违法者得以进行盗卖和冒提活动。

> **课堂讨论**
>
> 什么是"乌龙指"？它会对股市造成什么影响？

【案例】

投资风险实例

据新闻媒体报道，2018 年 1 月 30 日下午 5 点，浙江金盾控股集团有限公司董事长周某某跳楼身亡。

据悉，公司经营一切正常，显然董事长跳楼事件与公司没有关系。据知情人士透露，周某某之所以跳楼，和购买了大量乐视网股票不无关系。2017 年，周某某在某些风投人士的怂恿下，受到"下跌只有 30% 的可能，上涨却有 300% 的空间"利益诱惑，以高杠杆融资 40 亿元入股乐视网。随后乐视网复牌，股价连续跌停，周某某 40 亿元融资资金估计已经全部爆仓，最终因承受不了压力而走上绝路。

这里提醒大家一句，个人投资者投资股票时千万不要融资借钱加杠杆，任何一个以身家性命作为赌注的人最终都会被市场收割。投资股票是为了获得更好的生活，大家千万不要本末倒置，否则一旦把握不好，将会使自己损失惨重。

思考与讨论：证券投资者怎样防范投资风险？

第三节 收益与风险的关系

收益和风险是证券投资的核心问题。投资者在投资中会得到收益，与此同时又不可避免地会面临风险。因此，证券投资的理论和实战技巧都围绕着如何处理收益与风险的关系而展开。

一、收益与风险的基本关系

在证券投资过程中，收益与风险之间是正相关关系。也就是说，风险较大的证券，其要求的收益率相对较高；而收益率较低的投资对象，其风险也相对较小。但是，投资者绝不能因为收益与风险有着这样的基本关系，就盲目地认为风险越大则收益一定越高。

正所谓"高风险，高收益；低风险，低收益"。在股票市场上，如果预期一只股票的价格会涨得很高，通常该股票的价格已经不低了，此时要是做出买入的投资决定，那么股票价格一旦下跌就会损失惨重。同样，在股票市场允许做空的情况下，如果预期一只股票的价格会跌得很厉害，而股票的价格已经不高了，此时要是做出卖空的投资决定，那么股票价格一旦上涨也会损失惨重。可见，股票具有高风险、高收益的特征。

> **问与答**
>
> **问：**什么是"坐轿"？
> **答：**投资者预期股价会涨或者知道有主力控盘而先期买入股票，让别人去抬高股价，等股价大涨后自己再卖出。

二、收益是风险的补偿

在证券市场上，大多数投资者都属于风险厌恶型，若证券资产本身隐含的风险很大，则必须相应地提供很高的预期收益作为投资者承担风险的补偿，这一补偿被称为风险溢价或风险报酬。本章前面部分所列举的种种投资风险，事实上都必须有相应的风险溢价。例如，投资者承担了市场风险，就有市场风险溢价；承担了流动性风险，就有流动性风险溢价。

可见，风险溢价是市场为了吸引风险厌恶型投资者购买风险资产而向他们提供的一种超出无风险资产收益率的额外期望收益率，即风险资产的收益率由两部分构成，可表示为收益和风险的理论关系。收益与风险的关系，可用公式表示为

$$风险资产预期收益率 = 无风险资产收益率 + 风险溢价$$

式中，无风险资产收益率是指把资金投于某个没有任何风险的投资对象而能得到的利率。这是

一种理想的状态，实际上并不存在无风险的利率。长期以来，我们把银行存款当作无风险的利率，而现在银行经过商业化改造已成为一家企业，即不再以国家信用作为担保，因此银行存款也是有风险的。相对而言，国家发行的债券尤其是国库券有国家信用和税收作为担保，加之流动性好、风险很低，其利率常被视作无风险利率。

在美国，一般将联邦政府发行的国库券当作无风险证券，把国库券利率当作无风险利率。这是因为美国的国库券由联邦政府发行，而联邦政府有征税权和货币发行权，即债的还本付息有可靠保障，因此没有信用风险。另外，政府债券也没有财务风险和经营风险。

收益和风险的关系如下。

（1）同种类型的债券，长期债券的利率比短期债券高，这是对利率风险的补偿。

（2）不同债券的利率不同，这是对信用风险的补偿。通常在期限相同的情况下，政府债券的利率最低，地方政府债券的利率稍高，金融债券的利率更高，企业债券的利率最高。

（3）在通货膨胀严重的情况下，政府会发行浮动利率债券。我国政府曾对三年以上的国债进行保值贴补，就是对购买力风险的补偿。

（4）股票的收益率一般高于债券。这是因为股票面临的经营风险、财务风险和市场风险比债券大得多，因此必须给投资者相应的补偿。

证券投资风险与收益之间的关系如图4.1所示。随着证券风险的增大，要求的收益补偿也相应增大，所以证券的收益-风险线是向右上方倾斜的，而且与纵轴在原点以上相交，截距表示无风险资产收益率（R_f）。

当然，收益与风险的关系并非如此简单。证券投资过程中除了存在前面介绍的几种主要风险以外，还存在其他次要风险。引起风险的因素以及风险的大小程度都在不断变化中，而且影响证券投资收益的因素有很多，所以这种正相关关系只能粗略地、近似地反映收益与风险之间的关系。更进一步说，证券价格是证券收益和证券风险的某种函数，只有增加对证券价格的考量因素，才能更好地厘清收益与风险之间的动态关系。

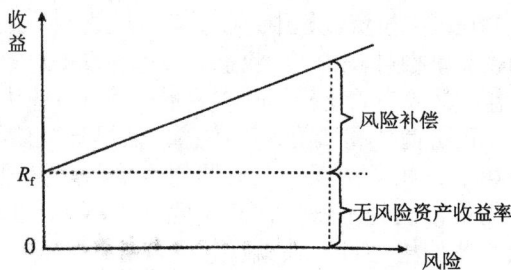

图4.1　证券投资风险与收益的关系

【本章小结】

在证券投资过程中，收益和风险可谓形影相随，收益以风险为代价，风险用收益来补偿。投资者在投资中会得到收益，与此同时又不可避免地会面临风险。因此，证券投资的理论和实战技巧都围绕着如何处理收益与风险的关系而展开。

本章主要讲述了证券投资的收益、风险及收益与风险的关系。

【自测题】

【知识测试与实训操作】

一、名词解释

债券的票面收益率	直接收益率	债券的持有期收益率	到期收益率
股息	股票股息	现金股息	建业股息
资本利得	股票的持有期收益率	基金的单位净值	申购价格
基金收益率	系统风险	非系统风险	利率风险
购买力风险	财务风险	风险补偿	

二、简答题

1. 简述证券投资风险的含义。
2. 简述证券投资收益与风险的关系。
3. 简述债券与股票持有期收益率计算方法的区别。
4. 简述系统风险的类型。

三、计算题

1. 某 1 年期国债，发行价为每百元面值 95.6 元，债券上市时，市场利率调整为 3%。试计算债券价值及发行价买入、上市价卖出的收益率。

2. 某债券面值 1 000 元，期限为 3 年，息票率为 6%，一次性还本付息。若该债券以 960 元的价格发行，投资者认购后持有至期满，则到期收益率为多少？如果某投资者在持有 2 年后，以 980 元的价格卖出，则持有期收益率又是多少？

3. 某投资者以 15 元/股的价格买入 A 股票 2 万股，第一次配股每 10 股配 3 股，派现 5 元，配股价为 10 元/股；第二次分红每 10 股送 4 股，并派现金红利 2 元。

（1）试计算投资者在送配后的总股数及每次分配后的除权报价。

（2）投资者在两次分红后，以每股 11.5 元的价格卖出全部股票，若不计交易成本，则该投资者的收益率是多少？

第五章

证券市场

【学习目标与知识结构图】

1. 了解证券市场的概念及运行机制，理解证券交易所、主板、中小板、创业板的基本内容。
2. 了解证券市场的中介机构及监管机制。
3. 树立中国资本市场制度自信、爱国主义情怀、金融职业道德理念。

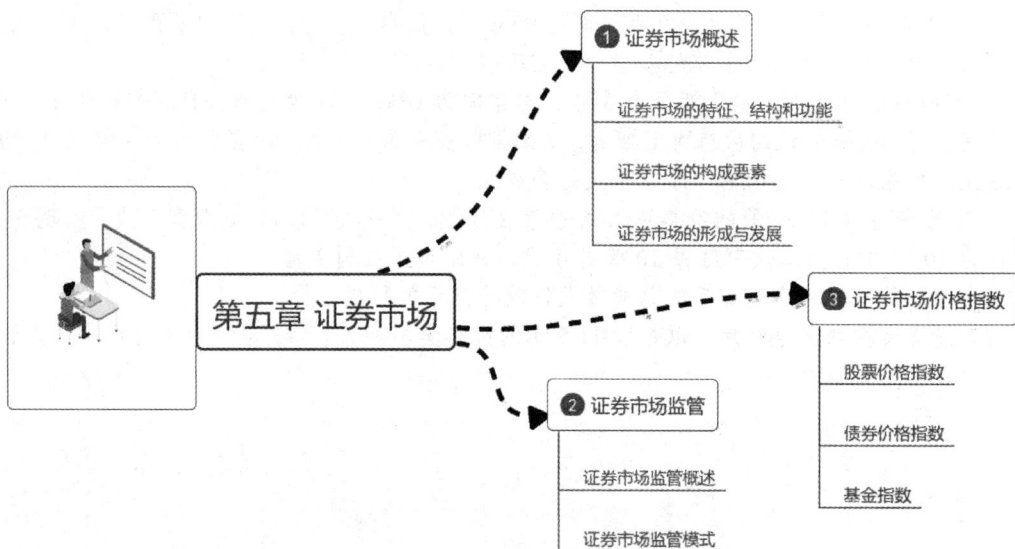

```
                                          ❶ 证券市场概述
                                          ┃
                                          ┣ 证券市场的特征、结构和功能
                                          ┃
                                          ┣ 证券市场的构成要素
                                          ┃
                                          ┗ 证券市场的形成与发展

  [插图]    第五章 证券市场                       ❸ 证券市场价格指数
                                                 ┃
                                                 ┣ 股票价格指数
                                          ❷ 证券市场监管  ┃
                                          ┃              ┣ 债券价格指数
                                          ┣ 证券市场监管概述 ┃
                                          ┃              ┗ 基金指数
                                          ┗ 证券市场监管模式
```

【案例导入】

A 经过学习，对证券投资工具有了全面的了解，得知证券投资工具分为基本投资工具和金融衍生工具，且不同的投资工具有不同的特点及风险。于是 A 准备进行证券投资，可是在哪里交易、怎样买卖呢？当然是在证券市场。证券市场是市场体系的重要组成部分，不仅能反映和调节货币资金的运动，而且对整个经济的运行具有重要影响。可以说，证券市场是经济的晴雨表。投资者在进行证券交易之前，一定要对证券市场有充分了解。

思考与讨论

（1）证券市场分别有哪些功能和特征？

（2）我国为什么要大力发展证券市场？

第一节 证券市场概述

证券市场是金融市场的重要组成部分。它不仅能反映和调节货币资金的运动，而且对整个经济的运行具有重要影响。金融市场是指资金融通的场所或者进行金融资产交易的场所，其体系结构如图 5.1 所示。

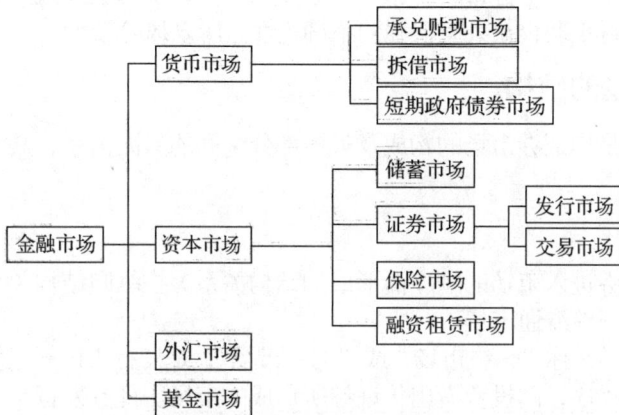

图 5.1 金融市场的体系结构

一、证券市场的特征、结构和功能

证券市场是市场经济发展到一定阶段的产物，是为解决资本供求矛盾和流动性而产生的市场。证券市场通过证券发行和交易的方式实现了筹资与投资的对接，有效地解决了资本的供求矛盾和资本结构调整的难题。

证券市场是证券发行和交易的场所，可分为证券发行市场和证券流通市场。证券发行市场是新证券首次向社会公众发行的市场，证券流通市场是转手买卖已发行证券的市场。

（一）证券市场的特征

一般而言，证券市场有以下几个特征。

（1）证券市场是价值直接交换的场所。有价证券是价值的直接代表，它本质上是价值的一种直接表现形式。虽然证券市场上的交易对象是各种各样的有价证券，但证券市场本质上是价值的直接交换场所。

（2）证券市场是财产权利直接交换的场所。证券市场上的交易对象是作为经济权益凭证的股票、债券、基金等有价证券，而它们本身仅仅是一定量财产权利的代表。所以，证券市场实际上是财产权利的直接交换场所。

（3）证券市场是风险直接交换的场所。有价证券既是一定收益权的代表，同时也是一定风险的代表。有价证券的交换在转让出一定收益权的同时，也把该有价证券所特有的风险转让了出去。所以从风险的角度分析，证券市场也是风险的直接交换场所。

证券市场与商品市场的区别主要有以下几点。

（1）交易对象不同。商品市场的交易对象是各种具有不同使用价值、能满足人们某种特定需要的商品。而证券市场的交易对象是作为经济权益凭证的股票、债券、基金等有价证券。

（2）交易目的不同。在商品市场交易的目的是满足某种消费的需要，而在证券市场交易的目的是实现投资收益或筹集资金。

（3）交易对象的价格实质不同。商品市场的价格实质是商品价值的货币表现，主要取决于生产商品的社会必要劳动时间。而证券市场的价格实质是利润的分割，是预期收益的市场表现，与市场利率关系密切。

（4）市场风险不同。商品市场由于实行等价交换原则，价格波动较小，市场前景的可预测性较强，因而风险较小。而证券市场的影响因素复杂多变，价格波动较大且存在不可预测性，投资者的投资能否取得预期收益具有很强的不确定性，所以风险较大。

（二）证券市场的结构

证券市场的结构是指证券市场的构成及其各部分之间的量比关系，其最基本的结构为纵向结构和横向结构。

1. 纵向结构

纵向结构是依证券进入市场的顺序而形成的结构关系。按纵向结构关系划分，证券市场可分为证券发行市场和证券流通市场。

（1）证券发行市场又称"一级市场"或"初级市场"，是发行人以筹集资金为目的，按照一定的法律规定和发行程序，向投资者出售证券所形成的市场。证券发行市场作为一个抽象的市场，其买卖成交活动并不局限于一个固定场所。证券发行市场体现了证券由发行主体流向投资者的市场关系。在证券发行市场上，不仅存在由发行主体向投资者的证券流，而且存在由投资者向发行主体的货币资本流。因此，证券发行市场不仅是发行主体筹措资金的市场，也是为投资者提供投资机会的市场。

（2）证券流通市场，是已发行的证券通过买卖交易实现流通转让的场所。相对于发行市场，证券流通市场又称"交易市场""二级市场"或"次级市场"。证券经过发行市场的承销后，即进入流通市场，这一过程体现了新老投资者之间投资进入和投资退出的市场关系。证券发行市场与流通市场联系紧密，相互依存，相互作用。发行市场是流通市场存在的基础，发行市场的发行条件及发行方式影响着流通市场的价格及流动性。而流通市场促进着发行市场的发展，为发行市场所发行的证券提供了变现场所；同时流通市场的证券价格及流动性又直接影响着发行市场新证券的发行规模和发行条件。

2. 横向结构

横向结构是依有价证券的品种而形成的结构关系。按横向结构关系划分，证券市场主要包括股票市场、债券市场、基金市场以及衍生证券市场等子市场，并且各个子市场之间是相互联系的。

（1）股票市场，是股票发行和交易的场所。股票市场的发行人为股份有限公司，其在股票市场上筹集的资金是长期稳定的、属于公司自有的资本。股票市场交易的对象是股票。股票的市场价格除了受到股份有限公司经营状况和盈利水平的影响外，还受其他诸如政治、社会、经济等多方面因素的综合影响。因此，股票价格有波动性。

股票市场分为主板、中小板、创业板、科创板、"新三板"市场，它们都是经国务院批准设立的全国性证券流通市场，共同构成了我国多层次的证券市场，如图5.2所示。

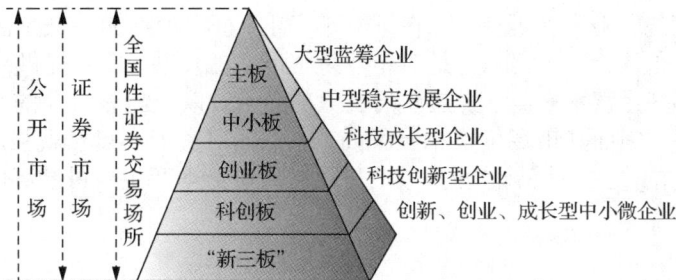

图 5.2　我国多层次证券市场

主板主要针对大型蓝筹企业挂牌上市，分为上海证券交易所主板（股票代码以 60 开头）和深圳证券交易所主板（股票代码以 000 开头）。中小板主要针对中型稳定发展但是未达到主板挂牌要求的企业，属于深圳证券交易所的一个板块（股票代码以 002 开头）。创业板主要针对科技成长型中小企业，属于深圳证券交易所的一个板块（股票代码以 300 开头）。科创板主要针对科技创新型企业，属于上海证券交易所的一个板块（股票代码以 688 开头），于 2019 年 7 月 22 日正式开市。"新三板"是沪深证券交易所之后的第三家全国性证券交易场所，其全称为全国中小企业股份转让系统（股票代码以 8 开头）。为了支持中小企业创新发展，深化新三板改革，北京证券交易所于 2021 年 9 月 3 日注册成立，成为打造服务创新型中小企业主阵地。

（2）债券市场，是债券发行和交易的场所。债券的发行人有中央政府、地方政府、政府机构、金融机构、企业。债券市场交易的对象是债券。债券因有固定（浮动）的票面利率和期限，其市场价格比股票的市场价格稳定。

（3）基金市场，是基金证券发行和流通的市场。封闭式基金在证券交易所挂牌交易，开放式基金则通过投资者向基金管理公司申购和赎回实现流通。

（4）衍生证券市场，是以基础证券的存在和发展为前提的市场。其交易品种主要有金融期货与期权、可转换债券、存托凭证、认股权证等。

（三）证券市场的功能

证券市场以其独特的方式和活力对社会经济生活产生着重要影响，在筹资、定价、资本配置等方面有着不可替代的独特功能。

（1）筹资功能，是指证券市场为资金需求者筹集资金的功能。这一功能也为资金供给者提供投资对象。在经济运行过程中，既有资金盈余者，又有资金短缺者，资金盈余者要想使自己的资金增值就必须寻找投资对象；而资金短缺者要想发展自己的业务就必须向社会寻找资金。在证券市场上，资金盈余者可以通过买入证券实现投资；而资金短缺者可以通过发行各种证券来达到筹资的目的。

（2）定价功能，证券的价格是证券市场上证券供求双方共同作用的结果。证券市场的运行形成了证券需求者之间的竞争和证券供给者之间的竞争，这种竞争会产生高投资回报的资本，如此，市场的需求就大，相应地，证券价格就高；反之，证券价格就低。因此，证券市场提供了资本的合理定价机制。

（3）资本配置功能，是指通过证券价格引导资本的流动从而实现资本合理配置的功能。资本的趋利性，决定了社会资金

问与答

问：什么是黑马股？

答：黑马股是指价格可能脱离过去的价位而在短期内大幅上涨的股票。

要向经济效益最高的行业和企业集中。在证券市场上，证券价格的高低是由该证券所能提供的预期报酬率的高低决定的，实际上是对企业筹资能力的反映。而能提供高报酬率的证券的企业，一般都是那些经营水平高、发展潜力巨大的企业，以及新兴行业的企业。由于这些证券的预期报酬率高，因而其市场价格相应就高，企业的筹资能力自然就强。这样，证券市场就会引导资本流向能产生高报酬的企业或行业，从而使资本产生尽可能高的效率，最终实现资本的合理配置。

二、证券市场的构成要素

证券市场的构成要素包括证券市场参与者、证券市场交易工具和证券交易场所。

（一）证券市场参与者

证券市场参与者包括证券发行人、证券投资者、证券市场中介机构、证券行业自律性组织和证券监管机构。

1. 证券发行人

证券发行人是指为筹措资金而发行债券、股票等证券的政府及其机构、金融机构、企业。证券发行人是证券发行的主体。证券发行又称承销或间接发行，是指把证券向投资者销售的行为，一般由证券发行人委托证券公司进行。按照发行风险的承担、所筹资金的划拨及手续费的高低等因素划分，证券发行的承销方式可分为包销和代销，其中包销又可分为全额包销和余额包销。

2. 证券投资者

证券投资者是证券市场的资金供给者，也是金融工具的购买者。证券投资者类型多样，投资目的也各不相同。证券投资者可分为机构投资者和个人投资者两类。

（1）机构投资者，是指相对于中小投资者而言拥有资金、信息、人力等优势，能影响某个证券价格波动的投资者，包括企业、商业银行、非银行金融机构（如养老基金、保险基金、证券投资基金等基金管理公司）等。尽管各类机构投资者的资金来源、投资目的、投资方向各不相同，但一般都具有投资的资金量大、收集和分析信息的能力强、注重投资的安全性、可通过有效的资产组合分散投资风险、对市场影响大等特点。

（2）个人投资者，是指以自然人身份从事证券交易的投资者，是证券市场最广泛的投资者。个人投资者的主要投资目的是追求盈利，谋求资本的保值和增值。

3. 证券市场中介机构

证券市场中介机构是指为证券的发行与交易提供服务的各类机构，包括证券公司和其他证券服务机构。证券市场中介机构是连接证券投资者与筹资人的桥梁，证券市场功能的发挥在很大程度上取决于证券市场中介机构的活动。证券市场中介机构的经营服务活动沟通了证券需求者与供应者之间的联系，不仅保证了各种证券的发行和交易，还起到了维持证券市场秩序的作用。

（1）证券公司，是指依法设立可经营证券业务的、具有法人资格的金融机构。证券公司的主要业务有承销、经纪、自营、投资咨询、购并、受托资产管理、基金管理等。证券公司一般分为综合类证券公司和经纪类证券公司：综合类证券公司（如中信证券）既可以接受股民的委托做中介买卖证券，又可以使用自己的钱买卖证券；而经纪类证券公司（如安信证券）则不能使用自己的钱买卖证券。

（2）证券服务机构，是指依法设立的从事证券服务业务的法人机构，主要包括证券登记结算公司、证券投资咨询公司、会计师事务所、资产评估机构、律师事务所、证券信用评级机构等。

4. 证券行业自律性组织

证券行业自律性组织包括证券交易所和证券业协会。

（1）证券交易所，是提供证券集中竞价交易的场所，是不以营利为目的的法人。其主要职责有提供交易场所与设施，制定交易规则，监管在该交易所上市的证券及会员交易行为的合规性、合法性，确保证券交易的公开、公平和公正。目前，我们接触最多的证券交易所有上海证券交易所和深圳证券交易所。

（2）证券业协会，是证券行业的自律性组织，是社会团体法人。证券业协会的权力机构为由全体会员组成的会员大会。证券业协会履行协助证券监督管理机构组织会员执行有关法律，维护会员的合法权益，为会员提供信息服务，制定规则，组织培训和开展业务交流，调解纠纷，就证券业的发展展开研究，监督检查会员行为，以及证券监督管理机构赋予的其他职责。中国证券业协会于1991年8月28日成立，总部设在北京。中国证券业协会的会员分为团体会员和个人会员，其中团体会员为证券公司。

5. 证券监管机构

证券监管机构是指中国证监会及其派出机构，为国务院直属的证券监管机构，依法对证券市场进行集中统一监管。证券监管机构的主要职责是起草行业性法规，监督有关法律法规的执行，保护投资者的合法权益，对全国的证券发行、证券交易以及中介机构的行为等依法实施全面监管，维持证券市场公平而有秩序的环境。

（二）证券市场交易工具

证券市场必须借助一定的工具或手段来开展活动，这就是证券市场交易工具，即证券交易对象。证券市场交易工具主要包括债券、股票、基金及金融衍生证券等。

（三）证券交易场所

证券交易场所包括场内交易市场和场外交易市场两种形式。场内交易市场是指在证券交易所内进行证券买卖的市场，这是证券交易场所的规范组织形式；场外交易市场是指在证券交易所外进行证券买卖的市场，具体包括柜台交易市场（又称店头交易市场）、第三市场、第四市场等形式。目前，我们接触最多的证券交易所包括上海证券交易所、深圳证券交易所和北京证券交易所。

三、证券市场的形成与发展

了解证券市场的形成与发展，是深入学习证券投资学的基础。

（一）证券市场形成的基础

证券的产生已有很久的历史，但这并不意味着证券市场与其同时产生，而只有当证券的发行与转让公开需要通过市场实现的时候，证券市场才会出现。因此，证券市场的形成必须具备一定的社会条件和经济基础。证券市场形成于自由资本主义时期，股份公司的产生和信用制度

的深化是证券市场形成的基础。

（1）证券市场是商品经济和社会化大生产发展的必然产物。随着生产力的进一步发展和商品经济的日益社会化，资本主义从自由竞争阶段过渡到垄断阶段，此时资本家依靠原有的银行借贷资本已不能满足其对巨额资金增长的需要。为满足社会化大生产对资本扩张的需求，客观上需要采用一种新的资金筹集手段来适应经济的进一步发展。在这种情况下，证券与证券市场应运而生。

（2）股份公司的建立为证券市场的形成提供了必要的条件。随着生产力的进一步提升和生产规模的日益扩大，传统的家族企业和独资经营方式已经不能满足生产对资本扩张的需求。于是合伙经营组织诞生了，随后又由单纯的合伙经营组织演变成股份制企业即股份公司。股份公司通过发行股票、债券向社会公众募集资金，集中资本以满足扩大再生产对资金急剧增长的需要。可以说，股份公司的建立和公司股票、债券的发行为证券市场的形成和发展提供了坚实的基础。

（3）信用制度的发展促进了证券市场的形成和发展。近代信用制度的发展，使得信用机构由单一的中介信用发展为直接信用，即直接对企业进行投资。于是，金融资本逐步渗透到证券市场，成为证券市场的重要支柱。信用工具一般都具有流通变现的要求，而证券市场恰好为股票、债务等有价证券的流通和转让创造了条件。由此可见，信用制度越发展，就越有可能动员更多的社会公众将货币收入转化为货币资本，进而投入证券市场中。证券业的崛起为近代信用制度的发展开辟了广阔的前景。

（二）国外证券市场的形成与发展

国外证券市场经历了形成、发展和完善三个阶段。

1. 证券市场的形成阶段

1602年，荷兰的阿姆斯特丹成立了世界上第一家股票交易所，标志着现代证券市场的初步形成。1790年，美国第一家证券交易所——费城证券交易所成立（后改名为纽约证券交易所），从事政府债券等有价证券的交易活动。1792年5月17日，24名经纪人在华尔街的一棵梧桐树下聚会，商定了一项名为"梧桐树协定"的协议，约定每日在梧桐树下从事证券交易，并定出了交易佣金的最低标准及其他交易条款。这一时期证券市场的立法很不完善，证券市场也较为分散。

2. 证券市场的发展阶段

随着资本主义的兴起、工业革命的进行和深入，股份公司得到迅速发展。19世纪初至20世纪20年代，股份公司的建立和发展使有价证券发行量不断增加。与此同时，有价证券的结构也发生了变化，在其中占有主要地位的已不是政府公债，而是公司股票和企业债券。

3. 证券市场的完善阶段

经过1929—1933年资本主义世界的经济危机后，各国政府开始清醒地认识到必须加强对证券市场的管理，于是纷纷为证券市场制定法规并设立管理机构，以促进证券流通市场趋于法制化。第二次世界大战结束后，随着各资本主义国家经济的恢复和增长，证券市场也迅速得到恢复和发展。20世纪70年代以后，证券市场出现了高度繁荣的局面，规模不断扩大，交易也日益活跃。在不断完善中，证券市场出现了明显的新特点。

微课堂

经济危机

（1）金融证券化。证券在整个金融市场中所占的比例增大，地位也越来越突出。

（2）证券市场多样化。其主要表现为各种有价证券的发行种类、数量不断增加及范围不断扩大，交易方式日趋多样化。

（3）证券投资法人化。随着养老基金、保险基金、投资基金的大规模入市，证券投资者法人化、机构化的速度进一步加快。

（4）证券市场法制化。各国不断推进证券市场的规范化运行，还通过各种技术监督和管理活动严格执行证券市场的法规，使证券市场行情趋于稳定，投机、操纵、欺诈等行为逐渐减少。

视野拓展

在搜索引擎中输入"中国资本市场发展报告"，可搜索到中国证监会网站有关该报告的专题页面，其中对资本市场发展有较详细的介绍。

（5）证券市场网络化。世界上各主要证券市场基本上已实现网络化，且网络交易突飞猛进，这大大提高了证券市场的运行效率。

（6）证券市场国际化。现代证券交易越来越趋向于全球性交易。

（7）金融创新不断深化。如以各类奇异型期权为代表的非标准交易大量涌现，成为风险管理的利器。

（三）中国证券市场的形成和发展

中国证券市场有着悠久而曲折的历史，经历了三个时期，见证了中国经济从计划到市场、从封闭到开放、从落后到强大的变革。第一个时期为1870年至1949年，这个时期是中国证券市场的萌芽期。第二个时期为1950年至1980年，这个时期是中国证券市场的暂停期。第三个时期为1981年至今，这个时期是中国证券市场的复兴期。

我国证券发行市场的恢复与起步始于1981年，我国的股票发行始于1984年。1984年9月，北京成立了第一家股份有限公司——天桥百货股份有限公司，并发行了股票。1990年年底，国务院授权中国人民银行批准的上海证券交易所和深圳证券交易所先后成立。

中国证券市场作为一个新兴的高速成长的证券市场，在很短的时间里取得了举世瞩目的成就。上海证券交易所、深圳证券交易所的交易和结算网络早已覆盖全国。中国证券市场交易技术处于世界先进水平，法规体系已逐步完善，并建立起全国统一的证券监管体制。中国证券市场在促进国有企业改革、推动国家经济结构调整和技术进步方面发挥了突出的作用。

第二节 证券市场监管

证券市场监管是中国金融市场监管的重要组成部分。中国金融市场执行"一行一总局一会"的监管体系，如图5.3所示。

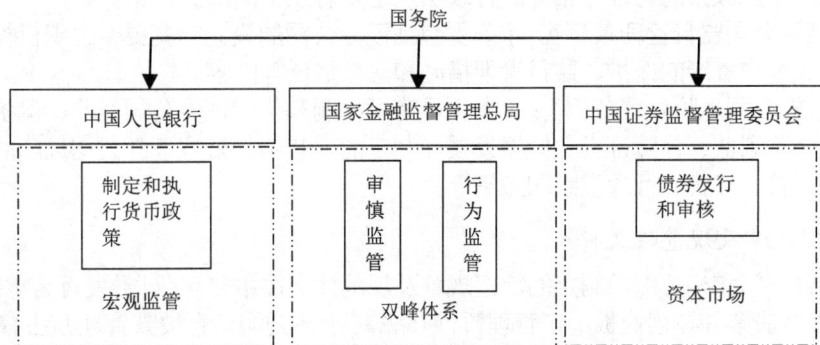

图 5.3 我国的金融监管体系

一、证券市场监管概述

证券市场监管是指证券管理机关运用法律的、经济的以及必要的行政手段，对证券的募集、发行、交易等行为以及证券投资中介机构行为进行的监督与管理。

（一）证券市场的法律、法规

我国证券市场的法律、法规分为四个层次：第一个层次是指由全国人民代表大会或全国人民代表大会常务委员会制定并颁布的法律；第二个层次是指由国务院制定并颁布的行政法规；第三个层次是指由证券监管部门和相关部门制定的部门规章及规范性文件；第四个层次是指由证券交易所、中国证券业协会及中国证券登记结算有限公司制定的自律性规则。以下简单介绍前三个层次的法律、法规。

1. 法律

全国人民代表大会或全国人民代表大会常务委员会制定并颁布的与证券相关的法律包括以下几部。

（1）《中华人民共和国证券法》（以下简称《证券法》）。本法主要内容涉及证券发行、证券交易、上市公司的收购、证券交易所、证券公司、证券登记结算机构、证券服务机构、证券业协会、证券监督管理机构、法律责任。

（2）《中华人民共和国公司法》。本法主要内容涉及有限责任公司的设立和组织机构，有限责任公司的股权转让，股份有限公司的设立和组织机构，股份有限公司的股份发行和转让，公司董事、监事、高级管理人员的资格和义务，公司债券，公司财务、会计，公司合并、分立、增资、减资，公司解散和清算，外国公司的分支机构，法律责任等。

（3）《中华人民共和国证券投资基金法》。本法主要内容涉及基金管理人，基金托管人，基金的募集，基金份额的交易，基金份额的申购与赎回，基金的运作与信息披露，基金合同的变更、终止与基金财产清算，基金份额持有人权利及其行使，监督管理，法律责任等。

（4）《中华人民共和国刑法》。本法关于证券犯罪或与证券有关的主要规定为：欺诈发行股票、债券罪；提供虚假财务会计报告罪；内幕交易、泄露内幕信息罪；操纵证券、期货市场罪；编造并传播影响证券、期货交易虚假信息罪；诱骗投资者买卖证券罪及其他证券犯罪。

（5）《中华人民共和国反洗钱法》。本法是为了预防洗钱活动，维护金融秩序，遏制洗钱犯罪及相关犯罪而制定的。

2. 行政法规

国务院制定并颁布的与证券相关的行政法规主要有以下两部。

（1）《证券公司监督管理条例》。本条例包括证券公司的设立与变更、组织机构、业务规则与风险控制、客户资产的保护、监督管理措施和法律责任等内容。

（2）《证券公司风险处置条例》。本条例是为了控制和化解证券公司风险，保护投资者合法权益和社会公共利益，保障证券业健康发展而制定的。其中，处置证券公司风险的具体措施有停业整顿、托管、接管、行政重组和撤销等。

3. 部门规章及规范性文件

证券监管部门和相关部门制定的部门规章及规范性文件主要有《证券发行与承销管理办法》《首次公开发行股票并在创业板上市管理暂行办法》《上市公司信息披露管理办法》《证券公司融资融券业务管理办法》《证券市场禁入规定》等，其内容均可在中国证监会网站查阅。

（二）证券市场的监管机构

我国证券市场经过 30 多年的发展，逐步形成了以国务院证券监督管理机构、国务院证券监督管理机构的派出机构、证券交易所、行业协会和中国证券投资者保护基金有限责任公司为一体的监管体系和自律管理体系。

国务院证券监督管理机构为中国证券监督管理委员会（以下简称"中国证监会"），是国务院直属机构，是全国证券、期货市场的主管部门，按照国务院授权履行行政管理职能，依照相关法律、法规对全国证券、期货市场实行集中统一监管，维护证券市场秩序，保障其合法运行。

中国证监会在上海、深圳等地设立 9 个稽查局，在各省、自治区、直辖市、计划单列市共设立 36 个证监局，这些都属于中国证监会的派出机构。

中国证监会主要有以下两项职责。

（1）根据法律和国务院行政法规制定证券市场规章及规范性文件以规范证券市场稳健运行，具体包括：研究和拟订证券、期货市场的方针政策、发展规划；起草证券、期货市场的有关规章；制定有关证券、期货市场监管的规则和办法。

（2）在国务院的领导下对证券市场进行监督管理。

（三）证券市场监管的目标、手段和原则

1. 证券市场监管的目标

证券市场监管的目标有三个：一是保护投资者利益；二是保证证券市场的公平、效率和透明；三是降低系统性风险。

我国证券市场监管的目标为：发挥证券市场机制的积极作用，限制其消极作用；保护投资者合法权益，保障合法的证券交易活动，监督证券中介机构依法经营；防止人为操纵、欺诈等不法行为，维持证券市场的正常秩序；根据国家宏观经济管理的需要，运用灵活多样的方式，调控证券发行与交易规模，引导投资方向，使之与经济发展相适应。

视野拓展
证券公司违规案例
及分析

2. 证券市场监管的手段

证券市场监管的手段丰富多样，可大致分为以下三种。

（1）法律手段，是指通过建立完善的证券法律、法规体系和严格执法来对证券市场进行干预。这是证券市场监管的主要手段，具有较强的威慑力和约束力。

（2）经济手段，是指运用利率政策、公开市场业务、信贷政策、税收政策等经济手段对证券市场进行干预。这种手段相对比较灵活，但调节过程较慢，可能存在时滞。

（3）行政手段，是指通过制定计划、政策等对证券市场进行行政性干预。这种手段比较直接，但运用不当可能会违背市场规律，从而无法发挥作用甚至遭到惩罚。

3. 证券市场监管遵循的原则

证券市场监管遵循以下四项原则：①依法监管原则；②保护投资者利益原则；③"三公"原则，即公开、公平、公正；④监督与自律相结合的原则。国家对证券市场的监管是证券市场健康发展的保证，而证券从业者的自我管理是证券市场正常运行的基础。监督与自律相结合的原则是世界各国共同奉行的原则。

（四）证券市场监管的内容

1. 对证券发行及上市的监管

中国证监会主要从以下几个方面对证券发行及上市进行监管。

（1）证券发行注册制。证券发行注册制又叫申报制或形式审查制，是指政府对发行人发行证券，事先不做实质性审查，仅对申请文件进行形式审查，发行人在申报申请文件以后的一定时期内，若没有被政府否定，即可以发行证券。证券管理机构的职责是审查信息资料的全面性、真实性、准确性与及时性，以保证信息公开制度能够贯彻始终。值得注意的是，管理者无权对证券发行行为及证券本身做出价值判断。

（2）证券发行与上市的信息公开制度。证券发行与上市时，股份公司必须公开或公布其有关信息和资料。

（3）证券发行上市保荐制度。企业首次公开发行证券和上市公司再次公开发行证券都需要保荐机构和保荐代表人保荐。保荐期间分为尽职推荐和持续督导两个阶段，且各自都有明确的保荐期限。保荐机构和保荐代表人在向监管部门推荐公开发行证券的企业前，要对企业进行辅导和尽职调查，并在推荐文件中对发行人的信息披露质量、独立性和持续经营能力等做出必要的承诺。

2. 对证券流通市场的监管

中国证监会主要从以下几个方面对证券流通市场进行监管。

（1）证券交易所的信息公开制度。上市公司为保障投资者利益和接受社会公众的监督，依照法律规定必须公开或公布其有关信息和资料。

（2）对操纵市场的监管。操纵市场是指某一组织或个人以获取利益或者减少损失为目的，利用其资金、信息等优势，或者滥用职权，影响证券市场价格，制造证券市场假象，诱导或者致使投资者在不了解事实真相的情况下做出证券投资决定，扰乱证券市场秩序的行为。

（3）对欺诈客户的监管。欺诈客户是指以获取非法利益为目的，违反证券管理法规，在证券发行、交易及相关活动中的欺诈客户、虚假陈述等行为。

（4）对内幕交易的监管。内幕交易是指公司董事、监事、经理、职员、主要股东、证券市场内部人员或市场管理人员，以获取利益或减少经济损失为目的，利用地位、职务等便利，获取发行人未公开的、可以影响证券价格的重要信息，进行有价证券交易，或泄露该信息的行为。

3. 对上市公司的监管

中国证监会对上市公司的监管主要是对上市公司信息披露的监管，以约束证券发行人的行为，促使其改善经营管理。中国证监会对上市公司的监管，有利于证券市场形成更合理的发行价格与交易价格，有利于维护广大投资者的合法权益，有利于提高证券市场效率。

上市公司信息披露必须遵循以下几项原则。

（1）真实性原则，是指公司公开的信息必须具有客观性、一致性和规范性，不得做虚假陈述。

（2）准确性原则，是指公司公开的信息必须准确无误，不得有误导性陈述或模糊不清的语言使公众对其公布的信息产生误解。准确性原则不是强调已公开信息与信息所反映的客观事实之间的一致性，而是强调信息发布者与信息接收者之间以及各个信息接收者之间对同一信息在理解上的一致性。

（3）完整性原则，是指公司必须把能够供投资者判定证券投资价值的情况全部公开，其有质与量两方面的规定。首先，应充分公开的信息，在性质上必须是重大信息；其次，应充分公开的信息，在数量上必须达到一定的标准，足以使投资者在通常情况下能够据此做出恰当的投资判断。

（4）及时性原则，是指公司必须在合理的时间内尽可能迅速地公开其应公开的信息，不得延迟。

4. 对证券经营机构的监管

中国证监会对证券经营机构的监管内容主要包括对证券经营机构准入的监管、对证券公司业务的核准、对证券公司的日常监管，监管形式主要有现场监管和非现场监管两种。

二、证券市场监管模式

证券市场监管是国家金融监管的重要组成部分。证券市场监管模式是指国家关于证券市场监管的体制安排。

（一）证券市场监管模式的选择

由于各国证券市场发展水平不同，政府宏观调控手段不同，所以各国证券市场监管模式也不一样。概括起来，证券市场监管模式主要有以下三种。

1. 集中型证券市场监管模式

在集中型证券市场监管模式下，由政府下属的部门或直接隶属于立法机关的国家证券监管机构对证券市场实行集中统一监管，而证券交易所、证券业协会等各种自律性组织的自律管理起协助作用。

集中型证券市场监管模式有以下优点。

（1）集中型证券市场监管模式能公平、公正、高效、严格地发挥其监管作用，并能协调全国各证券市场，可防止重复监管和监管真空、防止出现过度投机的混乱局面。

（2）集中型证券市场监管模式可以使监管机构统一实施证券法律，使证券市场行为有合理的预期，从而提升证券市场监管的权威性。

（3）集中型证券市场监管模式赋予监管者独立地位，更注重保护投资者的利益。

集中型证券市场监管模式也存在不足之处，主要体现在以下两个方面。

（1）证券法规的制定者和监管者远离市场，缺乏监管市场一线的实践经验，从而有可能使市场监管脱离实际，缺乏效率。

（2）在集中型证券市场监管模式下，若不辅以自律监管，中央监管机关对市场出现的意外行为可能反应较慢，以致处理不及时。

2. 自律型证券市场监管模式

自律型证券市场监管模式通常没有直接制定证券市场管理法规，而是通过一些间接的法规来制约证券市场的活动，证券市场没有设立全国性的证券管理机构，而是靠证券交易所、证券业协会等证券市场的参与者进行自我监管。英国、德国、意大利、荷兰等国家曾经是采用自律型证券市场监管模式的代表。

自律型证券市场监管模式具有以下优点。

（1）自律型证券市场监管模式能充分发挥市场的创新性和竞争意识，有利于活跃市场。

（2）自律型证券市场监管模式允许证券商参与制定证券市场监管规则，从而使制定的监管法规具有更大的灵活性、有效性，使市场监管更切合实际。

（3）自律组织能对市场出现的违规行为做出迅速而有效的反应。

自律型证券市场监管模式也存在缺陷，主要体现在以下三个方面。

（1）通常把重点放在市场的有效运转和保护证券交易所会员的经济利益上，往往没有为投资者获得利益提供充分的保障。

（2）由于没有立法和强制手段做后盾，监管手段较软弱。

（3）由于没有统一的监管机构，难以实现全国证券市场的协调发展，容易造成混乱。

由于上述原因，不少原来实行自律型证券市场监管模式的国家，现在都已开始逐渐向集中型证券市场监管模式转变。例如，1996年英国政府改变了证券市场的传统监管方式，加强了政府监管的力量。其他一些实行自律型证券市场监管模式的国家，如德国、意大利、泰国、约旦等也开始转而实行集中型证券市场监管模式。

3. 中间型证券市场监管模式

中间型证券市场监管模式既强调立法管理又强调自律管理，是集中型证券市场监管模式和自律型证券市场监管模式的融合。中间型证券市场监管模式又称分级管理型体制，包括二级监管和三级监管两种模式：二级监管是指中央政府和自律型机构相结合的监管；三级监管是指中央、地方政府和自律型机构相结合的监管。实行中间型证券市场监管模式的国家有德国、泰国等。

由于集中型证券市场监管模式和自律型证券市场监管模式都存在一定的缺陷，因此有些以前实行集中型证券市场监管模式或者自律型证券市场监管模式的国家已开始向中间型证券市场监管模式过渡。这种监管模式取长补短，能够发挥各自的优势，从而使得证券监管更加有效。

（二）世界主要发达国家的证券监管模式

因各国证券市场发展水平、政府对经济运行采取的调控方式及受其他国家或地区监管模式影响程度的不同，世界主要发达国家的监管体制有着不同的特点，其监管机构的运作也有着明显的差别。下面主要介绍美国、英国、德国的证券监管模式及其运作。

1. 美国的证券监管模式

美国是集中型证券监管模式的典型代表。根据美国的《证券交易法》，政府设立了一个独立的、具有准司法权的证券交易监管机构即证券交易所。美国对证券市场的管理有一套完整的法律体系，其证券管理法规主要有1933年的《证券法》、1934年的《证券交易法》、1940年的《投资公司法》、1940年的《投资顾问法》等。美国对证券交易的管理采取三个机构交叉监管模式。在管理体制上，以证券交易管理委员会（简称"证交会"）为全国统一管理证券经营活动的最高管理机构。同时，全国性证券交易所（如纽约证券交易所）和全国证券交易商协会分别对证券交易所内的证券交易和场外的证券交易进行管理，形成了以集中统一管理为主、以市场自律为辅的较为完整的证券管理体制。

证交会的宗旨是实现对投资者的最大保护和对证券市场的最小干预；建立投资信息系统，一方面促成投资者做出正确的投资选择，另一方面利用市场投资选择把发行质量低、超过市场资金供给承受能力的股票驱逐出去。证交会注重公开原则，对证券市场的监管以法律手段为主。例如对证券交易的监管，主要依据1934年《证券交易法》中的反欺诈、反操纵和虚假陈述条款，对违法者主要采取行政处罚和刑事处罚。

2. 英国的证券监管模式

英国的证券监管模式是在政府法律基础上的自律监管模式，属自律型监管模式的代表。政府除某些必要的国家立法外，较少干预证券市场，对证券市场的管理，主要由证券交易所及证券商协会等组织自我管理。

伦敦证券交易所是完全自治的，这是因为历史上的伦敦证券交易所对本所的业务规定有严格的交易规则，并拥有较高水准的专业证券商和采取严格的注册制度及公开说明书制度进行自律的缘故。

3. 德国的证券监管模式

德国对证券的管理实行联邦政府制定和颁布证券法规、各州政府负责实施和监督管理与以交易委员会、证券审批委员会、公职经纪人协会等自律管理相结合的证券管理体制。德国的证券监管既强调行政立法监督管理，又相当注意证券业者自律管理。

德国没有建立对证券市场进行全面、广泛管理的联邦机构。但根据1986年的证券交易法规定，德国的各证券交易所要受国家的监督。这种监督主要由当地州政府依照有关法律法规来实施。州政府对各证券交易所的监督和管理，主要体现在以下几个方面：州政府有权批准由交易所董事会制定的证券交易条例；任命公职经纪人；批准建立和撤销当地的证券交易所；由州政府任命1名专员，监督交易所对有关法规和条例的实施情况；对银行为客户代理买卖证券的行为进行监督。

【案例】

中国证监会处罚赵×夫妇

中国证监会于2018年4月16日晚公布了对万家××的行政处罚决定书和相关人员市场禁入决定书，并驳回了赵×夫妇、××传媒、万家××及相关当事人的申辩，最终决定对黄××、赵×、孔××分别采取5年证券市场禁入措施。同时，对万家××、××传媒责令改正，给予警告，并分别处以60万元罚款；对孔××、黄××、赵×给予警告，并分别处以30万元罚款。

赵×收购万家××，始于两年前的12月26日。停牌多时的万家××发布公告称：公司第一大股东万家××与××传媒签署了股份转让协议。万家××将其持有的1.85亿股公司流通股股份转让给××传媒，占公司股份总数的29.135%，而××传媒拟以30.59亿元接盘。

资料显示，××传媒成立于两年前的11月2日，注册资本为200万元。何以成立不到两个月就与万家××签订了股份转让协议，竟要耗资30.59亿元收购万家××的股份？其中赵×个人借给××传媒6 000万元，剩下的30亿元是赵×用个人信用担保，向第三方金融机构西藏×××资产管理有限公司借款15亿元，再通过质押万家××的股票，向金融机构融资借款近15亿元获得的，杠杆比例高达51倍。

中国证监会认为，在控股权转让过程中，××传媒通过万家××在多次公司公告中披露的信息存在虚假记载、误导性陈述及重大遗漏。××传媒在自身资金准备不足，相关金融机构融资尚待审批，存在极大不确定性的情况下，以空壳公司收购上市公司，且贸然予以公告，对市场和投资者造成了严重误导。

思考与讨论： 请针对证券市场如何保护中小投资者以防范出现"割韭菜"现象谈谈你的看法。

第三节 证券市场价格指数

投资者对某一种证券的价格变化容易了解，而对多种证券的价格变化则要逐一了解，繁杂且不易。为此，一些金融服务机构就利用自己具备业务知识和熟悉市场的优势，编制出证券价格指数并公开发布，作为市场价格变动的指标。有价证券是具有一定票面金额、代表资本所有权和债权的证明书，其主要形式有股票、债券和基金。与此相应，有价证券价格指数包括股票价格指数、债券价格指数和基金指数。

一、股票价格指数

股票价格指数是证券市场中反映股票价格变动的指标，是有价证券价格指数中最重要的形式之一。

（一）股票价格指数的概念

微课堂
股票价格指数

股票价格指数简称股价指数，是运用统计学中的指数方法编制而成，反映股市总体价格或某类股票价格变动和走势的指标。在编制股票价格指数时，通常以某一年份为基期，将其股票价格平均数定为 100 或 1 000，以后各期的股票价格平均数与基期相比得出的百分数即为各时期的股票价格指数。在表述股票价格指数时，常将 "%" 省略，直接称多少点。对一个容量较大、日渐成熟的股市来说，股票价格指数可以综合反映股票市场的动态变化过程及价格水平，为社会公众进行股票投资提供参考以及决策依据。

（二）股票价格指数的种类

股票价格指数种类多样，是证券交易者最关心的指标之一。

1. 综合指数和分类指数

根据股票价格指数反映的价格走势所涵盖的范围，可以将股票价格指数分为综合指数和分类指数。综合指数反映的是整个市场的股票价格走势，如恒生指数反映的是香港股市的整体价格走势。分类指数反映的是某一类行业和某一类股票的价格走势，如恒生红筹股指数反映的是香港股市中红筹股的价格走势。

2. 全部股指数和成分股指数

根据编制股票价格指数时纳入指数计算的股票样本数量，可以将股票价格指数分为全部股指数和成分股指数。全部股指数是指将指数所涵盖的全部股票都纳入计算范围而得出的股票价格指数，如上海证券交易所综合指数就是把全部上市股票的价格变化都纳入计算范围计算得出的；成分股指数是指从指数所涵盖的全部股票中选取有代表性的部分作为样本计算而得出的股票价格指数，如深圳证券交易所发布的成分股指数和上海证券交易所的上证 30 指数就是从上市的股票中选取若干家成分股作为代表计算得出的。

视野拓展
权重股如何影响
大盘指数

（三）股票价格指数的计算方法

股票价格指数的计算方法有平均法和综合法两种。

1. 平均法

采用平均法计算股票价格指数时，要先计算各样本股票的个别指数，再加总求算术平均数。假定某基期股票价格指数为 M，基期第 j 种股票价格为 P_0^j，第 k 期（计算期）第 j 种股票价格为 P_k^j，样本股票数为 n，则第 k 期（计算期）股票价格指数 M_k 的计算公式为

$$M_k = \frac{M}{n} \sum_{j=k}^{n} \frac{P_k^j}{P_0^j}$$

世界上第一个股票价格指数——道琼斯股票价格平均指数是使用简单算术平均法计算的。

简单算术平均法虽然计算起来较简便，但有两个缺点：第一个是未考虑各种样本股票的权数，从而不能区分重要性不同的样本股票对股票价格平均数的影响；第二个是当样本股票发生股票分割派发红利、增资等情况时，会使股票价格平均数产生断层而失去连续性，对时间序列前后的比较造成困难。

微课堂
道琼斯工业平均指数简介

2. 综合法

采用综合法计算股票价格指数时，要先对样本股票的基期价格与计算期价格分别进行加权。假定某基期股票价格指数为 M，基期股票价格为 100，用计算期股票价格与之相比，并以百分比表示，则第 k 期（计算期）股票价格指数 M_k 的计算公式为

$$M_k = M \cdot \frac{\sum_{j=1}^{n} P_k^j}{\sum_{j=1}^{n} P_0^j} \times 100\%$$

上述计算公式没有加权，对各样本股票可谓一视同仁。如果依据样本股票的重要性予以加权，则计算公式为

$$M_k = M \cdot \frac{\sum_{j=1}^{n} W_j P_k^j}{\sum_{j=1}^{n} W_j P_0^j} \times 100\%$$

式中，W_j 为权数。

表 5.1　某三只股票的交易资料

股票	股价（元）		交易量（股）	
	基期 P_0	报告期 P	基期 Q_0	报告期 Q
A	3	6	1 000	500
B	6	10	1 500	900
C	12	16	800	700

【例 5.1】以表 5.1 中三只股票的交易资料为样本计算股票价格指数（假设基期股票价格指数为 100）。

解：

1. 用平均法计算股票价格指数

$$报告期的股票价格指数 = \frac{100}{3}\left(\frac{6}{3} + \frac{10}{6} + \frac{16}{12}\right) \approx 166.7$$

这说明报告期的股票价格比基期上升了 66.7 个百分点。

2. 用综合法计算股票价格指数

（1）不加权：

$$报告期的股票价格指数 = \frac{6+10+16}{3+6+12} \times 100 \approx 152.4$$

这说明报告期的股票价格比基期上升了 52.4 个百分点。

（2）以基期加权：

$$报告期的股票价格指数 = 100 \times \frac{6 \times 1000 + 10 \times 1500 + 16 \times 800}{3 \times 1000 + 6 \times 1500 + 12 \times 800} \approx 156.5$$

这说明报告期的股票价格比基期上升了 56.5 个百分点。

（3）以报告期加权：

$$报告期的股票价格指数 = 100 \times \frac{6 \times 500 + 10 \times 900 + 16 \times 700}{3 \times 500 + 6 \times 900 + 12 \times 700} \approx 151.6$$

这说明报告期的股票价格比基期上升了51.6个百分点。

（四）国际证券市场的主要股票价格指数

在国际证券市场中，较有影响力的股票价格指数有以下几种。

（1）道琼斯股票价格平均指数，简称"道琼斯指数"。它是由美国《华尔街日报》的出版者道琼斯公司编制并公布的，用以反映美国纽约股票市场行情变化的一种股票价格平均指数。它实际上包括4种指数，即道琼斯30种工业股票价格平均指数、20种交通运输业股票价格平均指数、15种公用事业股票价格平均指数以及上述65种股票价格的综合平均指数。它基本上反映了美国股票市场的股票价格水平，是目前世界上影响力最大的股票价格指数。

（2）标准-普尔股票价格指数，简称"标准-普尔指数"。它是由美国最大的证券研究机构——标准-普尔公司编制并发布的用以反映美国股票市场行情变化的股票价格指数。标准-普尔采样股票数量达500种，包括工商业股票400种、公用事业股票40种、运输业股票20种、金融业股票40种。标准-普尔指数包括95种分指数，其中最为人们所熟悉的4种分别是工业指数、公用事业指数、铁路指数和500种股票综合指数。美国的《商业周刊》一直把标准-普尔指数作为经济周期变化的12个先行指标之一。

（3）金融时报指数。它是由伦敦证券交易所编制并在《金融时报》上发布的反映伦敦股票市场股票价格波动情况的股票价格指数。该指数包括30种工业股票组成计算的股票价格指数、100种股票组成计算的富时指数、500种股票组成计算的股票价格指数，通常所说的金融时报指数指的是第一种。

（4）日经指数。它是由日本经济新闻社编制并发布的用以反映日本股市动态的股票价格指数。日经指数按其计算对象的采样数目不同可分为两种：一是1982年1月开始编制的日经500种平均股票价格指数；二是1950年9月开始编制的日经225种平均股票价格指数。其中，第二种经常被传媒引用。由于日经指数所选样本多，具有广泛的代表性，不仅能比较全面地反映日本股市行情的变化，而且能反映日本产业结构的变化。

（5）纳斯达克指数又称纳指、美国科技指数，是美国全国证券交易商协会于1968年着手创建的自动报价系统。纳斯达克是美国的场外交易市场（又称柜台交易市场，OTC），于1971年2月8日正式开始交易，现已成为全球最大的证券流通市场。纳斯达克是全世界第一个电子化交易的股市。纳斯达克指数就是反映纳斯达克证券市场行情变化的股票价格平均指数，基期指数为100。纳斯达克的上市公司涵盖所有新技术行业，包括软件和计算机、电信、生物技术、零售和批发贸易等。例如，微软公司便是通过纳斯达克上市的。

（五）我国证券市场的主要股票价格指数

在我国证券市场中，上证综合指数和深证综合指数影响力最大。

1. 上证综合指数

上证综合指数（即上证指数）是由上海证券交易所编制并发布的，以其全部上市股票为样本，以发行量为权数，综合反映上海证券交易所的全部A、B股上市股票价格走势的加权综合股价指数。A股指数以1990年12月19日为基期，B股指数以1992年2月21日为基期，基期指数都定为100。1993年6月

> **课堂讨论**
>
> 证券指数分时走势图中的白线和黄线各代表什么意思？

微课堂
上证指数

1 日，上海证券交易所发布了包括工业类、商业类、房地产类、公用事业类等在内的分类指数。上证综合指数计算公式为

$$上证综合指数=\frac{本日股票市价总值}{基期股票市价总值}×100\%$$

新上证综合指数以 2005 年 12 月 30 日为基日，以当日所有样本股票的总市值为基期，基点为 1 000 点。

2. 深证综合指数

深证综合指数是由深圳证券交易所编制并发布的，以其全部上市股票为样本，以发行量为权数，综合反映深圳证券交易所全部 A、B 股上市股票的价格走势的加权综合股价指数。A 股指数以 1991 年 4 月 3 日为基期，B 股指数以 1992 年 2 月 28 日为基期，基期指数都定为 100。深证综合指数计算公式为

$$深证综合指数=\frac{本日股票市价总值}{基期股票市价总值}×100\%$$

当样本股的股本结构有变动时，则以变动之日为新基期，并以新基数计算；同时用连锁方法将计算得到的指数溯源于原有基期，以维持指数的连续性。

3. 深证成分指数

深证成分指数是深圳证券交易所以上市股票中有代表性的 40 种股票为样本，并以流通股为权数计算得出的加权股价指数。该指数以 1994 年 7 月 20 日为基期，基期指数为 1 000。深证成分指数计算公式为

$$深证成分指数=即日成分股可流通总市值÷基期成分股可流通总市值×1 000$$

4. 上证 30 指数

上证 30 指数是指由上海证券交易所编制并发布的，以上市的 A 股中有代表性的 30 种股票为样本，以流通市值为权数，综合反映上海证券交易所 A 股股价走势的加权股价指数。该指数以 1996 年 1—3 月的平均流通市值为基期，基期指数为 1 000。

5. 上证 180 指数

上证 180 指数于 2002 年 7 月 1 日起正式发布，以 2002 年 6 月 28 日上证 30 指数收盘点数为基点，取代原上证 30 指数。上证 180 指数的选样是按照行业代表性、股票规模、交易活跃度、财务状况等原则来确定的，在上证 30 指数的基础上增加了选样的定量化程度，提高了选样的客观性和透明度。依据样本稳定性和动态跟踪相结合的原则，上证 180 指数每半年调整一次成分股。上证 180 指数的加权方法较上证 30 指数也有所改进。上证 180 指数的样本数量增加到 180 家，是为了实现编制方法的科学性、成分选择的代表性以及成分的公开性，以便与上证指数系列相结合，同时恢复和提升成分指数的市场代表性，从总体上和各个不同侧面更全面地反映股价的走势，以满足投资者和研究者多角度观察股市的需要。

6. 上证 50 指数

上证 50 指数于 2004 年 1 月 2 日正式发布，基期为 2003 年 12 月 31 日，基点为 1 000 点。上证 50 指数是挑选了上海证券市场规模大、流动性好的最具代表性的 50 只股票组成样本股，以综合反映上海证券市场最具影响力的一批优质蓝筹股企业的整体状况。上证 50 指数的推出，使上证综合指数（全市场指数）、上证 180 指数（投资标尺指数）、上证 50 指数（优质大盘指数）形成了一个三层金字塔型的指数结构。

7. 沪深 300 指数

微课堂
沪深 300 指数

　　沪深 300 指数由上海证券交易所和深圳证券交易所联合编制，于 2005 年 4 月 8 日正式发布。沪深 300 指数以 2004 年 12 月 31 日为基期，基点为 1 000 点。沪深 300 指数是从上海和深圳证券市场中选取 300 只 A 股作为样本编制而成的成分股指数，其样本覆盖了沪深市场六成左右的市值，具有良好的市场代表性。

8. 恒生股价指数

　　恒生股价指数简称"恒生指数"，由香港恒生银行下属的恒生指数公司编制。入选样板股为香港股票市场 33 家上市公司，是以发行量为权数的加权平均股价指数。

二、债券价格指数

　　债券价格指数是反映债券市场价格总体走势的指标。债券价格指数是一个比值，反映了当前市场平均价格相对于基期市场平均价格的变化。

　　我国的债券价格指数主要有上证国债指数、上证企业债指数和中证全债指数。

　　上证国债指数以上海证券交易所上市的所有固定利率国债为样本，按照国债发行量加权而成。上证国债指数自 2003 年 1 月 2 日起对外发布，基期为 2002 年 12 月 31 日，基点为 100 点，代码为 000012。上证国债指数是上证指数系列的第一个债券指数，它的推出促使我国证券市场股票、债券、基金三位一体的指数体系基本形成。

　　上证企业债指数（简称"企债指数"）是上海证券交易所编制的反映中国证券市场企业债整体走势和收益状况的指数。上证企业债指数的基期为 2002 年 12 月 31 日，基点为 100 点，代码为 000013，于 2003 年 6 月 9 日正式发布。

　　为综合反映沪深证券交易所和银行间债券市场价格变动的趋势，向债券投资者提供投资分析工具和业绩评价基准，中证指数有限公司于 2007 年 12 月 17 日正式发布中证全债指数（简称"中证全债"）。该指数从沪深证券交易所和银行间债券市场挑选国债、金融债及企业债组成样本券，基期为 2002 年 12 月 31 日，基点为 100 点。

三、基金指数

　　为反映基金市场的综合变动情况，深圳证券交易所和上海证券交易所均以现行的证券投资基金编制基金指数。

　　深圳证券交易所于 2000 年 7 月 3 日终止了以养老基金为样本的原深证基金指数（代码为 9904）的编制与发布，同时推出以证券投资基金为样本的新基金指数：深市基金指数（代码为 9905）。深市基金指数采用派氏加权综合指数法计算，权数为各证券投资基金的总发行规模。深市基金指数的基期为 2000 年 6 月 30 日，基点为 1 000 点。

　　上证基金指数的选样范围为所有在上海证券交易所上市的证券投资基金。上证基金指数和各指数一样通过软件实时发布，在软件中的代码为 000011，简称"基金指数"。基金指数的成分股是所有在上海证券交易所上市的证券投资基金，反映了基金价格的整体变动状况，自 2000 年 6 月 9 日起正式发布。基金指数采用派氏指数公式计算，以发行的基金单位总份额为权数。

　　证券价格指数是为度量和反映证券市场总体价格水平及其变动趋势而编制的股价统计相对数，通常是报告期的证券平均价格或证券市值与选定的基期证券平均价格或证券市值的比值，并将两者的比值乘以基期的指数值，即为该报告期的证券价格指数。当证券价格指数上升时，表明证券的平均价格水平上涨；当证券价格指数下跌时，表明证券的平均价格水平下降。证券价格指数是灵敏反映市场所在国（或地区）社会、政治、经济变化状况的晴雨表。

【本章小结】

本章包括证券市场概述、证券市场监管及证券市场价格指数等内容。

证券市场是有价证券发行与流通以及与此相适应的组织与管理方式的总称，是资本市场的主体。证券市场的监管应当坚持依法监管原则、保护投资者利益原则、"三公"原则、监督与自律相结合的原则。

【自测题】

【知识测试与实训操作】

一、名词解释

证券市场　主板　创业板　中小板　个人投资者　证券交易所
证券业协会　证券法　公司法　"三公"原则　注册制　内幕交易行为
集中型证券市场监管模式　股票价格指数　纳斯达克指数　上证综合指数
深证综合指数　上证 30 指数　深市基金指数

二、简答题

1．简述证券市场的结构。
2．简述证券市场的构成要素。
3．简述证券市场的形成基础。
4．简述我国证券市场的监管机构及手段。
5．简述证券市场的监管原则。
6．简述证券市场与一般商品市场的区别。
7．简述证券市场的功能与作用。
8．简述编制股票价格指数的步骤。
9．证券监管的目标和手段是什么？
10．证券市场监管的意义是什么？
11．证券市场最容易发生哪些欺诈行为？

三、计算题

1．有甲、乙、丙三种股票被选为样本股，基期价格分别为 3.20 元、4.00 元和 5.00 元，计算日价格分别为 6.40 元、6.40 元和 5.50 元。设基期指数为 100 点，请用平均法和综合法计算计算日股价指数。

2．某股价指数，按基期加权法编制，并以样本股的流通股数为权数。选取 A、B、C 三种股票为样本股，基期价格分别为 5.00 元、8.00 元、4.00 元，流通股数分别为 7 000 万股、9 000 万股、6 000 万股。某交易日，这三种股票的收盘价分别为 9.50 元、19.00 元、8.20 元。设基期指数为 1 000 点，则该交易日的加权股价指数是多少？

四、实训操作

通过互联网查找世界五大证券交易所（包括我国的证券交易所）的最新资料，在表 5.2 中填写其相关信息。

表 5.2　证券交易所资料

交易所名称	成立时间	组织形式	上市公司总数	上市证券总数	证券总市值（截至指定时间）	交易制度	开市时间

第六章

证券发行与流通

【学习目标与知识结构图】

1. 掌握证券发行市场与流通市场的概念，掌握证券发行的条件与过程。
2. 了解证券交易制度、证券公司及其相关业务。
3. 理解投资领域国家战略、中国强国之路的资本市场支持。

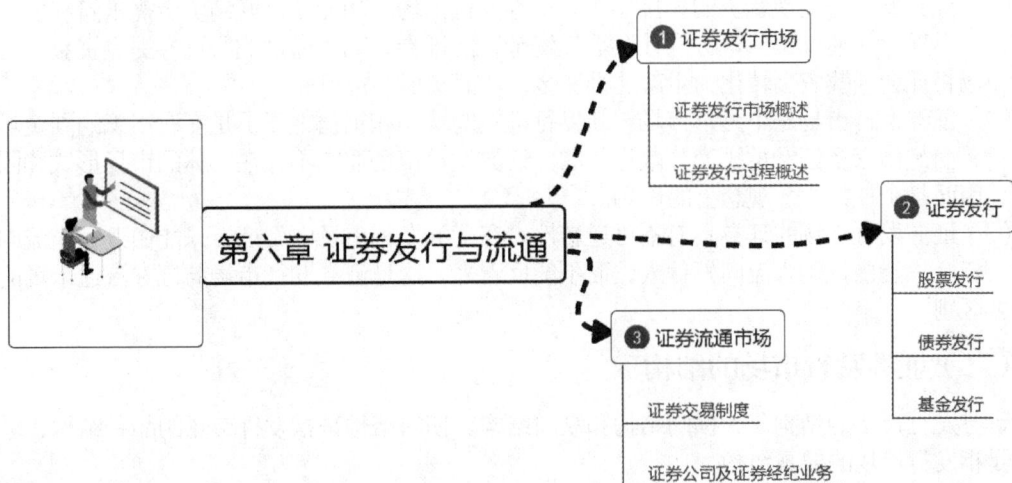

```
第六章 证券发行与流通
  ├─ ① 证券发行市场
  │      证券发行市场概述
  │      证券发行过程概述
  ├─ ② 证券发行
  │      股票发行
  │      债券发行
  │      基金发行
  └─ ③ 证券流通市场
         证券交易制度
         证券公司及证券经纪业务
```

【案例导入】

在掌握了证券市场的相关概念后，A了解到证券市场价格指数能反映证券的走势，清楚了证券的监管法律法规。于是他准备在证券公司开户，但听说新股申购是股市中风险最低且收益稳定的投资方式，经详细了解才知道新股申购在证券发行市场中进行，股票买卖在证券流通市场中进行。

在开户之前，A需要对证券发行与流通展开充分研究。

思考与讨论

（1）新股申购的规则有哪些？

（2）作为学生，能否参与新股申购？

第一节 证券发行市场

证券发行市场是证券发行人发行证券的市场。

一、证券发行市场概述

证券发行市场是证券进入流通领域的开端，是证券发行人向投资者出售证券的市场，也是实现资本职能转化的场所。证券发行市场一方面为资金的需求者提供筹集资金的场所；另一方面为资金的供给者提供投资获利的机会，通过新证券发行创造出新的金融投资品种，增加有价证券总量和社会投资总量。

（一）证券发行市场的特点

证券发行市场是整个证券市场的基础，其内容和发展决定着证券流通市场的内容和发展方向。证券发行市场的特点具体如下。

（1）证券发行是实现融资的直接形式。证券发行市场的功能就是联结资金需求者和资金供给者。证券发行人通过销售证券向社会募集资金，而证券认购人通过购买证券提供资金。证券发行市场将社会闲散资金转化为生产建设资金，从而实现融资目标。

（2）证券发行市场是个无形市场。新发行证券的认购和销售主要不是在有组织的固定场所内进行，而是由众多证券承销商分散进行的。证券发行市场通常不存在具体的市场形式和固定场所，因而是个抽象的、观念上的市场。

（3）证券发行市场的证券具有不可逆转性。在证券发行市场中，证券只能由发行人流向认购人，资金只能由认购人流向发行人，而不能反着来，这是证券发行市场与证券流通市场的一个重要区别。

（二）证券发行市场的结构

证券发行市场的结构分为横向结构和纵向结构。横向结构是指发行市场的品种结构，纵向结构是指发行市场的要素结构。

1. 证券发行市场的横向结构

证券发行市场主要由股票发行市场、债券发行市场和基金发行市场构成，这是按照所发行证券的品种划分的。

（1）股票发行市场。股票发行市场是新股票初次发行的市场。股份有限公司通过发行股票筹集公司的股本金，或者在营运过程中通过发行股票扩充公司的股本金。股票发行市场是将社会闲散资金转化成生产经营性资金的场所，而购买公开发行的股票是投资者在证券市场中最常用的投资方式。

（2）债券发行市场。债券发行市场是包括中央政府、地方政府、金融机构、企业等在内的各种债券发行人初次出售新债券的市场。

（3）基金发行市场。基金发行市场是基金管理人发行基金证券、募集基金资产的市场。开放式基金通常利用基金管理人及银行的柜台发行基金证券，封闭式基金通常利用证券交易系统发行基金收益凭证。

2. 证券发行市场的纵向结构

证券发行市场的纵向结构包括交易主体、客体、中介和证券监管机构等。

（1）交易主体包括证券发行人和投资人。证券发行人是指符合发行条件并且正在从事发行或者准备进行证券发行的政府组织、金融机构或者商业组织。它是构成证券发行的首要要素，是证券的供给者和资金的需求者。证券投资人是指根据发行人的招募邀约，已经认购证券或者将要认购证券的个人或社团组织，是资金的供给者和证券的需求者。投资人的构成较为复杂，既可以是个人，也可以是金融机构、基金组织、企业组织或其他机构等。

（2）客体即筹融资的载体，主要包括股票、债券、基金及其他证券化金融工具。

（3）中介主要是指促成证券发行人与投资人交易的证券承销商，通常为负担承销义务的投资银行、证券公司或信托投资公司。证券承销商在证券发行市场发挥着主导作用：在采用公募方式发行证券时，各国法律规定必须由证券专业机构承销；即使是采用私募方式发行证券，往往也需要获得中介机构的协助。证券发行首先是发行人与证券承销商之间进行某种交易，然后再在这一标准化交易条件确定的基础上，由证券承销商将标准化的证券分售给社会投资者。

（4）证券监管机构运用法律的、经济的和必要的行政手段对证券的发行进行审核、监督和管理，以维护证券发行市场的正常秩序和保护证券发行的公开、公平、公正。证券监管机构主要由政府监管机关和行业自律组织构成。

二、证券发行过程概述

证券发行是指证券发行人以筹集资金为目的，在证券发行市场采用同一条件依法向投资者出售证券的行为。

（一）证券发行方式

根据发行对象、发行主体和发行次数等的不同，证券发行可分为公募和私募、直接发行和间接发行、初次发行与增资发行三种方式。

1. 公募和私募

政府、金融机构、工商企业等在发行证券时，可以选择不同的投资者作为发行对象，由此将证券发行分为公募和私募两种形式。

（1）公募又称公开发行，是指发行人向不特定的社会公众发售证券。在公募情况下，所有合法的社会投资者都可以参加认购。公募以众多的投资者为发行对象，筹集资金潜力大，适用于证券发行数量较多、筹资额较大的发行人。公募投资者范围广，可避免证券被囤积或被少数人操纵。然而，公募也存在一些缺点，如发行程序比较复杂、登记核准所需时间较长、发行费用较高等。

（2）私募又称不公开发行或内部发行，是指面向少数特定的投资者发行证券。私募的对象也分为两类：一类是个人投资者，如公司老股东或发行机构自己的员工；另一类是机构投资者，如大的金融机构或与发行人有密切往来关系的企业等。私募的优势是发行手续简单，可以节省发行时间和费用；不足之处是投资者数目有限，一般不允许上市流通，从而不利于提高发行人的社会信誉。

视野拓展 证券发行与上市的区别

2. 直接发行和间接发行

按发行主体的不同，证券发行可分为直接发行和间接发行。

（1）直接发行，指证券发行人不委托其他机构，而是自己组织认购、进行销售，直接向投资者发行证券以筹措资金的行为。直接发行的特点有：发行量较小，筹资金额有限；社会影响面不大；不需要向社会公众提供有关资料；由于筹资主体自己办理发售，可以省去委托证券公司发行的手续费等费用；投资者大多是与发行人有业务往来的机构。直接发行也有明显的缺点：自己承担发行证券的责任和风险，得不到证券公司的帮助；若证券发售不成功，将影响资金的筹集及生产经营的顺利进行。

（2）间接发行又称委托代理发行，指证券发行人不直接参与证券的发行，而是委托给一家或几家证券承销机构承销证券的行为。证券承销机构一般为投资银行、证券公司、信托投资公司等。对发行人来说，间接发行虽然要支付一定的发行费用，但是可以享受证券承销机构提供的专业化服务，有利于提高发行人的知名度、缩短筹资时间、降低整体发行风险。公募大多采用间接发行方式。

间接发行又可分为包销发行、代理发行和承销发行三种。

包销发行是指证券发行单位与发行受托机构签订购买合同，由发行受托机构将所发行的证券全部买下，然后转售给社会上众多投资者的发行方式。

代理发行也称代销，是受托者只代理发行证券的单位发售证券的一种发行方式。发售到约定期时，发售方要将收入的资金连同未销出去的证券全部交还给证券发行人。代理发行适用于那些信誉好、知名度高的大中型企业，因为它们的证券容易为社会公众所接受，且发行成本低。

承销发行亦称促销发行或助销发行，是指证券发行的受托机构将在规定的发行期内未全部发行掉的剩余证券由自己收购的一种发行方式。这种发行方式的特点是：发行单位的筹资金额有保证，不会因发行额不足而发生筹资款不足的情况；证券发行风险由发行受托机构承担；社会影响大，有助于提高筹资主体的信誉；受托机构只能购买社会公众购买剩余的证券，而不得预留部分证券自行购买。这种发行方式的不足是手续费较高。

3. 初次发行和增资发行

（1）初次发行（IPO）又称为首次发行，是指新组建股份公司时或原非股份制公司改制为股份公司时，或原私人持股公司转为公众持股公司时，公司首次发行股票的行为。前两种情形又称为设立发行，后一种情形又称为首次公开发行。

（2）增资发行，是指随着公司的发展及业务的扩大，为达到增加资本金的目的而发行股票的行为。按取得股票是否缴纳股金，增资发行可分为以下三种。

有偿增资发行，是指股份公司通过增发股票吸收新股份的办法增资，而认购者必须按股票的某种发行价格支付现款方能获得股票的发行方式。

无偿增资发行，是指公司原股东不必缴纳现金就可以无代价地获得新股的发行方式，其发行对象仅限于原股东。

有偿和无偿混合增资发行，是指公司面向原股东发行股票，同时按一定比例进行有偿和无偿增资的发行方式。

（二）证券发行的审核

世界各国的证券发行都有严格的法律程序，其审核一般有注册制和核准制两种。

1. 注册制

注册制又称登记制，是指采用证券发行的公开原则，证券发行

课堂讨论

中国为什么要进行股票发行注册制改革？

人在准备发行证券时，必须将依法公开的各种资料，完全、准确地向证券主管机关呈报并申请注册；证券主管机关的职责是依据信息公开原则，对申报文件的全面性、真实性、准确性和及时性进行审查。至于证券发行人的营业性质、财力、素质及发展前景，证券发行数量与价格等实质条件均不作为发行的审核要件。

证券主管机关要针对证券发行行为及证券本身做出价值判断，申请人在将申报文件提交后，于法定期限内，主管机关若无异议，申请即自动生效。在注册制下，发行人的发行权无须由国家授予。

注册制最先起源于美国，我国的证券市场早期使用的是核准制，经过多年的注册制试点，2023 年开始实行全面注册制，监管层仅对发行文件做形式审核，监管干预空间小、审核效率高，大幅提高了资源配置效率，标志着我国资本市场真正进入市场化时代，有利于资本市场"筹资定价、资本配置"三大功能发挥。

2. 核准制

核准制又称特许制，是指发行人在发行新证券前，不仅要公开有关真实情况（真实披露），而且要遵守公司法或证券法中规定的若干实质条件的发行管理制度。此种发行监管制度遵循实质管理的原则，赋予监管部门决定权。

（三）路演及"绿鞋"制度

路演及"绿鞋"制度是证券发行过程中非常重要的环节和内容。

1. 路演

路演是指在马路上进行的演示活动。早期华尔街股票经纪人兜售手中的债券时，总要站在街头声嘶力竭地叫卖，这就是"路演"一词的由来。

在证券市场的发展过程中，路演作为一种商业惯例延续了下来，而且其内容更加丰富，成为证券发行不可缺少的环节。具体来说，路演就是融资者发行证券之前，在若干主要地点进行巡回推介，向潜在投资者展示证券的价值，以提高投资者的认知程度，并从中了解投资者的投资意向，发现投资需求和定位证券价值，确保证券得以成功发行的行为。与原始的路演不同，现代的证券路演通常在酒店和会场进行，而通信设施也成为路演的必备工具。随着电子商务手段在证券市场的应用和推广，证券发行逐步向互联网延伸。把证券路演的平台建立在互联网上，能够借助强大的网络功能优势，打破时空界限，使证券发行人和遍布全国乃至全世界的投资者之间进行更便捷、开放的信息交流。通过实时、开放、交互、快速的网上交流，融资者能够更全面地展示企业的运作情况，及时、深入地了解投资者的需求；投资者则可以更清晰地观察和了解招股公司的市场定位，准确地评估其投资价值。

2. "绿鞋"制度

"绿鞋"制度是"超额配售选择权"的俗称，也称为"绿鞋"期权，因 1963 年美国一家名为波士顿绿鞋制造公司首次公开发行股票时率先使用而得名。"绿鞋"制度是指发行人在与主承销商订立的承销协议中，给予主承销商一项期权，使其可以在股票上市之日起 30 天内，以发行价从发行人处额外购买不超过原发行数量 15%的股票。通常在股票发行承销协议中，承销商会与发行人约定一个不超过 30 天的价格稳定期。在价格稳定期内，为稳定股价，承销商有义务在市场上买入其承销的股票。稳定股价的主要手段是行使超额发售权，目的是为该股票的交易提供买方支撑，同时避免使主承销商承担过大的风险。

获得这项期权之后，主承销商可以（事实上总是）按原定发行量的115%销售股票。当股票十分抢手、发行后股价上扬时，主承销商将以发行价行使"绿鞋"期权，从发行人处购得超额的15%股票以冲掉自己超额发售的空头，并收取超额发售的费用，此时实际发行数量为原定数量的115%。当股票受到冷落、发行后股价下跌时，主承销商将不行使该项期权，而是从市场上购回超额发行的股票以支撑价格并对冲空头，此时实际发行数量与原定数量相等。由于此时市价低于发行价，主承销商这样做不会遭受损失。在实际操作中，超额发售的数量由发行人与主承销商协商确定，一般为5%～15%，而且该项期权可以部分行使。

第二节　证券发行

证券发行可分为股票发行、债券发行和基金发行。

一、股票发行

股票发行是公司新股票的出售过程。

（一）股票发行的目的

股票发行的目的主要有以下两种。

（1）为设立股份公司而发行股票。新股份公司的设立需要通过发行股票来筹集股东资本，以达到预定的资本规模，进而为公司开展经营活动提供必要的资金条件。股份公司的设立形式有两种：一种是发起设立，指由公司的发起人认购应发行的全部股份而设立公司；另一种是募集设立，指由公司的发起人认购应发行股份的一部分，其余部分向社会公众公开募集而设立公司。

（2）现有股份公司为改善经营而发行新股。发行新股的目的有以下几种：第一是增加投资，扩大经营；第二是调整公司财务结构，保持合理的资产负债比率，优化资本结构；第三是满足证券交易所的上市标准；第四是维护股东的直接利益，如配股、送股等。当然，发行新股还有其他目的，此处不再赘述。

> **微课堂**
> 新股申购

（二）首次公开发行股票注册的要求与步骤

依据《首次公开发行股票注册管理办法》（以下称该办法）、《证券发行与承销管理办法》《上市公司证券发行注册管理办法》等，在中华人民共和国境内首次公开发行并在上海证券交易所、深圳证券交易所（以下统称交易所）上市的股票的发行注册，应遵循以下规定。

> **课堂讨论**
> 你了解新股申购的新规与技巧吗？

1. 对发行人、保荐人、证券服务机构的要求

发行人申请首次公开发行股票并上市，应当符合相关板块定位，选择主板、中小板、创业板与科创板等。确保符合发行条件、上市条件以及相关信息披露要求，依法经交易所发行上市审核，并报中国证监会注册。

发行人应当诚实守信，依法充分披露投资者做出价值判断和投资决策所必需的信息，充分揭示当前及未来可预见的、对发行人构成重大不利影响的直接和间接风险，所披露信息必须真

实、准确、完整，简明清晰、通俗易懂，不得有虚假记载、误导性陈述或重大遗漏。应当按保荐人、证券服务机构要求，依法向其提供真实、准确、完整的财务会计资料和其他资料，配合相关机构开展尽职调查和其他相关工作。

保荐人应当诚实守信、勤勉尽责，按照依法制定的业务规则和行业自律规范的要求，充分了解发行人经营情况、风险和发展前景，以提高上市公司质量为导向，根据相关板块定位保荐项目，对注册申请文件和信息披露资料进行审慎核查，对发行人是否符合发行条件、上市条件独立做出专业判断，审慎做出推荐决定，并对招股说明书及其所出具的相关文件的真实性、准确性、完整性负责。

证券服务机构应当严格遵守法律法规、中国证监会制定的监管规则、业务规则和本行业公认的业务标准和道德规范，建立并保持有效的质量控制体系，保护投资者合法权益，审慎履行职责，做出专业判断与认定，保证所出具文件的真实性、准确性和完整性。证券服务机构及其执业人员从事证券服务应当配合中国证监会的监督管理，在规定的期限内提供、报送或披露相关资料、信息，并保证其提供、报送或披露的资料、信息真实、准确、完整，不得有虚假记载、误导性陈述或者重大遗漏。证券服务机构应当妥善保存客户委托文件、核查和验证资料、工作底稿以及与质量控制、内部管理、业务经营有关的信息和资料。

2. 首次公开发行股票的发行条件

（1）发行人是依法设立且持续经营 3 年以上的股份有限公司，具备健全且运行良好的组织机构，相关机构和人员能够依法履行职责。

（2）发行人会计基础工作规范，财务报表的编制和披露符合企业会计准则和相关信息披露规则的规定，在所有重大方面公允地反映了发行人的财务状况、经营成果和现金流量，最近 3 年财务会计报告由注册会计师出具无保留意见的审计报告。

（3）发行人业务完整，具有直接面向市场独立持续经营的能力。①资产完整，业务及人员、财务、机构独立，与控股股东、实际控制人及其控制的其他企业间不存在对发行人构成重大不利影响的同业竞争，不存在严重影响独立性或者显失公平的关联交易。②主营业务、控制权和管理团队稳定，首次公开发行股票并在主板上市的，最近 3 年内主营业务和董事、高级管理人员均没有发生重大不利变化；首次公开发行股票并在科创板、创业板上市的，最近 2 年内主营业务和董事、高级管理人员均没有发生重大不利变化；首次公开发行股票并在科创板上市的，核心技术人员应当稳定且最近 2 年内没有发生重大不利变化；发行人的股份权属清晰，不存在导致控制权可能变更的重大权属纠纷，首次公开发行股票并在主板上市的，最近 3 年实际控制人没有发生变更；首次公开发行股票并在科创板、创业板上市的，最近 2 年实际控制人没有发生变更。③不存在涉及主要资产、核心技术、商标等的重大权属纠纷，重大偿债风险、重大担保、诉讼、仲裁等或有事项，经营环境已经或者将要发生重大变化等对持续经营有重大不利影响的事项。

（4）发行人生产经营符合法律、行政法规的规定，符合国家产业政策。最近 3 年内，发行人及其控股股东、实际控制人不存在贪污、贿赂、侵占财产、挪用财产或者破坏社会主义市场经济秩序的刑事犯罪，不存在欺诈发行、重大信息披露违法或者其他涉及国家安全、公共安全、生态安全、生产安全、公众健康安全等领域的重大违法行为。

3. 首次公开发行股票注册的步骤

（1）发行人董事会应当依法就本次发行股票的具体方案、本次募集资金使用的可行性及其他必须明确的事项做出决议，并提请股东会批准。

（2）发行人股东会应当就本次发行股票做出决议，决议至少应当包括下列事项，本次公开发行股票的种类和数量；发行对象；定价方式；募集资金用途；发行前滚存利润的分配方案；决议的有效期；对董事会办理本次发行具体事宜的授权；其他必须明确的事项。

（3）发行人申请首次公开发行股票并上市，应当按照中国证监会有关规定制作注册申请文件，依法由保荐人保荐并向交易所申报。交易所收到注册申请文件，5个工作日内做出是否受理的决定。

（4）自注册申请文件申报之日起，发行人及其控股股东、实际控制人、董事、监事、高级管理人员，以及与本次股票公开发行并上市相关的保荐人、证券服务机构及相关责任人员，即承担相应法律责任，并承诺不得影响或干扰发行上市审核注册工作。

（5）注册申请文件受理后，未经中国证监会或者交易所同意，不得改动。发生重大事项的，发行人、保荐人、证券服务机构应当及时向交易所报告，并按要求更新注册申请文件和信息披露资料。

（6）交易所设立独立的审核部门，负责审核发行人公开发行并上市申请；设立科技创新咨询委员会或行业咨询专家库，负责为板块建设和发行上市审核提供专业咨询和政策建议；设立上市委员会，负责对审核部门出具的审核报告和发行人的申请文件提出审议意见。交易所主要通过向发行人提出审核问询、发行人回答问题方式开展审核工作，判断发行人是否符合发行条件、上市条件和信息披露要求，督促发行人完善信息披露内容。

（7）交易所按照规定的条件和程序，形成发行人是否符合发行条件和信息披露要求的审核意见。认为发行人符合发行条件和信息披露要求的，将审核意见、发行人注册申请文件及相关审核资料报中国证监会注册；认为发行人不符合发行条件或者信息披露要求的，做出终止发行上市审核决定。交易所审核过程中，发现重大敏感事项、重大无先例情况、重大舆情、重大违法线索的，应当及时向中国证监会请示报告，中国证监会及时明确意见。

（8）交易所应当自受理注册申请文件之日起在规定的时限内形成审核意见。发行人根据要求补充、修改注册申请文件，或者交易所按照规定对发行人实施现场检查，要求保荐人、证券服务机构对有关事项进行专项核查，并要求发行人补充、修改申请文件的时间不计算在内。

（9）交易所应当提高审核工作透明度，接受社会监督，公开下列事项：发行上市审核标准和程序等发行上市审核业务规则和相关业务细则；在审企业名单、企业基本情况及审核工作进度；发行上市审核问询及回复情况，但涉及国家秘密或者发行人商业秘密的除外；上市委员会会议的时间、参会委员名单、审议的发行人名单、审议结果及现场问询问题；对股票公开发行并上市相关主体采取的自律监管措施或者纪律处分；交易所规定的其他事项。

（10）中国证监会在交易所收到注册申请文件之日起，同步关注发行人是否符合国家产业政策和板块定位。

（11）中国证监会收到交易所审核意见及相关资料后，基于交易所审核意见，依法履行发行注册程序。在20个工作日内对发行人的注册申请做出予以注册或者不予注册的决定。

（12）中国证监会的予以注册决定，自做出之日起1年内有效，发行人应当在注册决定有效期内发行股票，发行时点由发行人自主选择。

（13）中国证监会做出予以注册决定后、发行人股票上市交易前，发行人应当及时更新信息披露文件内容，财务报表已过有效期的，发行人应当补充财务会计报告等文件；保荐人以及证券服务机构应当持续履行尽职调查职责；发生重大事项的，发行人、保荐人应当及时向交易所报告。

交易所应当对上述事项及时处理，发现发行人存在重大事项影响发行条件、上市条件的，应当出具明确意见并及时向中国证监会报告。

（14）中国证监会做出予以注册决定后、发行人股票上市交易前，发行人应当持续符合发行条件，发现可能影响本次发行的重大事项的，中国证监会可以要求发行人暂缓发行、上市；相关重大事项导致发行人不符合发行条件的，应当撤销注册。中国证监会撤销注册后，股票尚未发行的，发行人应当停止发行；股票已经发行尚未上市的，发行人应当按照发行价并加算银行同期存款利息返还股票持有人。

（15）交易所认为发行人不符合发行条件或者信息披露要求，做出终止发行上市审核决定，或者中国证监会做出不予注册决定的，自决定做出之日起6个月后，发行人可以再次提出公开发行股票并上市申请。

（16）中国证监会应当按规定公开股票发行注册行政许可事项相关的监管信息。

此外，交易所或者中国证监会应当对终止相应发行上市审核程序或者发行注册程序的情形做出规定。

4. 信息披露与监督管理和法律责任

发行人申请首次公开发行股票并上市，应当按照中国证监会制定的信息披露规则，编制并披露招股说明书，保证相关信息真实、准确、完整。信息披露内容应当简明清晰，通俗易懂，不得有虚假记载、误导性陈述或者重大遗漏。

中国证监会制定的信息披露规则是信息披露的最低要求。不论上述规则是否有明确规定，凡是投资者做出价值判断和投资决策所必需的信息，发行人均应当充分披露，内容应当真实、准确、完整。

（三）股票发行的价格

1. 影响公司股票发行价格的因素

一般而言，影响公司股票发行价格的因素主要有以下几项。

（1）净资产。国有企业依法改组设立的公司，发行人改制当年经评估确认的净资产折股股数可作为定价的重要参考。

（2）盈利水平。税后利润水平直接反映了一个公司的经营能力和上市时的价值，每股税后利润的高低直接关系着股票发行的价格。

（3）发展潜力。公司经营的增长率（特别是盈利的增长率）和盈利预测是影响股票发行价格的又一重要因素。在总股本和税后利润既定的前提下，公司的发展潜力越大，未来的盈利趋势越确定，市场所能接受的发行市盈率越高，股票发行价格也就越高。

（4）发行数量。一般情况下，若股票发行数量较多，为了保证销售期内能顺利地将股票全部出售，取得预定金额的资金，可适当将价格定低一些；若股票发行数量较少，考虑到供求关系，可将价格定高一些。

（5）行业特点。公司所处行业的发展前景会影响公众对本公司发展前景的预期。剔除不可比因素后，同行业已经上市公司的股票价格水平也会客观地反映本公司与其他公司相比的优劣程度。

（6）证券流通市场的环境。证券流通市场的股票价格水平直接关系着证券发行市场的股票发行价格。在制定发行价格时，要考虑到证券流通市场股票价格水平在发行期内的变动情况。同时，发行价格的确定还要有一定的前瞻性，以便给证券流通市场的运作留有适当的余地。

2. 股票发行的定价方法

股票发行的定价方法有以下四种。

（1）议价法。议价法是指股票发行人直接向股票承销商议定承销价格和公开发行价格。承销价格和公开发行价格的差额即为承销商的报酬。这种定价方法的依据主要是与同类上市公司进行比较。

（2）竞价法。竞价法是指股票发行人将其股票发行计划和招标文件向社会公众或股票承销商公告，供投资者或股票承销商根据各自拟定的标书，以投标方式相互竞争股票承销业务，中标标书中的价格就是股票的发行价格。

（3）市盈率法。市盈率又称"本益比"，是指股票市场价格与每股收益的比率。市盈率的表面含义是显示股价相当于每股净收益的倍数，深层含义是每股股票以现价购入收回投资的年限。新股发行时，可参考同类已上市公司的市盈率对股票进行定价。市盈率在一定程度上反映了投资者对公司增长潜力的认同，不仅中国股市如此，国外成熟的股票市场也同样如此。从这个角度来看，我们就不难理解为什么高科技板块的股票市盈率接近或超过100倍，而摩托车制造、钢铁行业的股票市盈率却只有20倍了。

（4）净资产倍率法。净资产倍率法又称"资产现值法"，是指通过资产评估和相关会计手段确定发行人拟募股资金的净现值和每股净资产，然后根据证券市场的状况用每股净资产值乘以一定的倍率或折扣，以此确定股票发行价格。

《证券发行与承销管理办法》规定，首次公开发行股票，可以通过询价的方式确定股票发行价格，也可以通过发行人与主承销商自主协商直接定价等其他合法可行的方式确定发行价格。发行人和主承销商应当在招股意向书（或招股说明书）和发行公告中披露本次发行证券的定价方式。

二、债券发行

债券发行是发行人以借贷资金为目的，依照法律规定的程序向投资人要约发行代表一定债权和兑付条件的债券的法律行为，是证券发行的重要形式之一。

（一）债券发行的目的

债券发行的目的多种多样。一般来说，中央政府和地方政府发行债券的目的主要是弥补财政赤字和扩大公共投资。金融机构发行债券的目的主要是扩大信贷规模。公司发行债券的目的主要有：筹集长期稳定的、低成本的资金；灵活地运用资金；使资金的使用时间与债券的期限保持一致，避免出现资金剩余或不足的现象，从而将风险转移给投资者，减小公司的压力和负担；转移通货膨胀的风险，因债券利息固定，即使出现通货膨胀一般也不会增加公司的压力和负担；维持对公司的控制权；满足公司采用多种方式筹集资金的需求，降低筹资风险。

（二）债券发行方式

债券发行方式主要有定向发售、承购包销、直接发售和招标发行等四种。

1. 定向发售

定向发售是指向商业银行、证券投资基金等金融机构及养老保险基金、各类社会保障基金等特定机构发行债券的方式。我国的国家重点建设债券、财政债券、特种债券等国债均采用定向发售方式。

2. 承购包销

承购包销是指发行人与由商业银行、证券公司等大型金融机构组成的承销团，通过协商条件签订包销合同，由承销团分销发行债券的方式。目前，我国的国债发行以国债一级自营商承购包销方式为主。

3. 直接发售

直接发售是指发行人通过代销方式在证券公司或银行柜台向投资者销售债券的方式。国外的储蓄债券通常采用这种方式。

4. 招标发行

招标发行是指财政部通过招标的方式来确定债券的承销商和发行条件的发行方式，具体包括以下三种。

（1）缴款期招标。缴款期招标包括两种：第一，以缴款期为标的的荷兰式招标，即以募满发行额为止的中标商的最迟缴款日期作为全体中标商的最终缴款日期，所有中标商的缴款日期是相同的。第二，以缴款期为标的的美国式招标，即以募满发行额为止的中标商的各自投标缴款日期作为中标商的最终缴款日期，各中标商的缴款日期是不同的。

（2）价格招标。价格招标包括两种：第一，以价格为标的的荷兰式招标，即以募满发行额为止的所有投标商的最低中标价格作为最后中标价格，全体投标商的中标价格是单一的。第二，以价格为标的的美国式招标，即以募满发行额为止的中标商的最低中标价格作为最后中标价格，各中标商的认购价格是不同的。

（3）收益率招标。收益率招标包括两种：第一，以收益率为标的的荷兰式招标，即以募满发行额为止的中标商的最高收益率作为全体中标商的最终收益率，所有中标商的认购成本是相同的。第二，以收益率为标的的美国式招标，即以募满发行额为止的中标商各个价位上的中标收益率作为中标商各自的最终收益率，每个中标商的加权平均收益率是不同的。

（三）债券发行价格

债券发行价格是指债券投资者认购新发行的债券时实际支付的价格，也是债券发行的重要条件。债券发行可以采用以下三种价格。

（1）票面价格发行，是指按与债券面额相等的价格发行公司债券。债券采用票面价格发行表明发行公司确定的债券票面利率和实际市场利率正好相等。

（2）溢价发行，是指按高于债券面额的价格发行公司债券。其原因是票面利率高于市场利率。由于债券的利息高于市场利息，以后发行公司要多付给债券购买者利息，所以溢价部分对发行公司多付息能起到补偿作用，同时也是对票面利息费用的一种调整。

（3）折价发行，是指按低于债券面额的价格发行公司债券。其原因是债券的票面利率低于市场利率。折价部分相当于债券发行者预付给债券投资者的一笔利息，从票面利率与市场利率的对比分析可知，发行公司和债券购买者都不吃亏。

选择不同的债券发行价格，可以使债券的票面利率同不断变化的市场利率基本保持平衡，从而对投资者的实际收益进行适当调整。

（四）债券发行的条件

债券是除股票外另一类重要的证券投资工具，其发行规模、数量和交易量都远超其他证券。《公司债券发行与交易管理办法》《证券法》等法规对债券发行条件做出以下规定。

1. 公开发行公司债券的条件

公开发行公司债券，应当符合下列条件：①具备健全且运行良好的组织机构；②最近3年平均可分配利润足以支付公司债券1年的利息；③国务院规定的其他条件。

公开发行公司债券筹集的资金，必须按照公司债券募集办法所列资金用途使用；改变资金用途，必须经债券持有人会议做出决议。公开发行公司债券筹集的资金，不得用于弥补亏损和非生产性支出。

存在下列情形之一的，不得再次公开发行公司债券：①对已公开发行的公司债券或者其他债务有违约或者延迟支付本息的事实，仍处于继续状态；②违反《证券法》规定，改变公开发行公司债券所募资金的用途。

2. 公开发行公司债券应提交的文件

申请公开发行公司债券，应向国务院授权的部门或者国务院证券监督管理机构报送下列文件：公司营业执照；公司章程；公司债券募集办法；国务院授权的部门或者国务院证券监督管理机构规定的其他文件；依照《证券法》规定聘请保荐人的，还应当报送保荐人出具的发行保荐书。

（五）债券发行的注册程序

《公司债券发行与交易管理办法》对公开发行债券的注册程序做出了以下规定。

（1）发行人公开发行公司债券，应当按照中国证监会有关规定制作注册申请文件，由发行人向证券交易所申报。证券交易所收到注册申请文件后，在5个工作日内做出是否受理的决定。

（2）自注册申请文件受理之日起，发行人及其控股股东、实际控制人、董事、监事、高级管理人员，以及与本次债券公开发行并上市相关的主承销商、证券服务机构及相关责任人员，即承担相应法律责任。

（3）注册申请文件受理后，未经中国证监会或者证券交易所同意，不得改动。发生重大事项的，发行人、主承销商、证券服务机构应当及时向证券交易所报告，并按要求更新注册申请文件和信息披露资料。

（4）证券交易所负责审核发行人公开发行公司债券并上市申请。证券交易所主要通过向发行人提出审核问询、发行人回答问题方式开展审核工作，判断发行人是否符合发行条件、上市条件和信息披露要求。

（5）证券交易所按照规定的条件和程序，提出审核意见。认为发行人符合发行条件和信息披露要求的，将审核意见、注册申请文件及相关审核资料报送中国证监会履行发行注册程序。认为发行人不符合发行条件或信息披露要求的，做出终止发行上市审核决定。

（6）证券交易所应当建立健全审核机制，强化质量控制，提高审核工作透明度，公开审核工作相关事项，接受社会监督。

（7）中国证监会收到证券交易所报送的审核意见、发行人注册申请文件及相关审核资料后，履行发行注册程序。中国证监会认为存在需要进一步说明或者落实事项的，可以问询或要求证券交易所进一步问询。中国证监会认为证券交易所的审核意见依据不充分的，可以退回证券交易所补充审核。

（8）证券交易所应当自受理注册申请文件之日起2个月内出具审核意见，中国证监会应当自证券交易所受理注册申请文件之日起3个月内做出同意注册或者不予注册的决定。发行人根据中国证监会、证券交易所要求补充、修改注册申请文件的时间不计算在内。

（9）公开发行公司债券，可以申请一次注册，分期发行。中国证监会同意注册的决定自做出之日起2年内有效，发行人应当在注册决定有效期内发行公司债券，并自主选择发行时点。公开发行公司债券的募集说明书自最后签署之日起6个月内有效。发行人应当及时更新债券募集说明书等公司债券发行文件，并在每期发行前报证券交易所备案。

非公开发行公司债券，承销机构或依照《公司债券发行与交易管理办法》第三十九条规定自行销售的发行人应当在每次发行完成后 5 个工作日内向中国证券业协会报备。

中国证券业协会在材料齐备时应当及时予以报备。报备不代表中国证券业协会实行合规性审查，不构成市场准入，也不豁免相关主体的违规责任。

三、基金发行

基金发行就是基金公司准备成立一只新基金，开始向广大投资者募集资金的行为。

1. 投资基金的发行

投资基金的发行是指投资基金管理公司在申请基金发行经有关部门批准之后，将基金受益凭证向个人投资者、机构投资者或社会推销的经济活动。基金发行主要有以下两种方式。

（1）基金管理公司自行发行（直接销售方式）。基金的直接销售方式是指投资基金的股份不通过任何专门的销售组织而直接面向投资者销售。这是最简单的发行方式。在这种发行方式下，投资基金的股份按净资产价值出售，出价与报价相同，即所谓的不收费基金。

（2）通过承销机构代发行（包销方式）。基金的包销方式是指投资基金的大部分股份通过经纪人即基金的承销人包销。我国的基金销售大部分采用这种方式，一般由银行和证券公司参与基金的分销业务。

不论基金管理人采用什么方式发行基金，都要在招募说明书中做出公告，使投资者能更充分地了解基金。

2. 投资基金的认购

投资基金的认购是指投资者对新发行基金的购买。封闭式基金主要采用网上定价认购的方式，如果在发行期内认购资金超过基金的发行规模，就采用"配号摇签"的方法来分配基金份额。开放式基金一般是由投资者带上证件和印章到基金管理公司或指定的承销机构，填写认购申请表，按所认购的份额缴纳价款和手续费，然后领取缴款收据。通常几天后，投资者就会收到领取基金受益凭证的通知，这时携带通知和缴款单到指定地点领取基金受益凭证，即完成基金申购。

第三节 证券流通市场

证券流通市场是指买卖已发行证券的市场，由证券交易所和场外交易市场组成。

证券交易是指证券持有人依照交易规则，将证券转让给其他投资者的行为。证券交易是一种已依法发行并经投资者认购证券的买卖，是一种具有财产价值的特定权利的买卖，也是一种标准化合同的买卖。

一、证券交易制度

目前，世界上的证券交易制度主要有委托经纪制度和做市商制度两种。

1. 委托经纪制度

委托经纪制度是指投资者依靠指令驱动机制，通过竞价配对达成交易的一种制度。具体而言，就是买卖双方将委托指令下达给各自的代理经纪人（证券交易所的会员），再由经纪人下达给交易所。在汇总所有交易委托的基础上，证券交易所的交易系统按照价格优先和时间优先的

原则撮合成交，完成交易。竞价配对方式可以是传统的公开喊价方式，也可以是计算机自动撮合方式。

在指令驱动机制下，证券交易价格是由买卖双方直接决定的，投资者交易的对象是不确定的其他投资者。买卖指令的流量是推动市场运行和价格形成的根本动力。

现在大部分主板市场都采用委托经纪制度，如我国沪、深两大证券交易所和四家期货交易所均采用此种交易制度。

2. 做市商制度

做市商制度是指在证券市场上，投资者需要借助做市商，依靠报价驱动机制达成交易的一种制度。

做市商是指由具备一定实力和信誉的证券经营机构作为特许交易商，成为某些证券买进和卖出的交易组织者。做市商会不断地向公众投资者报出某些特定证券的买卖价格，并在该价位上以其自有资金和证券与公众投资者进行交易。而买卖报价之间的差额扣除补偿所提供服务的成本费用，就是做市商的利润来源。

在做市商市场中，主要依靠报价驱动机制达成交易。做市商报出的是双向价格，即对同一只股票而言，做市商既报买入价，也报卖出价。也就是说，所有投资者的交易对手都是做市商。做市商报出价格后，就有义务接受投资者按此价格提出的买卖要求。换言之，做市商必须有足够的证券和资金，用来满足投资者买进或卖出证券的要求。

做市商制度的优点是能够保证证券市场的流动性，即投资者随时都可以按照做市商的报价买入或卖出证券，不会出现买卖双方不均衡（如只有买方或卖方）而无法交易的情形。但是，由于做市商的利润来自买卖报价之间的价差，所以在缺乏价格竞争的情况下，做市商可能会故意加大买卖价差，使投资者遭受损失。

做市商就是通过不断买卖来维持市场的流动性，满足公众投资者投资需求的。推行做市商制度的初衷一般都是提高证券交易的效率性、稳定性和流动性。美国的纳斯达克实行的就是做市商制度。

3. 两种交易制度的比较

委托经纪制度和做市商制度的区别主要如下。

（1）价格形成方式不同。委托经纪制度中证券的开盘价格与随后的交易价格均是通过竞价形成的，成交价格是在交易系统内部生成的。以我国证券市场为例，所有投资者的买卖指令都汇集到交易所的主机中，计算机自动让价格相同的买卖单成交，开盘价是在上午9点25分同时满足以下三个条件的基准价格：首先是成交量最大；其次是高于基准价格的买入申报和低于基准价格的卖出申报全部成交；最后是与基准价格相同的买方或卖方申报至少有一方全部成交。而做市商制度中证券的开盘价格和随后的交易价格是由做市商报出的，成交价格是从交易系统外部输入的。

（2）交易成本不同。在委托经纪市场中，证券价格是单一的，投资者的交易成本仅仅是付给经纪人的手续费。在做市商市场中，同时存在着买入价格与卖出价格两种市场报价，两者之间的价差就是做市商的利润，即做市商提供即时性服务索取的合理报酬。如此一来，投资者便被迫担负了额外的交易成本（即价差）。

（3）处理大额买卖指令的能力不同。采用委托经纪制度，大额买卖指令要等待交易对手的买卖盘，完成交易常常要等待较长时间。而采用做市商制度，能够有效处理大额买卖指令。

通过以上比较，读者可以发现两种机制均有优劣之处。从历史形成的渊源来看，完全的做市商制度在交易即时性、大宗交易能力以及价格稳定性方面具有优势，但在运作费用、透明性等方面存在劣势。值得说明的是，两种制度并不是对立和不相容的，而是在各自的发展过程中不断吸取对方的优点逐步走向融合的。例如，美国的纽约证券交易所（NYSE）作为一个竞价市场，引入了专家经纪人制度；而纳斯达克在1997年引入了电子交易系统后，价格决定已经由单纯的报价驱动走向报价与指令混合驱动。

二、证券公司及证券经纪业务

在证券市场上，经营和证券有关的投融资业务的金融机构，在美国一般称为投资银行，在中国、日本等亚洲国家则称为证券公司。证券公司的数量、规模、技术手段、服务质量以及监管效率等多方面因素，决定了证券流通市场的完善程度和交易水平的高低。

（一）证券公司

在我国，证券公司是指依照《公司法》《证券法》设立的经营证券业务的有限责任公司或者股份有限公司，主要分为证券登记结算公司和证券经营公司两种。

1. 证券登记结算公司

证券登记结算公司是专门从事为证券交易提供集中的登记、托管与结算服务，不以营利为目的的法人，是证券市场不可缺少的中介机构。

（1）证券登记。证券登记是指对所有交易的证券进行集中的登记，具体包括：第一，统一管理投资者证券账户，包括证券账户的开立、挂失、补发及修改开户资料；第二，上市证券的发行登记；第三，上市证券非流通股份的管理，包括股份的抵押、冻结及法人股、国家股权的协议转让过户；第四，股东名册的管理。

（2）证券托管。根据中国证监会的规定，凡申请在深圳证券交易所上市的公司必须在上市前到深圳证券登记有限公司托管其全部股份；凡申请在上海证券交易所上市的公司必须在上市前到上海证券中央登记结算公司托管其全部股份。

（3）证券结算。证券结算是指证券结算机构通过与证券交易所、清算银行和结算会员的联网，对达成股票买卖交易的，以净额结算方式完成证券和资金的收付。

集中结算服务包括以下内容：证券交易的清算过户；证券交易的资金交收；新股网上已发行的资金清算；配股的资金交收。

证券登记结算公司在证券交易中处于重要地位，其运转好坏、效率高低、稳定程度，对证券市场安全、高效、有序的运行有着极其重要的影响。设立证券登记结算公司必须经国务院证券监督管理机构的批准，否则任何单位都不得擅自成立。

2. 证券经营公司

狭义上的证券公司即指证券经营公司，俗称"券商"，是指具有证券交易所的会员资格，可以承销发行、自营买卖或自营兼代理买卖证券的证券公司。一般来说，普通投资人的证券投资都要通过证券经营公司来进行。按证券经营公司的功能，证券经营公司可分为证券经纪商、证券自营商、证券承销商以及集以上三种业务于一身的综合类证券经营公司。目前，我国大多数证券经营公司都具有从事综合类业务的资格。

证券经营公司的主要业务包括证券承销与保荐业务、证券经纪业务、证券自营业务、证券投资咨询业务及与证券交易、证券资产管理业务、融资融券业务等。

证券承销业务是指证券经营公司代理证券发行人发行证券的行为，发行人向不特定对象公开发行的证券，法律、行政法规规定应当由证券公司承销的，发行人应当同证券经营公司签订承销协议。证券经纪业务又称代理买卖证券业务，是指证券经营公司接受客户委托代客户买卖有价证券的业务活动。证券自营业务是指证券经营公司为本公司买卖证券、赚取差价并承担相应风险的业务活动。证券投资咨询业务是指证券经营公司及其相关业务人员运用各种有效信息，对证券市场或个别证券的未来走势进行分析预测，对投资证券的可行性进行分析评判，为投资者的投资决策提供分析、预测、建议等服务，倡导投资理念、传授投资技巧，引导投资者理性投资的业务活动。证券资产管理业务是指证券经营公司根据有关法律、法规和投资委托人的投资意愿，作为管理人，与委托人签订资产管理合同，用委托人委托的资产在证券市场上从事股票、债券等金融工具的组合投资，以实现委托资产收益最大化的行为。融资融券业务是指向客户出借资金供其买入上市证券或出借上市证券供其卖出，并收取担保物的经营活动。

（二）证券经纪业务

证券经纪业务是指证券公司通过其设立的证券营业部，接受客户委托，按照客户要求，代理客户买卖证券的业务。

在证券交易所市场，投资者买卖证券是不能直接进入证券交易所办理的，而必须通过证券交易所的会员来进行，即投资者只有通过经纪商才能在证券交易所买卖证券。经纪商利用其在证券交易所的会员资格，代理客户进行证券交易，不赚取买卖价差，只收取一定比例的佣金作为业务收入。

投资者委托经纪商进行证券交易，需要经历开户、委托、竞价、结算与过户等五个步骤，随着互联网技术的发展，投资者可以通过电脑端或手机端操作并完成整个证券投资过程。

1. 开户

投资者进行证券交易，首先要开立证券账户和资金账户。证券账户用来记载投资者所持有的证券种类、数量和相应的变动情况，资金账户则用来记载和反映投资者买卖证券的货币收付和结存数额。开立证券账户和资金账户后，投资者买卖证券所涉及的证券、资金变化就会在相应的账户中得到反映。例如，某投资者买入甲股票 1 000 股，包括股票价格和交易税费的总费用为 10 000 元，则投资者的证券账户上就会增加甲股票 1 000 股，资金账户上就会减少 10 000 元。

（1）开立证券账户。按照现行规定，投资者入市前应先到中国登记结算上海分公司或中国登记结算深圳分公司及其代理点（各证券公司）开立证券账户。此外，各证券公司大多都提供网上开户业务，更为方便。证券账户有不同的类型，有的根据投资者种类（如个人投资者和机构投资者）区分，有的根据投资品种（如股票、基金）区分。

（2）开立资金账户。在我国，投资者的资金账户一般在经纪商处开立。通过开立资金账户，投资者可以与经纪商建立委托代理关系，成为该证券经纪商的客户。目前，各证券公司已全面实施客户交易结算资金第三方存管，以保证客户资金的安全。

客户证券交易资金、证券交易买卖、证券交易结算托管三分离是国际上通用的规则，这种可以防范经纪商挪用投资者交易结算资金的行为，起到保护投资者利益的作用。

2. 委托

投资者向证券经纪商下达买进或卖出证券的指令，称为"委托"。

（1）委托。委托指令的基本要素包括：证券账号、日期、品种、买卖方向、数量、价格、时间、有效期、签名等。投资者可以选择柜台委托、自助委托、电话委托、热键委托、可视电话委托和网上交易委托等进行证券交易。

（2）委托的执行。证券经纪商接到投资者的委托指令后，首先要对投资者身份的真实性和合法性进行审查。经审查合格后，经纪商要将投资者委托指令的内容传送到证券交易所进行撮合。这一过程称为"委托的执行"，也称为"申报"或"报盘"。在现代电子化交易方式下，证券交易所往往通过交易系统主机接受申报并进行撮合配对成交。

（3）委托撤销。在委托未成交之前，委托人有权变更和撤销委托。

3. 竞价

（1）竞价原则。证券交易所交易系统主机接受申报后，按价格优先、时间优先的原则竞价成交。符合成交条件的予以成交，不符合成交条件的继续等待成交，超过委托时效的订单失效。

（2）竞价方式和竞价时间。目前，我国证券交易所采用集合竞价与连续竞价两种竞价方式。上海证券交易所规定：采用竞价方式交易的股票，每个交易日的 9:15—9:25 为开盘集合竞价时间；9:30—11:30 和 13:00—15:00 为连续竞价时间。深圳证券交易所规定：采用竞价方式交易的股票，每个交易日的 9:15—9:25 为开盘集合竞价时间；9:30—11:30 和 13:00—14:57 为连续竞价时间；14:57—15:00 为收盘集合竞价时间。

集合竞价，是指对规定的一段时间内接受相关的买卖申报一次性集中撮合成交的竞价方式。采用集合竞价方式的所有交易都以同一价格成交。集合竞价确定成交价的原则为：可实现最大成交量的价格、高于该价格的买入申报与低于该价格的卖出申报全部成交的价格、与该价格相同的买方或卖方至少有一方全部成交的价格。

连续竞价，是指对买卖申报逐笔连续撮合的竞价方式。在连续竞价阶段，将每一笔买卖委托输入计算机自动撮合系统后，系统会当即判断并进行不同的处理：能成交者予以成交，不能成交者等待机会成交，部分成交则让剩余部分继续等待。同时对股票价格实行涨跌幅限制，但是对首次公开发行上市的股票、增发上市的股票、暂停上市后恢复上市的股票首个交易日不实行价格涨跌幅限制。

（3）竞价结果。竞价结果有全部成交、部分成交和不成交三种。

4. 结算

证券交易成交后，在当日闭市后进行结算。证券结算包含清算和交收两个方面。首先需要对买方在资金方面的应付额和在证券方面的应收种类及数量进行计算，同时需要对卖方在资金方面的应收额和在证券方面的应付种类及数量进行计算。这一过程属于清算，包括资金清算和证券清算。待清算结束后，需要完成证券由卖方向买方转移和对应的资金由买方向卖方转移。这一过程属于交收。

在进行资金清算时，除了要计算买卖证券发生的资金流入和流出之间的差额外，还要一并扣除交易费用。交易费用是投资者在委托买卖证券时，需要支付的多项费用和税金，主要包括佣金、过户费和印花税。

（1）佣金是投资者在委托买卖证券成交后，按成交金额一定比例支付的费用。它是证券公司为客户提供证券代理买卖服务所收取的费用，由证券公司经纪佣金、证券交易所手续费、证券交易监管费组成。佣金的收取标准因交易品种、交易场所不同而有所差异。证券公司向客户收取的佣金不得高于证券交易金额的 0.3%，A 股与基金每笔交易佣金不足 5 元的按 5 元收取。

（2）过户费是委托买卖的股票、基金成交后，买卖双方为变更证券登记而支付的费用。当前，上海证券交易所 A 股的过户费为成交金额的 0.1%，起点为 1 元；B 股为成交金额的 0.05%。在深圳证券交易所，免收 A 股过户费；B 股的过户费为成交金额的 0.05%，最高不超过 500 港元。基金交易不收过户费。

（3）印花税是按国家税法的规定，在 A 股和 B 股成交后，对买卖双方投资者按照规定的税率分别征收的税金。在我国，印花税税率出现过多次调整。当前，证券交易印花税只对出让方按 0.05% 的税率征收。

5. 过户

对不记名证券而言，完成了清算和交收，证券交易过程即告结束。对记名证券而言，完成了清算和交收后，还要完成登记过户，证券交易过程才告结束。

（三）证券的其他业务

证券公司也称为"券商"，主要提供的业务包括证券自营业务、证券资产管理业务及融资融券业务等。

1. 证券自营业务

证券自营业务，是证券公司使用自有资金或者合法筹集的资金以自己的名义买卖证券获取利润的证券业务。从国际上看，证券公司的自营业务按交易场所分为场外（如柜台）自营买卖和场内（交易所）自营买卖。场外自营买卖是指证券公司通过柜台交易等方式，与客户直接洽谈成交的证券交易。场内自营买卖是证券公司自己通过集中交易场所（证券交易所）买卖证券的行为。我国的证券自营业务，一般是指场内自营买卖业务。

2. 证券资产管理业务

证券资产管理业务是指证券公司作为资产管理人，根据有关法律、法规和与投资者签订的资产管理合同，按照资产管理合同约定的方式、条件、要求和限制，为投资者提供证券及其他金融产品的投资管理服务，以实现资产收益最大化。

为规范证券公司客户资产管理活动，保护投资者的合法权益，维护证券市场秩序，根据《证券法》和其他相关法律、行政法规，中国证监会制定了《证券公司客户资产管理业务管理办法》为资产管理业务运作规范。

3. 融资融券业务

融资融券业务是指证券公司向客户出借资金供其买入证券或借出证券供其卖出证券的业务。由融资融券业务产生的证券交易称为融资融券交易。融资融券交易分为融资交易和融券交易两类，客户向证券公司借资金买证券叫融资交易，客户向证券公司借出证券卖出为融券交易。

为了规范证券公司融资融券业务活动，完善证券交易机制，防范证券公司的风险，保护证券投资者的合法权益和社会公共利益，促进证券市场平稳健康发展，中国证监会制定了《证券公司融资融券业务管理办法》为运作融资融券业务规范。

【案例】

证券史上的第一次股灾

股灾是指股市内在矛盾积累到一定程度时，由于受某个偶然因素影响，突然爆发的股价暴跌，从而引起社会经济巨大动荡，并造成巨大损失的异常现象。其表现为股票市值剧减，使注入股市的很大一部分资金化为乌有。股灾不同于一般的股市波动，也有别于一般的股市风险。股灾影响的不是一家证券公司和一家银行，而是一个国家乃至世界的经济；股灾会导致股市投资机会减少，促使资金外流，引发货币贬值，从多方面导致金融市场动荡，引发或加剧金融危机，加重经济衰退，使工商企业倒闭破产，并间接波及银行。

1715 年，为了摆脱国家财政危机，法国政府颁布了一系列措施，导致法国的独家纸币发行权、北美贸易垄断权、代理间接税权以及与此相配合的三家垄断机构——国家银行、密西西比公司和包税所都被约翰·劳控制。1718 年，密西西比公司以筹资开发金矿为由发行了 20 万股股票。约翰·劳采取各种方法大肆促销，并允许政府债券持有者用债券购买股票。由于债券市价不及其面值的一半，绝大多数持有人选择置换，从而掀起了抢购风潮。当时，整个法国甚至欧洲都加入了那次市场投机。股价连续上涨了 13 个月，涨幅一度达到发行价的 62 倍。

1720 年 7 月，投机狂潮终于接近尾声。密西西比公司为了替政府偿还债务，背上了沉重的包袱。泡沫的破灭使股市开始了崩溃式的连续下跌，创造了保持至今的高达 99%的世界股市最高跌幅纪录。由此，法国经济陷入长期大萧条。

从 1720 年世界第一次股灾发生算起，300 年来几乎每一个拥有股市的国家和地区都发生过股灾，有的还发生过不止一次。股灾对人类造成的经济损失，不亚于一次世界大战造成的经济损失。

思考与讨论：证券市场应怎样防范股灾？请谈谈你的看法。

【本章小结】

证券市场以证券发行和交易的方式实现了筹资与投资的对接，有效化解了资本的供求矛盾和资本结构调整的难题。证券发行市场是证券发行人向投资者出售证券的市场。证券流通市场是指买卖已发行证券的市场，由证券交易所市场和场外交易市场组成。

本章讲述了证券发行市场和证券流通市场的相关知识，重点内容是证券发行、证券公司和证券经纪业务。

【自测题】

【知识测试与实训操作】

一、名词解释

证券发行市场	公募	私募	直接发行	间接发行	包销发行
代理发行	承销发行	IPO	增资发行	注册制	核准制
路演	基金发行	证券公司	证券托管	证券登记	证券结算
开户	委托	竞价	佣金	过户	内幕交易

二、简答题

1. 简述证券发行市场的特征。
2. 简述交易所的特点和功能。
3. 简述我国上市公司发行股票的条件。
4. 简述我国股票的发行程序。
5. 根据《证券法》的要求，设立证券公司一般应具备哪些条件？
6. 简述证券公司开展融资融券业务需具备的条件。
7. 证券交易制度有哪两种？
8. 证券公司的主要业务有哪些？

三、实训操作

1. 在世界范围内找出五家重要的证券流通市场（包括我国的证券流通市场），将相关信息填入表 6.1。

表 6.1　证券流通市场资料

市场名称	建立时间	组织形式	上市公司总数	上市证券总数	证券总市值（截至指定时间）	交易制度	开市时间

2. 找出五只最近在我国证券市场发行的新股，将相关信息填入表 6.2。

表 6.2　新股资料

股票代码	股票简称	发行总数（万股）	网上发行（万股）	发行价格	首日收盘价	上市日期	中签率

第七章

证券投资分析

【学习目标与知识结构图】

1．了解证券投资分析、证券投资基本分析及技术分析的原理、基本内容。掌握有效市场假说的概念及有效市场假说对证券投资分析的意义。

2．掌握证券投资的正确理念。

3．培养运用马克思主义世界观与方法论解决中国实际问题的能力。

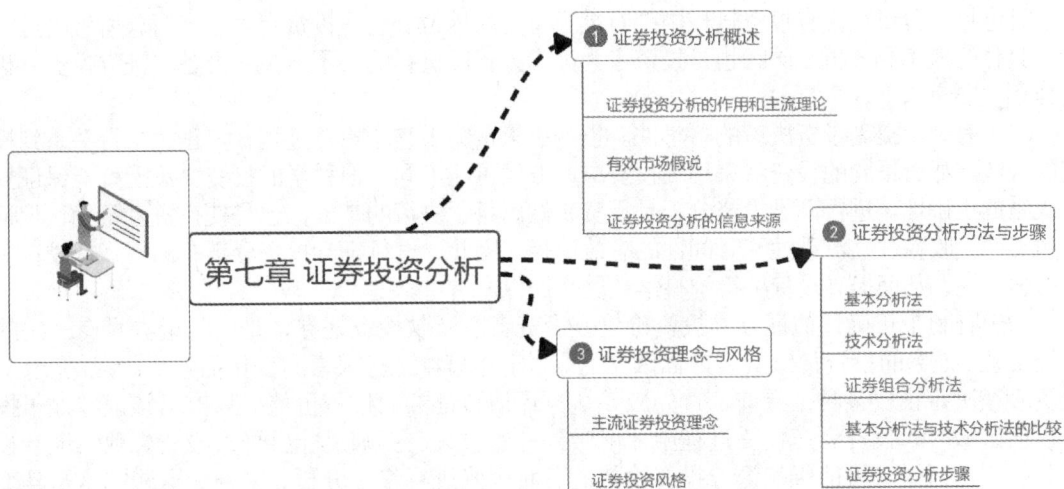

【案例导入】

面对证券价格的上下波动，A 感到忐忑不安。证券价格每天都在变化，可谓有涨有跌，那么证券价格波动有哪些规律呢？证券投资分析就是研究证券价格波动规律，主要包括基本分析和技术分析。基本分析侧重于分析证券的长期投资价值，技术分析侧重于分析证券价格的波动规律。

看来 A 还得好好了解证券投资分析，构建起正确的证券投资理念。

思考与讨论

（1）证券投资的基本分析和技术分析的区别和特点分别是什么？

（2）作为学生，怎么理解证券投资分析的重要性？

第一节　证券投资分析概述

证券投资分析是证券投资过程中不可缺少的重要环节，在证券投资中占有重要地位。证券投资市场是一个既有风险又有收益的市场，投资者要想回避风险，获得最大投资收益，就应该进行必要的证券投资分析，从中寻找风险小、回报大的投资时机。因此，证券投资分析是进行证券投资的依据和前提。

一、证券投资分析的作用和主流理论

证券投资分析是指人们通过各种专业的分析方法和分析手段，对来自各个渠道的、能够影响证券价值或价格的各种信息进行综合分析，并判断其对证券价格发生作用的方向和力度，以确定证券价值或价格变动的行为。

证券投资是以投资者承担相应的风险为代价而获得回报的。投资者在持有证券期间，预期回报率与所要承担的风险之间是一种正向的互动关系。预期回报率越高，投资者所要承担的风险就越大；预期回报率越低，投资者所要承担的风险就越小。

（一）证券投资分析的作用

证券投资分析在证券投资过程中占有相当重要的地位。它是投资者对投资对象所做的进一步、具体的考察和分析，同时也是投资者为证券投资所进行的必不可少的准备。证券投资分析的作用主要有以下几个方面。

（1）有利于提高投资决策的科学性。投资决策贯穿于整个投资过程，其正确与否关系到投资的成败。尽管不同的投资者采用的投资决策方法可能不同，但科学的投资决策无疑能保证投资决策的正确性。进行证券投资分析是投资者做出科学决策的基础，也是使投资者正确认识证券风险性、收益性、流动性和时间性的有效途径。因此，进行证券投资分析有利于降低投资决策的盲目性，从而提高投资决策的科学性。

（2）有利于正确评估证券的投资价值。投资者之所以投资证券，是因为证券具有一定的投资价值。证券的投资价值受多方面因素的影响，并随着这些因素的变化而发生相应的变化。投资者在决定投资某种证券前，首先应该认真评估该证券的投资价值。只有当该证券处于投资价值区域时，投资者在投资过程中才能做到有的放矢，否则可能会导致投资失败。证券投资分析正是通过对可能影响证券投资价值的各种因素进行综合分析，来判断这些因素及其变化可能会给证券投资价值带来的影响。因此，证券投资分析有利于投资者正确评估证券的投资价值。

（3）有利于降低投资者的投资风险。投资者进行证券投资是为了获得投资回报（预期收益），但这种回报是以承担相应风险为代价的。理性投资者通过证券投资分析来考察每一种证券的风险与收益特性，就可以较为准确地确定哪些证券风险较大、哪些证券风险较小，从而避免承担不必要的风险。从这个角度来讲，证券投资分析有利于降低投资者的投资风险。

（4）科学的证券投资分析是投资者投资成功的关键。进行证券投资的目的是实现证券投资净效用（即收益带来的正效用减去风险带来的负效用）的最大化。因此，在风险既定的条件下收益率最大化和在收益率既定的条件下风险最小化，是证券投资的两大具体目标。证券投资分析正是采用了基本分析和技术分析等证券投资分析方面专业的分析方法和分析手段，通过对影响投资回报率和风险的诸因素客观、全面和系统分析，揭示出其作用机制以及某些规律，用于指导投资决策，从而保证在降低投资风险的同时能获取较高的投资收益。

（二）主流的证券投资理论

视野拓展
证券投资分析的
主要流派

1. 凯恩斯选美理论

凯恩斯选美理论是由英国著名经济学家约翰·梅纳德·凯恩斯（John Maynard Keynes）创立的关于金融市场投资的理论。凯恩斯用选美理论来解释股价波动的机理，他认为金融投资如同选美，投资者买入自己认为最有价值的股票并非至关重要，而只有正确地预测其他投资者的可能动向，才能在投机市场中稳操胜券。同时，他还以类似于击鼓传花的游戏来形容股市投资中的风险。

2. 随机漫步理论

1965 年，奥斯本（Osborne）正式提出了随机漫步理论（Random Walk Theory）。他认为股票交易中买方与卖方同样聪明机智，现今的股价已基本反映了供求关系；股价的变化类似于化学中的分子布朗运动，具有随机漫步的特点，即其变动路径没有任何规律可循。因此，股价波动是不可预测的，根据技术图表预知未来股价走势的说法实际上是一派胡言。

3. 现代资产组合理论

1952 年，美国经济学家马科维茨（Markowitz）在其学术论文《资产选择：有效的多样化》中首次应用了资产组合报酬的均值和方差这两个数学概念，从数学的角度明确地定义了投资者偏好，并以数学化的方式解释了投资分散化原理，系统地阐述了资产组合和选择问题。这标志着现代资产组合理论（Modern Portfolio Theory，MPT）的开端。该理论认为，投资组合能降低非系统性风险，一个投资组合是由组成的各证券及其权重所确定的，因此选择不相关的证券应是构建投资组合的目标。该理论在传统投资回报的基础上第一次提出了风险的概念，认为风险是整个投资过程的重心，并提出了投资组合的优化方法。基于在金融经济学研究方面的贡献，马科维茨获得了 1990 年的诺贝尔经济学奖。

4. 有效市场假说

课堂讨论
为什么说有效市场假说是目前最具争议的投资理论之一？

有效市场假说（Efficient Markets Hypothesis，EMH）是由美国著名经济学家尤金·法玛（Eugene Fama）于 1970 年提出并深化的。该理论认为，在法律健全、功能良好、透明度高、竞争充分的股票市场，一切有价值的信息已经及时、准确、充分地反映在股价走势当中，包括企业当前和未来的价值，除非存在市场操纵行为，否则投资者不可能通过分析以往价格获得高于市场平均水平的超额利润。但有效市场假说有一个颇受质疑的前提假设，即参与市场的投资者有足够的理性，并且能够迅速地对所有市场信息做出合理反应。

有效市场假说是证券市场实证研究的热门课题，支持和反对的证据都很多，已成为目前最具争议的投资理论之一。

5. 行为金融学

1979 年，美国普林斯顿大学的心理学教授丹尼尔·卡尼曼（Daniel Kahneman）等人发表了一篇题为"期望理论：风险状态下的决策分析"的文章，建立起人类风险决策过程的心理学理论，成为行为金融学发展史上的一个里程碑。

行为金融学（Behavioral Finance，BF）是将金融学、心理学、人类学等有机结合的综合理论，力图揭示金融市场的非理性行为和决策规律。该理论认为，股票价格并非只由企业的内在价值决定，在很大程度上还受到投资者主体行为的影响，即投资者心理与行为对股票的价格决定及变动具有重大影响。

二、有效市场假说

在现代金融市场主流理论的基本框架中，有效市场假说占据着重要地位。

（一）有效市场假说概述

有效市场假说认为，在一个充满信息交流和信息竞争的社会中，一个特定的信息在金融市场上能够迅速被投资者知晓，随后金融市场的竞争会驱使金融产品价格充分且及时反映该信息，使得投资者根据该信息所进行的交易不能获得非正常报酬，而只能赚取风险调整的平均市场报酬。只要能充分反映现有的全部信息，且市场价格代表着证券的真实价值，这样的市场就称为有效市场。

有效市场假说表明，在有效市场中，投资者只能获得与其承担的风险相匹配的那部分正常收益，而不会获得高出风险补偿的超额收益。因而在有效市场中，公平原则得以充分体现，同时资源配置更为合理和高效。由此可见，不断提高市场效率无疑有利于证券市场的持续健康发展。

但是，市场达到有效应具备两个重要前提：其一，投资者必须具有对信息进行加工、分析，并据以正确判断证券价格变动的能力；其二，所有影响证券价格的信息都是自由流动的。因而，要想不断提高证券市场的效率，促进证券市场持续健康发展，还应做到：一方面，不断加强对投资者的教育，提高他们的分析决策能力；另一方面，不断完善信息披露制度，疏导信息的流动。

（二）有效市场的分类

与证券价格有关的信息非常广泛，既包括国内外的经济、政治、行业、公司等的所有公开可用的信息，也包括个人、群体所能得到的所有私人的、内部的信息。根据证券市场价格对不同信息的反映程度，有效市场假说将有效市场分为以下三类。

问与答

问：什么是对敲？

答：股票操纵者在多个营业部同时开户，通过拉锯方式在各账户之间报价交易，以达到操纵股价的目的。

1. 弱有效市场

有效市场假说认为，如果市场价格已充分反映出所有历史的证券交易信息，包括证券的成交价、成交量、卖空金额、融资金额等，则市场为弱有效市场。

在弱有效市场中，证券价格只能反映所有的历史交易信息，其未来走向与历史变化之间是相互独立的。同时，投资者无法依靠对证券价格变化的历史趋势进行分析（这种分析主要表现为对证券价格变化的技术分析）而发现的所谓证券价格变化规律来获取超额利润。对弱有效市场假说的大量实验检验表明，扣除交易成本后，市场基本上是弱有效的。

2. 半强有效市场

有效市场假说认为，如果价格能反映在所有已公开途径得到的公开信息，则市场为半强有效市场。这些信息包括公司经营管理状况、行业信息、相关的宏观信息及其他公开披露的信息等。

在半强有效市场中，证券价格不但完全反映了所有的历史交易信息，而且完全反映了所有的公开发布的信息。同时，各种信息一经公布，证券价格将迅速调整到其应有的水平，从而使得任何利用这些公开信息对证券价格的未来走势所做的预测对投资者来说都将失去指导意义，以致投资者无法利用对公开发布信息的分析（这种分析主要是指对证券的基本分析）来获取超额利润。

3. 强有效市场

有效市场假说认为，<u>如果证券价格完全反映了一切公开的和非公开的信息，投资者即使掌握内幕信息也无法获得额外收益，则市场为强有效市场。</u>

在强有效市场中，有关证券的任何信息一经产生就能得以及时公开，一经公开就能得到及时处理，进而在市场上得到反馈。可以说，信息的产生、公开、处理和反馈几乎是同步的。此外，有关信息的公开是真实的、处理是正确的、反馈是准确的。其结果是，在强有效市场中，每一位交易者都掌握了有关证券的所有信息，而且每一位交易者所占有的信息都是一样的、对该证券的价值判断都是一致的，并且都能将自己的投资方案不折不扣地付诸实施。因此，在强有效市场中，不存在不同投资者之间的信息不对称以及由此带来的证券价格波动，即证券价格反映了所有即时信息。

（三）有效市场假说对证券投资分析的意义

如果市场未达到弱有效，则当前的价格未完全反映历史交易信息，那么未来的价格变化将进一步对过去的交易信息做出反应。在这种情况下，人们可以利用技术分析从过去的交易信息中发现未来价格的某种变化趋势，从而在交易中获利。如果市场达到弱有效，则历史交易信息已完全反映在当前的价格中，那么未来的价格变化将与当前及历史交易信息无关。在这种情况下，人们试图使用技术分析从当前及历史交易信息发现未来价格趋势将是徒劳的。如果不使用历史交易序列以外的信息，明天的价格最好的预测值将是今天的价格。因此在弱有效市场中，技术分析将失效。

如果市场未达到半强有效，则当前的价格未完全反映公开信息，那么通过分析公开信息寻找错误定价就能增加收益。但如果市场达到半强有效，那么仅仅以公开资料为基础的分析将不能提供任何帮助。因为针对已公开的信息，目前的价格是合适的，未来的价格变化与已公开的信息毫无关系，其变化纯粹依赖于未来新的公开信息。对那些只依赖于已公开信息的人来说，明天才公开的信息，他今天是一无所知的，所以明天的价格最好的预测值也就是今天的价格。因此在这样的一个市场中，已公开的基本面信息无助于发现价格被高估或低估的证券，也就是说基于公开信息的基础分析毫无用处。

强有效市场中的信息既包括所有的公开信息，也包括所有的内幕信息，如企业内部高级管理人员所掌握的信息。如果强有效市场假说成立，上述所有的信息都已经完全反映在当前的价格之中，那么即便是掌握内幕信息的投资者也无法持续获取非正常收益。

三、证券投资分析的信息来源

信息在证券投资分析中有着十分重要的作用，是进行证券投资的基础。来自各种渠道的信息最终都会通过各种方式对证券价格产生作用，导致证券价格上升或下降，从而影响证券投资的回报率。一般来说，证券投资分析的信息主要来自以下四个渠道。

1. 公开渠道

公开渠道主要是指各种书刊、报纸、杂志、其他公开出版物以及电视、广播、网络等媒体。

对来自这一渠道的信息，可以按照不同的标准进行分类。

从信息涉及的内容范围来看，有关于世界政治经济形势的信息，某个国家政治经济形势的信息，某个地区经济政策方面的信息，某个行业发展状况、产业政策的信息，某个公司生产、销售、管理、财务、股票状况的信息，以及某款产品生产与销售状况的信息。

从信息发布的方式来看，有实时信息和历史信息两种形式。实时信息发布的是与市场同步的信息，如证券交易所发布的各种股票交易价格的信息；历史信息发布的是落后于市场的信息。

从信息发布的频度来看，有定期信息和不定期信息两种形式。定期信息又分为每天发布（如《中国证券报》《金融时报》《上海证券报》等报刊）、每周发布（如《证券市场周刊》等）、每月发布（如上海、深圳证券交易所统计月报等），以及双月、季度、半年（如上市公司中期报告）、年度（如上市公司年报）等多种形式的信息。

从信息的表现形式来看，有以文字表现的信息（大部分报纸、杂志、研究报告等印刷出版物都提供文字信息），以图形、图像表现的信息（实时性的股票交易行情接收分析系统和电视台等通常提供图形、图像信息），以数据表格表现的信息（实时性的交易行情接收系统和某些报纸、杂志提供的数据信息），以及以声音表现的信息（会议和广播电台都提供声音信息）。

通常来说，同一种信息可以同时以多种形式发布。在这些信息中，有些是可以无偿使用的（如政府部门发布的政策、上市公司的年度报告、中期报告等信息），有些则是有偿使用的。

随着计算机网络技术和远程通信技术的发展，投资者和证券投资分析人员也可以通过互联网直接阅读和提取所需要的境内外信息。

2. 商业渠道

公开渠道的信息种类繁多，提供的信息量极为庞大，于是某些商业机构便对各种信息进行筛选、分类，使用者在支付一定的费用后，就可以利用这些经过整理的信息，从而节省时间，大大提高工作效率。另外，还有一些包括会计公司、银行、资信评估机构、咨询机构、证券公司等在内的商业机构，也有专门的人员负责信息的收集、整理、分析工作，并撰写研究报告，以有偿的形式将其提供给使用者。

目前，一些投资咨询公司都提供投资信息数据库共享服务。这些公司把证券公司和研究机构提供的证券价格行情、基本面信息、公司财务报表等制成数据库存放在某个服务器上，这样投资者或证券投资分析人员不仅可以通过网络访问该服务器查看相关信息，还可以把所需信息下载到自己的计算机上，以便分析使用，避免做直接收集、整理和保存这些信息的大量工作，从而既提高了效率，又降低了成本。由于这是一个动态的数据库，所以分析人员随时都可以获得最新的信息。

3. 实地访查

实地访查也是获得证券投资分析信息的一个重要渠道。它是指证券投资分析人员直接前往有关的上市公司、证券交易所、政府部门等机构，以实地了解进行证券分析所需的信息。由于在证券投资分析过程中需要用到各种各样的信息，有些信息可以通过公开渠道或者计算机网络获得，有些信息则无法通过公开渠道获得，或者通过公开渠道所获得信息的完整性、客观性值得怀疑，所以就可以通过实地访查进行核实。通过实地访查获取信息的做法，具有较强的针对性，同时信息的真实性也有相当的保障。但是，这种做法花费的时间、精力都比较多，成本也比较高，而且具有一定的难度。因此，通常将这种做法作为前面两个信息来源的补充。

4. 其他渠道

对某些投资者来说，家庭成员、朋友、邻居等也是重要的信息来源渠道。

信息的收集、分类、整理和保存是进行证券投资分析的基础性工作，也是进行证券投资分析的起点。分析人员最终提供的分析结论的准确性，除了取决于采用的分析方法和分析手段外，更重要的是取决于所占有信息的广度和深度。

第二节　证券投资分析方法与步骤

证券投资分析有三个基本要素，即信息、步骤和方法。其中，证券投资分析的方法直接决定着证券投资分析的质量。

目前，进行证券投资分析所采用的方法可分为三大类：第一类是基本分析法，即主要根据经济学、金融学、投资学等的基本原理推导出结论的分析方法；第二类是技术分析法，即主要根据证券市场自身变化规律得出结论的分析方法；第三类是证券组合分析法。证券组合分析法的运用与基本分析法和技术分析法并非完全割裂，但在对个别投资对象的研究上有所区别，证券组合分析法以多元化证券组合能有效降低非系统性风险为出发点，且随着自身的不断发展，开始充分利用数量化方法。

一、基本分析法

（一）基本分析法的概念

基本分析法又称基本面分析，是指证券投资分析人员根据经济学、金融学、财务管理学及投资学的基本原理，对决定证券价值及价格的基本要素，如宏观经济指标、经济政策走势、行业发展状况、产品市场状况、公司销售和财务状况等进行分析，评估证券的投资价值，判断证券的合理价位，提出相应的投资建议的分析方法。

基本分析法的优点主要是能够比较全面地把握证券价格的基本走势，应用起来也相对简单。缺点主要是预测的时间跨度相对较长，对短线投资者的指导作用比较小；同时，预测的精确度相对较低。因此，基本分析法主要适用于周期相对较长的证券价格预测、相对成熟的证券市场以及预测精确度要求不高的领域。

（二）基本分析法的理论基础

证券投资基本分析法的理论基础主要来自下列学科。

（1）经济学。经济学包括宏观经济学和微观经济学两个方面。经济学所揭示的各经济主体、各经济变量（如国内生产总值、经济增长速度、物价指数、投资规模等）之间的关系和原理，为探索经济变量与证券价格之间的关系提供了理论基础。

（2）财政金融学。财政金融政策直接影响着一个国家的证券市场。财政金融学所揭示的财政政策指标（如政府支出、税率、财政赤字、政府债务规模）及货币政策指标（如货币供给、利率水平、汇率水平、贷款规模与结构等）之间的关系和原理，为探索财政政策和货币政策与证券价格之间的关系提供了理论基础。

（3）财务管理学。财务管理学所揭示的企业财务指标之间的关系和原理，为探索企业财务指标与证券价格之间的关系提供了理论基础。

（4）投资学。投资学所揭示的投资价值、投资风险、投资回报率等因素之间的关系和原理，为探索这些因素对证券价格的作用提供了理论基础。

（三）基本分析法的内容

基本分析法包括三个层次的内容，即宏观经济分析、行业分析和公司分析。

1. 宏观经济分析

宏观经济分析主要探讨各经济指标和经济政策对证券价格的影响。经济指标可分为以下三类。

（1）先行性指标（超前指标）。这类指标可以为将来的经济状况提供预示性信息，先于证券价格的变化而出现（如利率水平、货币供给、消费者预期、主要生产资料价格、企业投资规模等）。

（2）同步性指标（吻合性指标）。这类指标的变化基本上与总体经济活动的转变同步（如个人收入、企业工资支出、国内生产总值、社会商品销售额等）。

（3）滞后性指标。这类指标的变化一般滞后于国民经济的变化（如失业率、库存量、银行未收回贷款规模等）。经济政策主要包括货币政策、财政政策、信贷政策、债务政策、税收政策、利率与汇率政策、产业政策、收入分配政策等。

2. 行业分析

行业分析是介于宏观经济分析与公司分析之间的中观层次的分析，主要分析行业所属的不同市场类型、所处的不同生命周期以及行业的业绩对证券价格的影响。可以说，行业的发展状况对该行业上市公司的影响巨大。从某种意义上说，投资某个上市公司，实际上就是以某个行业为投资对象。

3. 公司分析

公司分析是基本分析法的重点内容，无论什么样的分析报告，最终都要落脚到某个公司证券价格的走势上。如果对发行证券的公司状况没有进行全面的分析，就不可能准确地预测其证券的价格走势。

二、技术分析法

技术分析法是证券投资分析的重要方法，由众多证券投资者从进行证券投资的实践中总结而来，且经过了无数次验证。技术分析法有助于提高证券投资者的判断能力，使投资者准确预测市场未来发展的变化趋势，避免出现明显的错误。对技术分析法的掌握和运用程度，有时会直接影响投资者的切身利益。

（一）技术分析法的概念

技术分析法是相对于基本分析法而言的，是指仅通过证券的市场行为分析证券价格未来变化趋势的方法。证券的市场行为有多种表现形式，其中，证券的市场价格、成交量、价和量的变化以及完成这些变化所经历的时间是最基本的表现形式。

技术分析法是以市场价格、交易量等历史信息为基础，根据市场本身的变动情况，利用统计学原理，对市场未来的价格变化趋势进行预测的研究活动。技术分析法凭借图表和各种指标来解释、预测市场的未来走势，强调心理因素对证券价格走势的影响。当采用技术分析法做买卖决策的时候，投资者不需要花费时间、精力进行谨慎周密的宏观分析和行业、公司研究，甚至无须知道公司的名称。投资者只要坐在计算机前研究该证券的价格走势和价格变化所表现出来的各种指标及图表，就能够从中把握买卖证券的时机。

（二）技术分析法的假设前提

技术分析法和基本分析法完全不同，基本分析法所使用的信息都已经反映在股票价格和交易量的变化中了，而技术分析法则是依靠过去和现在的市场行为预测价格未来走向。技术分析法自产生以来，虽然它也运用了统计学和心理学的一些成果，但依旧带有浓厚的经验主义色彩，缺乏一定的理论基础。随着技术的不断普及和研究的不断深入，该方法得到了充实、完善和发展，并逐步形成了一套颇为复杂的体系，使人们对其的理解也不再肤浅和直观。其实，技术分析法也有它赖以生存的理论基础，概括起来主要包括以下三个假设前提。

（1）市场行为涵盖一切信息。这个假设是技术分析法的基础，它认为影响股票价格的所有因素，包括经济的、政治的、心理的或其他方面的都会反映在价格上。价格的变化必定会反映供求关系：供大于求时，价格下跌；供不应求时，价格上涨。因此，技术分析法的理论基础是没有必要过度关注影响股票价格因素的具体内容，只需研究价格的变化。如果不承认这一点，采用技术分析法所得出的任何结论都是无效的。技术分析法通过市场行为预测未来，假如市场行为没有包括所有影响股票价格的因素，即影响股票价格的因素只是局部而非全部的，这样的结论当然没有说服力。所以，这个假设有一定的合理性。任何一个因素对股票市场的影响最终都会体现在股票价格的变化上，不能反映价格变化的信息就不是影响因素。技术分析者使用的图表等工具实际上已经描述了市场参与者的行为，分析者只是通过研究价格图表及大量辅助指标，让市场反映其最可能的走势，从而把握市场的未来趋势，这并不是他们的主观臆测。

> **课堂讨论**
> 如何理解"市场行为涵盖一切信息"？

（2）价格沿一定的趋势变化。这个假设是采用技术分析法最根本、最核心的因素。它借用了牛顿第一运动定律，即运动中的物体在没有受到外力作用的情况下，会保持原来的运动方向。同样，股票价格也有保持原方向的惯性，即它会以某种走势存在，并按照一定的方向前进，直至受到外界影响。在市场力量没有产生根本性、质变逆转的时候，投资者绝不要轻言趋势已经结束，并盲目断言市场的顶部和底部，从而进行逆势操作。这正是技术派投资专家最为看重的投资原则（顺势而为）的科学理论依据。"趋势"一词是技术分析的基石，技术分析者认为股票价格的变动是按照一定规律进行的，即市场有趋势可循，并且这种趋势具有惯性。否认这一规律，即认为股票价格在没有受到外部因素影响的情况下依然会改变原来的变动方向，这样技术分析法就没有了立根之本。只有承认这一规律，才能正确运用技术分析法，研究价格图表，从而识别趋势的发展形态，以便顺应趋势进行投资。

（3）历史会重演。这个假设是从人们的心理因素方面考虑的，反映了市场参与者的心理。对市场的研究实际上就是对人的研究，因为在市场中进行交易的是人，而决定最后操作行为的也是人。人不是机器，必定会受到心理因素的影响。由于人类的心理行为模式具有遗传性特征，因此在市场具备相似情况和波动态势时，投资者便倾向于拥有相同的心理和采取相同的行为进行应对，从而使市场的各种现象表现出与历史现象类似的重演特征。同时，市场运动具有的客观周期性也是历史会重演的表面化特征。这里的历史重演不是指历史现象的简单重演，而是指历史规律和历史本质不断地反复作用。技术分析者认为，市场与人类心理学密切相关。在实际操作中，技术分析者往往会把人们的心理、行为和投资环境特征与历史上类似的情况和市场走势联系起来进行分析和比较，从中找出规律，以预测市场未来的价格趋势。

微课堂
量价关系

在上述三个假设前提下，技术分析法有了自己的理论基础。第一个假设肯定了研究市场行为就是全面考虑股票市场，第二个和第三个假设使人们能够找到规律并应用于实践当中。但是，这三个假设前提也有其不合理的地方。第一个假设认为市场行为包含了全部信息，且市场行为反映的信息只体现在价格变动中，但原始信息是有差异的，损失信息也就是必然的。因此在进行技术分析时，还应该适当进行一些基本分析，以弥补技术分析的不足。第二个假设认为股票价格呈趋势变化，实际上，证券市场中的价格变动常常被认为最没有规律可循，股票价格沿某个方向波动时间过长，就会增加反方向的力量，从而使本假设受到冲击。此外，价格变动受到许多因素的影响，有些是人们根本料想不到的，这也使价格的波动表现出无规律特征。在使用第三个假设时，应该注意股票市场变化无常，不可能有完全相同的情况出现，过去已知的结果只能作为预测未来的参考。尽管如此，我们仍不能完全否定这三个假设前提存在的合理性。我们必须承认它们的存在，并注意到它们的不足。

（三）技术分析法的四要素

在股票市场中，价格、成交量、时间和空间，即价、量、时、空是技术分析法的四要素。弄清这四要素的具体含义和相互关系，是正确进行技术分析的基础。

视野拓展
技术分析须掌握的四大要素

1. 价格和成交量

市场行为最基本的表现是价格和成交量。某个时间的价格和成交量反映的是买卖双方在这个时间共同的市场行为，是双方力量暂时的均衡点。随着时间的变化，均衡会不断地发生变化，这就是量价关系的变化。一般来说，买卖双方对价格的认同程度通过成交量的大小得到确认。认同程度低，分歧大，成交量就大；认同程度高，分歧小，成交量就小。价格和成交量的关系具体如下。

（1）成交量是推动股价上涨的原动力。在牛市中，股价上涨常常伴随着成交量的放大，股价回调则成交量随即减小。在熊市中，股价下跌时会出现恐慌性抛售，成交量会显著放大；股价反弹时投资者对后市仍有疑虑，成交量并不会放大。

（2）量价背离是市场逆转的信号。量价关系是指股价与成交量的配合，主要表现为价升量增、价跌量减，天量天价、地量地价等。当量价关系不配合时，主要表现为价升量减、价跌量增等，也就是股价与成交量不成正比关系变化。这种量价背离的现象说明价格的变动得不到成交量的配合，而价格的变动趋势难以持久常常是市场趋势逆转的征兆。股票的量价关系如图7.1所示。

（3）成交密集区对股价运动有阻力作用。技术分析者认为如果在一个价格区间沉积了巨大的成交量，当股价突破这个区间向上运动时，势必会有很多投资者因获利而抛售，股价上涨受到阻力。相反，当股价突破这个区间向下运动时，大多数股票持有人不愿意以低于买进时的价位抛售而蒙受损失，结果大批股票被锁定导致卖方的力量被削弱，股价下行受到阻力。成交越密集，阻力作用越大，因而成交密集区成为股价相对稳定的均衡区域，如图7.2所示。

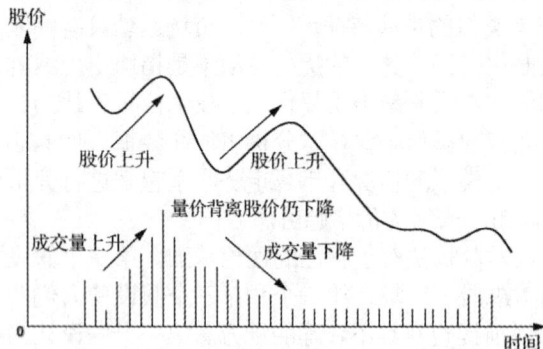

图 7.1　股票的量价关系

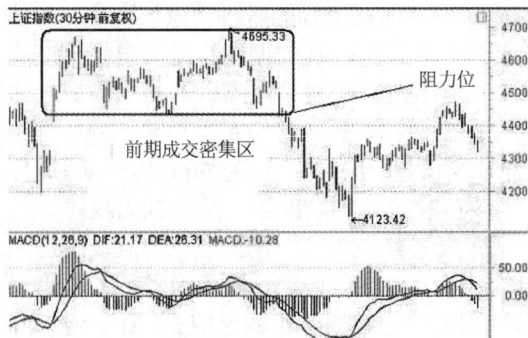

图 7.2　成交密集区

（4）成交量放大是判断突破有效性的重要依据。股价进入成交密集区，除非买卖双方力量发生了明显的倾斜，否则很难克服成交密集区的阻力导致的股价上涨或下跌。因此，有效突破必然伴随着成交量的放大，否则就说明买卖力量的均势没有被打破，股价的变动不能确认为有效突破。

2. 时间和空间

在技术分析中，时间是指完成某个过程所经过的时间长短，通常指一个波段或一个升降周期所经过的时间；空间是指价格的升降所能达到的程度。时间指出"价格有可能在何时出现上升或下降"；空间指出"价格有可能上升或下降到什么位置"。

时间体现了市场潜在的能量由小变大再变小的过程，而空间反映的是每次市场发生变动程度的高低，体现了市场潜在的上升或下降的能量的大小。上升或下降的幅度越大，潜在的能量就越大；相反，上升或下降的幅度越小，潜在的能量就越小。

一般来说，对于时间长的周期，今后价格变动的空间也应该较大；对于时间短的周期，今后价格变动的空间也应该较小。时间长、波动空间大的过程，对今后价格趋势的影响和预测作用也大；时间短、波动空间小的过程，对今后价格趋势的影响和预测作用也小。

（四）技术分析法的内容

技术分析法的内容就是市场行为的内容。可以将技术分析法粗略划分为指标、切线、形态、K线和波浪五个流派。

（1）指标，是建立一个数学模型，给出数学上的计算公式，得到一个体现股票市场某个方面的实质数字，这个数字叫指标值。目前，证券市场上的各种技术指标数不胜数。例如，相对强弱指标（RSI）、随机指标（KDJ）、趋向指标（DMI）、指数平滑异同移动平均线（MACD）、能量潮（OBV）、心理线、乖离率等。这些都是很著名的技术指标，在股市应用中可谓长盛不衰；而且随着时间的推移，新的技术指标仍在不断涌现。

（2）切线，是按一定的方法和原则，在根据股票价格的数据绘制的图表中画出一些直线，然后根据这些直线的情况推测股票价格的未来趋势。切线主要起着支撑和压力的作用。目前，画切线的方法有很多种，著名的有趋势线、通道线等，其他还有黄金分割线、甘氏线、角度线等。

（3）形态，是根据价格图表中过去一段时间走过的轨迹形态预测股票价格未来趋势的方法。著名的形态有M头、W底、头肩顶、头肩底等。

（4）K线，其研究手法是侧重于若干天K线的组合情况，推测股票市场多空双方力量的对比，进而判断股票市场多空双方谁占优势。K线图是进行各种技术分析最重要的图表。

（5）波浪，其思想为股价趋势是大众群体心理的反映，虽然人的心理活动千变万化，难以捉摸，但大众群体合理活动的总体效应却呈现出某种规则。这种总体效应反映在市场上，就形成了价格的波动。通过将数学与图表相结合来分析这种规则，并把握市场的变化，做出正确的投资决策。

课堂讨论

技术分析法的四大要素分别是什么？它们为什么那么重要？

三、证券组合分析法

证券组合分析法是根据投资者对收益率和风险的共同偏好以及投资者的个人偏好确定投资者的最优证券组合并进行组合管理的方法。

（1）证券组合分析法的理论基础。对传统的证券组合管理理论而言，通过多元化证券组合来有效降低非系统性风险是证券组合分析的理论基础。马科维茨的均值-方差模型是证券组合分析法首要的理论基础，夏普的单因素模型、多因素模型和夏普、林特尔、莫辛的资本资产定价模型（CAPM）以及罗斯的套利定价模型则进一步扩充了该方法在实践运用中的理论基础。

（2）证券组合分析法的内容。根据证券组合管理理论进行投资，首先，基于历史数据计算出所考虑的每一只证券的预期收益率和方差；其次，用线性规划法或其他方法确定有效组合；最后，根据投资者的无差异曲线确定投资者最满意的证券组合。

四、基本分析法与技术分析法的比较

基本分析法的目的是判断股票当前价位是否合理并描绘出其长远的发展空间，而技术分析法主要是预测短期内股价涨跌的趋势。通过基本分析法我们可以了解应购买何种股票，而通过技术分析法我们可以把握购买股票的具体时机。

（一）基本分析法的优点与缺点

基本分析法着重于对一般经济状况以及各个公司的经营管理状况、行业动态等因素进行分析，以此来研究股票的价值、衡量股价的高低。

1. 基本分析法的优点

基本分析法具有信息数据的稳定性。基本分析法几乎涵盖了整个国民经济的宏观与微观数据信息，如此浩瀚复杂的数据信息的搜集难度却相对较低，只要杜绝小道消息和传言，从正规渠道发布信息，就有利于信息数据的搜集与传播，也有利于资料的长期保存、去粗取精与加工整理，从而清晰地反映出规律性的内容，其分析结果就更具说服力和科学性。

2. 基本分析法的缺点

（1）信息成本相对较高。信息搜集难度不高，但是其获取、整理、归类和分析的成本不低。投资者为获得第一手资料而进行的长途跋涉，对大量无用、虚假甚至有害信息的剔除，以及信息使用边际效应的递减都会提高信息成本。

（2）信息的时滞效应。人们通过各种渠道搜集信息，不管是第一手资料，还是第二手资料，都要对其进行筛选、整理和加工，这些都需要时间，因而会产生内部时滞效应，其长短根据分析人员的数量、素质和分析方法的不同会发生相应变化。这种内部时滞效应越小，投资者得到的帮助就越大。从采用分析结果到投资获利，又称外部时滞效应，其长短受众多不确定因素的制约，投资者是无法加以改变的。信息的时滞效应会影响投资者入市的时间和投资的效果，且对投资者的素质要求较高。基本分析法要求分析人员具备较高的文化素养及对政治经济的全面关心和了解，掌握相当的基础理论知识并拥有较丰富的社会经验。

（二）技术分析法的优点与缺点

技术分析法只关心证券市场本身的变化，而不考虑会对其产生某种影响的经济方面、政治方面等各种外部因素。

1. 技术分析法的优点

技术分析法的工具随手可得，利用计算机软件即可对证券资料的数据进行处理。技术分析法所采用的图表和公式，它们经长期的实践修正，具有相当的稳定性和明显的规律性，不会因使用者不同而发生变化，其结论是具体、客观的图形与指标。技术分析法的止损方式还可将投资的损失限制在一定的范围内，达到保盈限亏的目的。

2. 技术分析法的缺点

技术分析法所用信息都是已经发生的，相对滞后于行情的发展，与现实走势存在一定的时间差距，由此得出的买卖信号便存在超前或滞后的可能。

技术分析法很容易出现"骗线"现象，即由数据图表得出的结论与实际不符，投资者若照此操作，极有可能掉入走势陷阱。这种"骗线"现象，既可以是机构大户有意作为，即利用人们对技术分析结论的偏信，联手炮制出某种明显的买入或卖出走势，以达到让人们上当受骗、为自己抬轿子，使自己轻松获利的目的；也可以是市场各因素相互作用导致的海市蜃楼，如果机械套用公式则会得出错误结论，难免会造成亏损的结果。

（三）证券投资采用基本分析法与技术分析法应注意的问题

证券投资分析人员在进行证券投资分析时，应当注意每种方法的适用范围并结合使用。基本分析法的优点主要是能够比较全面地把握证券价格的基本走势，应用起来也相对简单；而其缺点主要是对短线投资者的指导作用较差，预测的精确度也相对较低。因此，基本分析法主要适用于预测周期相对较长的证券价格，以及相对成熟的证券市场和对预测精确度要求不高的领域。技术分析法对市场的反映比较直观，分析的结论时效性较强。就我国的现实市场条件来说，技术分析法更适用于对短期行情的预测。当然，为了使分析结论更具可靠性，还应根据两种方法所得出的结论进行综合判断。

目前，我国证券市场具有鲜明的"资金推动型"特征，证券投资分析人员应采用"长看基本、中看政策、短看技术"的综合分析手段来探寻中国证券市场波动的内在规律。其中，"长看基本"指的是我国证券市场在宏观基本面作用下的运行规律。宏观经济对证券市场的长期走势起着决定性的影响与强有力的支撑。"中看政策"指的是从中期来看，国家有关管理部门通过政策性措施有形调控证券市场运行对市场中期发展的影响。政策因素在一定程度上往往会改变证券市场的先前运行轨道，但不会改变证券市场的最终走向。"短看技术"即证券市场的短期走势受技术面的影响较大。在目前我国证券市场中小投资者占有相当比例的情况下，技术指标等各种技术分析方法对投资者的心理影响尤其显著，表现为市场投资心态在短期内的剧烈波动，从而导致股票市场的涨跌。这种分析理念对处于新兴加转轨阶段的我国证券市场来说，具有相当重要的现实意义。

五、证券投资分析步骤

证券投资分析作为证券投资过程中的一个重要环节，对投资的成败起着十分重要的作用。分析结论的正确程度实际上取决于三个方面：第一，分析人员占有信息量的大小以及分析时所使用的信息资料的真实程度；第二，所采用的分析方法和分析手段的合理性与科学性；第三，证券分析过程的合理性与科学性。证券投资分析过程涉及具体分析的步骤安排以及在每个阶段所要进行的主要工作等。

科学合理地确定证券投资分析的各个步骤，安排好每个阶段的各项工作，对提高证券分析的效率、形成相对正确的分析结论有着十分重要的意义。一般来说，比较合理的证券分析应该由信息资料的收集与整理、案头研究、实地考察和撰写分析报告等四个步骤构成。

1. 信息资料的收集与整理

信息资料收集与整理阶段的主要工作具体如下。

（1）信息资料的收集。证券投资分析人员通过信息来源的各个渠道收集有关证券投资方面的各种各样的信息资料，主要包括订阅各种书报资料、参加各类会议、进行计算机联网查询、跟踪交易所实时行情、购买和阅读各种电子出版物以及实地访查等。

（2）信息资料的分类。根据不同的分类标准对所收集的证券投资信息资料进行分类归档，并编制分类目录，以便使用者查阅。

（3）信息资料的保存和使用管理。大部分信息资料都不是一次用完就扔掉，而是要重复使用的。有时，一份信息资料需要使用很长的时间或者被好几个分析人员使用。在这种情况下，就必须做好信息资料的保存和使用管理工作，确保信息资料能最大限度地发挥效益。

2. 案头研究

证券投资信息资料的收集与整理是进行证券投资分析的起点。证券投资分析人员在占有了证券投资方面的信息资料后，接下来就要进行案头研究这项关键工作。

首先，根据自己的研究主题和分析方向，确定所需信息资料。例如：进行宏观经济分析，就可以寻找各种经济指标的统计资料；进行行业分析，就可以寻找有关行业的法规、政策、发展状况、竞争情况等方面的信息资料；进行公司分析，就可以寻找有关公司的经营管理、财务、销售、市场等方面的信息资料；进行技术分析，就可以寻找股票行情、交易量等相关的数据资料。

其次，利用证券投资分析的专门方法和手段，对掌握的信息资料进行仔细分析。证券投资分析所采用的方法和手段，是科学研究的结晶和长期经验的总结，所揭示的是影响证券价格变化的一些具有规律性的因素。利用这些专门的分析方法和手段，可以发现各种经济指标、行业指标、公司指标及市场指标对证券市场价格走势的影响方向和影响力度。而案头研究的目的，就是要找出这些指标与证券价格走势之间的关系。

最后，得出分析结论，也就是得出有关指标与证券价格之间相关关系的正确结论。

3. 实地考察

实地考察是指证券投资分析人员围绕自己的研究主题到相关部门或企业等进行考察和调查。实地考察的方式主要有：第一，到有关部门和企业与相关人员进行面谈；第二，通过电话、即时通信工具等进行查询核实；第三，通过发放调查问卷的方式进行调查核实。

4. 撰写分析报告

证券投资分析的最后一个步骤是撰写分析报告，也就是将证券投资分析人员的分析结论通过书面形式反映出来。分析报告的种类很多，有关于上市公司、投资基金等投资工具投资价值的分析报告，有关于投资风险的分析报告，有关于某个项目经济效益的分析报告，有关于某项产品市场覆盖程度的分析报告，有关于某个行业发展前景的分析报告，还有关于国家政策、法规对行业、企业及产品影响的分析报告等。

第三节　证券投资理念与风格

证券投资理念是体现投资者进行证券投资时个性特征的，促使投资者正常开展分析、评判、决策并指导投资行为，反映投资者投资目的和意愿的价值观。证券投资风格是指投资者在进行投资时所展现出的一系列特点和偏好。

一、主流证券投资理念

当前在我国证券市场中，价值挖掘型投资理念、价值发现型投资理念、价值培养型投资理念三者并存。这三种理念的风险类型各不相同，风险度也有较明显的高低之分。随着我国证券市场制度建设和监管的日益完善、机构投资者队伍的迅速壮大，以价值发现型投资理念、价值培养型投资理念为主的理性价值投资已逐步成为主流投资理念。除此之外，巴菲特个人的投资理念也影响了很多投资者。

1. 价值发现型投资理念

价值发现型投资理念是一种投资风险相对分散的投资理念。在这种投资理念的指导下，投资者所依靠的不是大量的资金，而是市场分析和证券基本面的研究。其确立的主要成本是研究费用，前提为证券的市场价值是潜在的、客观的。相对于价值挖掘型投资理念，价值发现型投资理念给广大投资者带来的投资风险要小得多。其一，价值发现是一种投资于市场价值被低估的证券的过程，在证券的市场价值未得到高估时，投资获利的机会总是大于风险；其二，由于某些证券的市场价值与其所在行业的成长、国民经济发展的总体水平有直接或间接的联系，在行业发展及国民经济增长出现停滞之前，证券会不断增值，在这种增值过程中又相应地分享着国民经济增长的益处；其三，随着投资过程的进行，某类符合价值发现型投资理念的证券往往还有一个价值再发现的市场过程，这个过程也许还会将这类证券的市场价值推到一个相当高的价值水平。因此在价值发现型投资理念的指导下，只要存在行业发展和国民经济增长的客观前提，开展投资就能够较大限度地规避市场投资风险。在实践中，就是要能够发现证券存在的价值或可投资的机会，因而该理念适合一般投资者。

2. 价值培养型投资理念

价值培养型投资理念是一种投资风险共担型的投资理念。在这种投资理念的指导下，投资行为既分享证券内在价值成长，也共担证券价值成长风险。其投资方式有两种：一种是投资者作为证券的战略投资者，通过对证券母体战略投资的方式，培养证券的内在价值与市场价值；另一种是众多投资者参与证券母体的投资行为，培养证券的内在价值和市场价值。在我国，前者如各类产业集团的投资行为，后者如投资者参与上市公司的增发、配股及可转债融资等。

3. 巴菲特的投资理念

巴菲特投资后期的证券投资理念概括起来主要包括：①重视基本分析、内在价值分析，不熟悉的行业不涉足；②坚持长期投资，不因短期涨跌而动摇，不想持有十年的股票，一分钟也不要持有；③关注简单型公司；④以自我为主，不追逐热点，采用逆向思维；⑤以企业成长性、产品市场占有率为主要选择方向；⑥一旦买进，长期持有。

二、证券投资风格

在上述理性价值投资理念的基础上，根据投资者对风险收益的不同偏好，可将投资者的投资风格大致分为以下三类。

（1）保守稳健型。保守稳健型投资者的风险承受度最低，安全性是其最主要的考虑因素。从投资品种来看，一般可选择以下两种：①投资无风险、低收益证券，如国债和国债回购。这类投资的信息需求主要包括各类无风险证券的特征、到期收益率和期限结构以及与之相关的宏观经济政策等。②投资低风险、低收益证券，如企业债券、金融债券和可转换债券。这类投资的信息需求主要包括发债企业和担保机构的信用等级、财务状况、市场价格走势等。

（2）稳健成长型。稳健成长型投资者希望能通过投资机会获利，并确

保足够长的投资期间。从投资品种来看，稳健成长型投资者一般可选择投资中风险、中收益证券，如稳健型投资基金、指数型投资基金，分红稳定持续的蓝筹股及高利率、低等级的企业债券等。这类投资的信息需求更多地体现在所选投资品种的微观层面。

（3）积极成长型。积极成长型投资者能承受投资的短期波动，愿意承担为了获得高报酬而需要面临的高风险。从投资品种来看，积极成长型投资者一般可选择投资高风险、高收益证券。我国证券市场目前还属于弱有效市场，信息公开化不足，虚假披露时有发生，因此这类投资的信息需求很难在理性上得到有效满足。

此外，对风险收益既定型的投资者而言，证券组合投资是一个不错的选择。这类投资的信息需求主要集中在投资组合产品的各项特征参数及其动态修正上，以保证投资组合的风格与需求一致。

在证券投资过程中，不仅要针对不同的投资品种采取不同的投资风格，还要对处于不同投资时机（如新股发行时、新股上市时、分红派息前后、多头市场除息期等）的同一投资品种根据具体情况采取不同的投资风格。

【案例】

格雷厄姆的价值投资理论

本杰明·格雷厄姆于1894年5月9日出生于英国伦敦，是一名证券分析师，享有"华尔街教父"的美誉，其代表作品有《有价证券分析》《聪明的投资者》等。格雷厄姆是巴菲特的老师，其很多投资理念都得到了巴菲特的继承。

《有价证券分析》中阐述的计量分析法和价值评估法使投资者减少了盲目性，增加了理性。这本著作一出版就震动了华尔街，一时之间成了金融界人士和投资界人士的必读书目。由此，格雷厄姆奠定了他"华尔街教父"的不朽地位。

1949年，格雷厄姆的又一部力作《聪明的投资者》问世。这本书可以说是《有价证券分析》的简化版，不仅继承了《有价证券分析》的所有精华，还增加了大量生动的实例，而且通俗易懂、简明扼要。显然这本书是针对一般投资者所写的，但同样受到金融专业人士的青睐与赞赏。该书的出版，在更广的范围内和更牢固的基础上奠定了格雷厄姆作为美国乃至世界证券分析家与投资理论家的地位。

思考与讨论：在进行证券投资时树立正确的投资理念十分重要，请谈谈你的看法。

【本章小结】

证券投资分析是证券投资过程中不可缺少的重要环节，在证券投资中占有重要地位。有效市场假说是证券投资分析的理论基础。

本章介绍了证券投资分析的基本概念和主要内容，有效市场假说及其对证券投资分析的意义，证券投资分析方法与步骤及证券投资理念等内容。

【自测题】

【知识测试与实训操作】

一、名词解释

行为金融学　　有效市场假说　　弱有效市场　　强有效市场　　半强有效市场

基本分析法　　先行性指标　　同步性指标　　滞后性指标　　行业分析

公司分析　　技术分析法　　技术分析法的三个假设前提　指标

切线　　　　形态　　　　波浪　　　　**K**线　　　　投资理念

二、简答题

1．有效市场假说将有效市场分成哪几种类型？有效市场与证券投资分析的关系如何？我国证券市场的有效性如何？

2．证券投资分析的主要信息来源有哪些？

3．简述证券投资基本分析的主要内容。

4．证券投资技术分析的假设前提是什么？

5．证券投资组合分析法的理论有哪些？

三、实训操作

通过本章的学习，结合巴菲特的投资理念，总结出自己的证券投资风格。如果你要投资一只股票，简述你的分析过程。

第八章

证券投资基本分析

【学习目标与知识结构图】

1. 掌握宏观经济、政策对证券投资的影响，掌握行业的分类及行业分析方法。
2. 掌握公司财务分析的主要内容。
3. 扎根中国大地，了解国情民情。

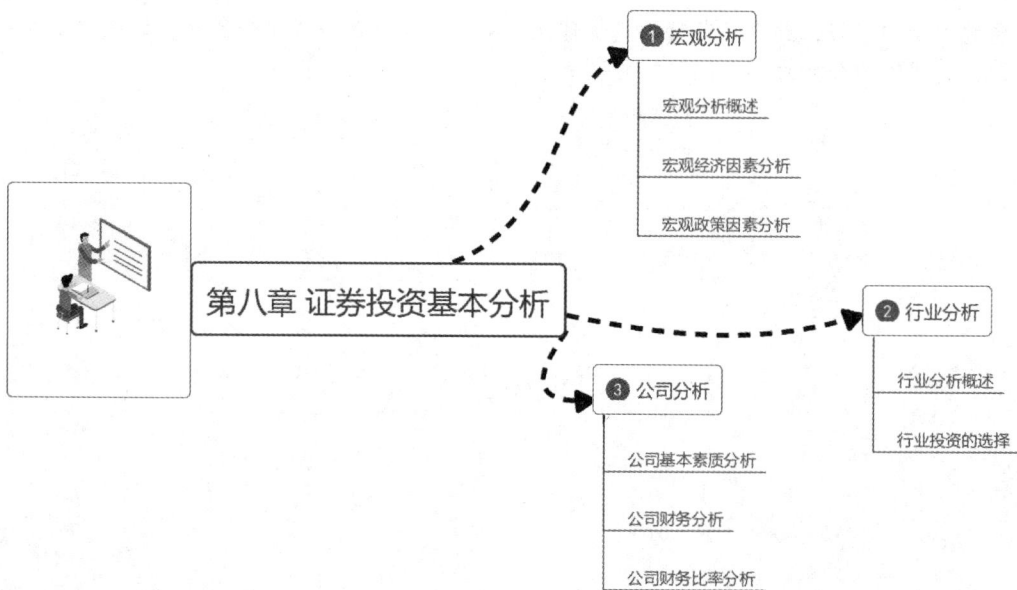

【案例导入】

　　证券投资分析就是研究证券价格波动规律，主要包括基本分析和技术分析。基本分析侧重于研究股票的长期投资价值，技术分析侧重于分析股票价格的波动规律。

　　A虽然了解了证券投资分析的概念以及一些理论基础，但对有些问题还不够明白：证券市场中的证券价格每天都在变化，证券价格波动的规律是什么？到底应该怎样开展基本分析和技术分析？看来，A还得从了解证券的基本分析入手开始认真学习。

　　思考与讨论：作为一名学生，你认为证券投资基本分析中最重要的内容是什么？

第一节 宏观分析

宏观分析以整个国民经济活动作为考察对象，研究各个有关的总量及其变动，特别是研究国民生产总值和国民收入的变动及其与社会就业、经济周期波动、通货膨胀、经济增长等之间的关系。只有把握住经济发展的大方向，才能更好地把握证券市场的总体变动趋势。

一、宏观分析概述

证券市场与宏观经济密切相关，而宏观分析就是通过分析国家的宏观经济状况来判断证券市场的走势。

（一）宏观分析的意义

证券市场素有"宏观经济晴雨表"之称。证券投资活动效果的好坏、效率的高低，不仅受国民经济基本单位的影响，还受宏观经济形势的制约。宏观分析对证券投资非常重要，其意义包括以下几个方面。

（1）反映证券市场的总体变动趋势。清楚把握宏观经济发展的大方向，有利于对证券市场的总体变动趋势做出正确的判断；而密切关注各种宏观经济因素，尤其是货币政策和财政政策的变化，有助于抓住证券投资的市场时机。

（2）判断整个证券市场的投资价值。不同行业、不同企业与不同部门之间相互影响、相互制约的结果，反映了国民经济发展的速度和质量；而整个国民经济发展的速度与质量，从一定意义上讲就是整个证券市场投资价值的反映。作为证券市场的投资对象，企业的投资价值必然与宏观经济形势有内在关联。因此，宏观经济分析是判断整个证券市场投资价值的关键。

（3）掌握宏观经济政策对证券市场的影响方向与力度。在市场经济条件下，国家是通过财政政策和货币政策来影响经济增长速度和企业经济效益，并进一步影响证券市场的。因此，投资者只有认真分析宏观经济政策，掌握其对证券市场的影响力度与方向，才能准确把握整个证券市场的变动趋势和不同证券品种的投资价值。

（4）了解转型背景下中国证券市场的特殊性。中国证券市场发展历史短，且正处于经济体制转轨时期，因而具有一定的特殊性，如国有股成分比重较大、投机性偏高、机构投资者力量相对较弱、阶段性波动较大等。这些特殊性导致宏观经济形势对中国证券市场的影响不同于国外，有时会发生市场表现和宏观经济相背离的情况。投资者只有将中国证券市场与国外成熟市场的共性和自身的特殊性相结合，才能更加准确地把握证券市场的总体动向。

（二）宏观分析的方法

宏观分析的方法多种多样，按时间长短可以分为短期分析、中期分析、长期分析，按对时点和时段的选择可以分为动态分析与静态分析等。但是，最重要也最常用的分析方法如下。

1. 总量分析与结构分析

总量分析是指投资者对影响宏观经济运行总量指标的各种因素及其变动规律进行分析，从而认识整个经济的运行状态和全貌。总量分析既是一种动态分析，也是一种静态分析。也就是说，总量分析法以研究总量指标的变动规律为主，同时也需要考察同一时期内各种总量指标之间的相互关系。

结构分析是指针对经济系统中各组成部分及其对比关系和变动规律进行的分析，如经济增长中各因素作用的结构分析、消费和投资的结构分析等。结构分析以静态分析（即对某特定时间内经济结构比例关系和变化规律的研究）为主，有时也需要对连续几期的经济结构比例关系进行动态分析。

为了能全面把握宏观经济运行状态，投资者需要将总量分析与结构分析结合使用。总量分析的目的在于把握宏观经济的各经济指标的数值变化影响证券市场整体走势的规律；结构分析的目的在于分析特定时期宏观经济的各经济指标之间的比例关系，以及它们对证券市场可能产生的结构性影响。总量分析需要通过结构分析来深化和补充，而结构分析以服从总量分析为目标。

2. 定量分析与定性分析

定量分析是依据统计数据建立数学模型，并用数学模型计算出分析对象的各项指标及其数值的一种方法。定性分析则主要是凭分析者的直觉、经验，根据分析对象过去和现在的延续状况及最新的信息资料，对分析对象的性质、特点、发展变化规律做出判断的一种方法。

相比而言，前一种方法虽然更加科学，但需要较高深的数学知识；而后一种方法虽然较为粗糙，但在数据资料不够充分或分析者数学基础较为薄弱时作用比较明显，更适用于一般的投资者与经济工作者。这里必须指出的是，两种分析方法对数学知识的要求虽然有高有低，但并不能据此将定性分析与定量分析截然分开。事实上，现代定性分析同样要采用数学工具进行计算，而定量分析则必须建立在定性预测的基础上，即定性是定量的依据，定量是定性的具体化，二者相辅相成，只有结合起来灵活运用才能取得最佳效果。

（三）影响证券市场的宏观因素

影响证券市场的宏观因素包括以下几项。

（1）宏观经济因素，即影响证券市场宏观经济环境状况及其变动的因素，包括宏观经济运行的周期性波动等规律性因素和政府实施的经济政策等政策性因素。证券市场是整个市场体系的重要组成部分，其价格理所当然会随宏观经济运行状况的变动而变动，会因宏观经济政策的调整而调整。证券市场行情随着宏观经济政策的扩张与紧缩及由此导致的市场资金量的增减而涨跌。

（2）政治因素，即影响证券市场价格的政治事件。一国的政局是否稳定，对证券市场有着直接的影响。政局稳定则证券市场稳定；反之，政局不稳则常常引起证券市场价格下跌。除此之外，国家领导人的更换、工人罢工、主要产油国的动乱等也对证券市场有重大影响。

（3）法律因素，即一国的法律特别是证券市场的法律规范状况。法律法规不完善的证券市场更具投机性，振荡剧烈、涨跌无序、人为操纵成分大、不正当交易较多，因而极不稳定；反之，法律法规体系比较完善、制度和监管机制比较健全的证券市场，证券从业人员营私舞弊的机会较少，证券价格受人为操纵的情况也较少，因而表现得相对稳定和正常。新兴的证券市场往往不够规范，而成熟的证券市场法律法规体系则比较完善。

（4）军事因素，即军事冲突。军事冲突是一国国内或国与国之间、国际利益集团与国际利益集团之间的矛盾发展到无法采取政治手段来解决而导致的最终结果。军事冲突小会造成一个国家（或地区）社会经济生活的动荡，军事冲突大则会打破正常的国际秩序。军事冲突会使证券市场的正常交易遭到破坏，导致相关证券市场的剧烈动荡。

（5）文化、自然因素，即决定着人们的储蓄和投资心理，影响证券市场操作，进而影响证券市场的因素。证券投资者的文化素质状况，从投资决策的角度影响着证券市场。文化素质较高的证券投资者往往在投资时较为理性；文化素质较低的证券投资者往往在投资时较为盲目。

如果证券投资者的整体文化素质较高，则证券价格相对比较稳定；相反，如果证券投资者的整体文化素质偏低，则证券价格容易出现暴涨暴跌。在自然方面，如果发生自然灾害，企业的生产经营就会受到影响，从而导致相关证券价格下跌；反之，如果进入恢复重建阶段，由于投资大量增加，对相关物品的需求也大量增加，从而导致相关证券价格上升。

二、宏观经济因素分析

宏观经济与证券市场的表现经常是同步的：当宏观经济趋好时，表明国家经济发展态势好，企业获利，证券市场中的上市公司获利，个股表现好；反之，当宏观经济不好时，企业获利困难，上市公司业绩不佳，个股表现也不好。

（一）宏观经济指标

影响宏观经济形势的因素主要有以下几项。

1. 经济增长率

经济增长率即国内生产总值（GDP）增长率，通常被用来衡量一个国家的经济增长速度。它是反映一定时期内经济发展水平变化程度的动态指标，也是反映一个国家经济是否具有活力的基本指标。中国 2000—2019 年的经济增长率如图 8.1 所示。

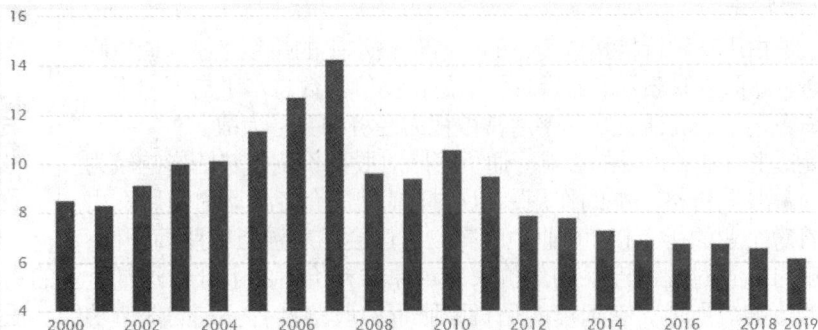

图 8.1　中国 2000—2019 年的经济增长率（%）

（1）持续、稳定、高速的国内生产总值增长。在这种情况下，社会总需求与总供给协调增长，经济结构逐步趋于平衡，经济增长来源于需求刺激并使闲置的或利用率不高的资源得到更充分的利用，表现出经济发展的良好势头。与此同时，证券市场将基于上述原因而呈现上升走势。

（2）高通货膨胀率下的国内生产总值增长。当经济处于严重失衡下的高速增长时，总需求大大超过总供给，这将表现为高通货膨胀率，是经济形势恶化的征兆，如不采取调控措施，必将导致未来的"滞胀"（通货膨胀与增长停滞并存）。这时经济中的矛盾会凸显出来，企业经营将面临困境，居民实际收入也将降低，从而影响证券市场。

（3）宏观调控下的国内生产总值减速增长。当国内生产总值呈失衡的高速增长时，政府可能会采用宏观调控措施来维持经济的稳定增长，这样必将减缓国内生产总值的增长速度。如果国内生产总值仍以适当的速度增长而未出现负增长或低增长，说明宏观调控措施十分有效，经济矛盾逐步缓解，从而为进一步增长创造了有利条件。这

时，证券市场亦将反映这种好的形势而呈平稳渐升的态势。

（4）转折性的国内生产总值变动。如果国内生产总值在一定时期内为负增长，但负增长的速度逐渐减缓并呈现向正增长转变的趋势，表明恶化的经济环境逐步得到改善，证券市场走势也将由下跌转为上涨。当国内生产总值由低速增长转向高速增长时，表明经济结构得到调整，经济"瓶颈制约"得以改善，新一轮经济高速增长已经来临，证券市场亦将呈快速上涨之势。

必须注意的是，证券市场一般会提前对国内生产总值的变动做出反应，即它通常能反映预期的国内生产总值变动；而当国内生产总值的实际变动被公布时，证券市场只反映实际变动与预期变动的差别。因而在证券投资中分析国内生产总值变动情况时必须着眼于未来，这是最基本的原则。

2．失业率

低失业率（或高就业率）是社会经济追求的重要目标。失业率的上升与下降本身是现代社会的一个主要问题，背景则是国内生产总值相对于潜在国内生产总值的变动。当失业率很高时，资源被浪费，人们收入减少，经济上的困难会影响人们的情绪和家庭生活，进而引发一系列的社会问题。

从历史数据来看，失业率的波动和证券市场的波动具有比较明显的反向关系。失业率下降的过程往往伴随着证券市场的上涨，而失业率上升的过程往往伴随着证券市场的下跌。

3．通货膨胀率

通货膨胀是指用某种价格指数衡量的一般价格水平的持续上涨。通货膨胀程度可用通货膨胀率来表示。通货膨胀率是指物价指数总水平与国内生产总值实际增长率之差，高通货膨胀率通常被视为经济的头号大敌。

（1）通货膨胀对证券市场的影响。通货膨胀对股票价格走势的影响较为复杂，既有刺激股票价格上涨的作用，也有抑制股票价格波动的作用。由于股票代表着对企业的所有权，企业中的实物资产会随着通货膨胀而升值；同时，企业还可以通过提高产品的售价来应对原材料价格的上升，这样企业的利润就不会受到通货膨胀的影响。所以，在适度的通货膨胀下，股票具有一定的保值功能。适度的通货膨胀会造成有支付能力的有效需求增加，从而刺激生产的发展和证券投资的活跃。严重的通货膨胀会导致货币加速贬值，损害经济的发展，促使人们将资金用于囤积商品进行保值，并增强人们对政府提高利率以抑制通货膨胀的预期，此时许多证券投资者可能会退出证券市场，从而导致证券市价下跌。

（2）通货紧缩对证券市场的影响。通货紧缩是指货币供应量少于流通领域对货币的实际需求量，表现为物价水平的持续下跌。从表面来看，物价水平的下跌可以提高货币的购买力，增强公众的消费能力；但从实质来看，物价水平的下跌会导致企业销售收入下降，如此企业只能缩小生产规模，从而减少用人数量。与此同时，公众对未来收入的预期也趋于悲观，会相应地减少支出，使企业产品出现积压，就业形势进一步恶化，由此整个经济将陷入大萧条，导致在证券市场中，公众出现悲观的心理，减少投资，证券市场慢慢会出现冷清的现象。

4．利率

利率也称利息率，是指在借贷期内所形成的利息额与所贷资金额的比率。利率直接反映信用关系中债务人使用资金的代价，也是债权人出让资金使用权的报酬。从宏观经济分析的角度来看，利率的波动反映市场对资金供求的变动状况。随着市场经济的不断发展和政府宏观调控

能力的不断加强，利率特别是基准利率已经成为一种行之有效的货币政策工具。

股票市场对利率水平的变动最为敏感。利率下降时，股票的价格就会上涨；利率上升时，股票的价格就会下跌。利率上升，不仅会增加公司的借款成本，而且会使公司遇到筹资困难。这样，公司就不得不缩小生产规模，而缩小生产规模又势必会减少公司的未来利润和可供分配的盈利，于是股利就会下降，股票价格也就会下降。利率上升时，投资股市的资金的机会成本——银行存款利息就会增加，导致一部分资金从股市转向银行储蓄和一部分债券，从而减少股票市场上的资金供给，使股票需求下降，股票价格出现下跌；利率下降时，通过储蓄所获得的利息就会减少，一部分资金会回到股市中来，从而扩大对股票的需求，就会使股票价格上涨。

与利率相关的还有一个指标，即法定存款准备金率。法定存款准备金率是中央银行控制商业银行货币供给规模的一个工具。当宏观经济过于高涨时，中央银行会提高法定存款准备金率，缩小商业银行的贷款规模，减少流通中的货币供给量，导致经济紧缩，从而引发股票价格下降。

5. 汇率

汇率是指外汇市场上一国货币与他国货币相互交换的比率。实质上，可以把汇率看作以本国货币表示的外国货币的价格。一方面，一国的汇率会因该国的国际收支状况、通货膨胀水平、利率水平、经济增长率等因素的变化而发生波动；另一方面，汇率及其适当波动又会对一国的经济发展发挥重要作用。

> **课堂讨论**
>
> 什么是降息？央行为何要降息？降息对股市、房贷、普通老百姓有何影响？

汇率的调整对整个社会经济影响很大，可谓有利有弊。汇率下降，即本币升值，不利于出口而有利于进口；汇率上升，即本币贬值，不利于进口而有利于出口。汇率变动对股价的影响要根据其对整个经济的影响而定，若汇率变动趋势对本国经济发展影响较为有利，股价会上升；反之，股价会下跌。

在经济全球化的基础上，汇率对一国经济的影响越来越大，而且影响程度取决于该国的对外开放度。其中，受影响最大的就是进出口贸易。如果本国货币升值，那么受益的多半是本国的一些进口企业，亦即依赖海外供给原料的企业；相反，出口企业的竞争力则会大大降低。当本国货币贬值时，情形恰恰相反。但不论是本国货币升值还是贬值，对公司业绩以及经济形势的影响都各有利弊。所以投资者不能仅凭汇率升值就买进股票、贬值就卖出股票，而要区别对待货币升贬值对不同企业的影响。

6. 财政收支

财政收支包括财政收入和财政支出两个方面。财政收入是国家为了保证实现政府职能的需要，通过税收等渠道筹集的公共性资金收入；财政支出则是为满足政府执行职能需要而使用的财政资金。核算财政收支总额是为了对财政收支状况进行对比。收大于支就出现财政盈余，收不抵支则出现财政赤字。如果财政赤字过大，弥补手段不足以平衡收支，或者尽管总量上能勉强平衡，结构上却又出现失衡，就会引起社会总需求的膨胀和社会总供求的失衡。

如果国家让财政收入大于支出，即为盈余财政政策，也就是国家实行紧缩性财政政策，社会总需求减少，经济发展减速，证券价格预期下跌。如果国家让财政支出大于收入，即为赤字财政政策，也就是国家实行扩张性财政政策，社会总需求增大，经济发展增速，证券价格预期上涨。

7. 国际收支

国际收支是一国居民在一定时期内由对外经济往来、对外债权债务清算而引起的所有货币收支。国际收支平衡表中包括经常项目和资本项目。经常项目主要反映一国的贸易和劳务往来状况；资本项目则集中反映一国同国外资金往来的情况，即一国利用外资和偿还本金的执行情

况。全面了解并掌握国际收支状况，有利于国家从宏观上对开放规模和开放速度进行规划、预测和控制。

国际收支平衡表反映着一定时期内一国的外汇收支状况。如果经常项目失衡，进口大于出口时，表示国内经济过旺，持续的进口大于出口将导致经济衰退；出口大于进口时，会引起社会总需求增大，经济发展增速，证券价格上涨，但持续的出口大于进口将引发通货膨胀，进而使证券价格下降。如果资本项目失衡，当国际资本流入表现为直接投资时，有利于一国经济发展，但国际资本流入表现为短期资本增加则可能会造成金融动荡，使证券市场波动加剧。

8.　固定资产投资规模

固定资产投资规模是指一定时期内在国民经济各部门、各行业固定资产再生产中投入资金的数量。投资规模是否适度是影响经济稳定与增长的一个决定性因素。投资规模过小，不利于为经济的进一步发展奠定物质技术基础；投资规模过大，超出了一定时期人力、物力和财力的可能，又会造成国民经济比例失调，导致经济大起大落。

固定资产投资规模的大小会影响经济增长速度，进而影响证券价格。固定资产投资规模过小，经济水平低，证券价格低；固定资产投资规模适度，经济稳定增长，预期收入增加，证券价格上升；固定资产投资规模过大，总需求与总供给失衡，通货膨胀加剧，预期收入下降，证券价格下降。

（二）经济周期与证券市场的关系

宏观经济周期的变动是影响证券价格变动最重要的因素之一，对企业运营及证券价格的影响极大。

经济周期一般包括繁荣、衰退、萧条、复苏四个阶段，如图8.2所示。在经济衰退时期，股价会

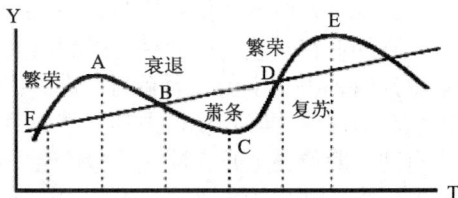

图8.2　经济周期

逐渐下跌；到萧条时期，股价跌至最低点；而经济开始复苏时，股价又会逐渐上升；到繁荣时期，股价则上涨至最高点。

经济周期变动影响股价变动，但两者的变动又不是完全同步的。通常，不管在经济周期的哪一阶段，股价变动总是比实际的经济周期变动要领先一步：在经济衰退之前，股价已开始下跌；而在经济复苏之前，股价已开始回升；经济周期未步入高峰阶段时，股价已经见顶；经济仍处于衰退期时，股价已开始从谷底回升。这是由于股价的涨落包含着投资者对经济走势变动的预期和投资者的心理反应等因素，因而股价能够灵敏地反映经济周期的变动。

三、宏观政策因素分析

宏观政策是指国家为保持经济总量的基本平衡，促进经济结构的优化，引导国民经济持续、迅速、健康发展，推动社会全面进步而采取的经济措施。运用宏观政策旨在根据当前经济情况进行调节，干预经济运行，使经济运行态势朝着健康的方向发展。宏观经济政策的施行势必会影响证券市场。

在市场经济下，国家主要通过货币政策和财政政策来实现对宏观经济的干预。根据宏观经济的运行状况，政府可采取扩张性或紧缩性货币政策和财政政策，以促进经济快速增长，保持价格总水平的稳定，从而实现充分就业。政策的施行及政策目标的实现均会反映到作为国民经济晴雨表的证券市场上。不同性质、不同类型的政策手段对证券市场的价格变动有着不同的影

响。另外，政府对产业政策的调整也会影响证券市场的格局。

1. 财政政策

财政政策是指国家通过财政收入和支出的变动来影响宏观经济活动水平的经济政策。其主要手段包括改变政府购买力水平、改变政府转移支付水平和改变税率。当经济持续放缓、失业率增加时，政府要实行扩张性财政政策，提高政府购买力水平，提高转移支付水平，降低税率，以增加总需求，解决经济衰退和失业问题。当经济增长强劲，价格水平持续上涨时，政府要实行紧缩性财政政策，降低政府购买力水平，降低转移支付水平，提高税率，以减少总需求，抑制通货膨胀。国家主要通过实行以下财政政策来影响证券市场。

（1）扩张性或紧缩性财政政策。扩张性财政政策能增加财政支出，减少财政收入，增加总需求，从而使公司业绩上升，经营风险下降，居民收入增加，导致证券价格上升；紧缩性财政政策能减少财政支出，增加财政收入，减少总需求，使过热的经济受到抑制，从而使公司业绩下滑，居民收入减少，导致证券价格下跌。

（2）提高或降低政府购买力水平。提高政府购买力水平，如增加对道路、桥梁、港口等非竞争性领域的投资，可直接增加相关产业（如水泥、钢铁、机械等产业）的产品需求，这些产业的发展又会带动其他产业的需求，从而促进经济各方面发展。这样一来，公司利润增加，居民收入提高，就会促使证券价格上升。降低政府购买力水平的效应与之相反。

（3）改变政府转移支付水平。改变政府转移支付水平主要是从结构上改变社会购买力状况，从而影响总需求。提高政府转移支付水平，如增加社会福利支出、增加对农拨款等，会使一部分人的收入水平提高，从而间接促进公司利润的增长，因此有助于证券价格的上涨；反之，会促使证券价格下跌。如果中央政府提高对地方政府的转移支付水平，使地方政府拥有更多的自主财力，用于发展地方经济，直接或间接地扶持地方产业，也会促进证券价格的上涨。

（4）调整税率。国家对税率的调整也会影响公司的利润水平，进一步影响公司扩大再生产的能力和积极性，从而影响公司未来的成长潜力。总之，税率的提高会抑制证券价格上涨，而税率的降低或免税会促进证券价格上涨。

从传导机制上讲，财政政策是以实体经济为媒介，通过控制财政收入和支出，利用企业的投入和产出来影响总需求的，它与货币政策有明显的区别。因此，财政政策的传导过程比较长，不像货币政策能立竿见影，但影响比较持久。

2. 货币政策

货币政策是指政府为实现一定的宏观经济目标所制定的关于货币供应和货币流通资质管理的基本方针和基本准则。具体来说，货币政策通过控制货币供应量，实现对利率的影响，最终实现对宏观经济的影响。

中央银行实行货币政策、调节信贷与货币供应量的手段主要有三个，即调整法定存款准备金率、再贴现政策、公开市场业务。当国家为了防止经济衰退、刺激经济发展而实行扩张性货币政策时，中央银行就可以通过降低法定存款准备金率、降低中央银行的再贴现率或在公开市场上买入国债的方式来增加货币供应量，扩大货币的有效需求。当经济持续高涨、通货膨胀压力较大时，国家会采取适当的紧缩性货币政策，中央银行就可以通过提高法定存款准备金率、提高中央银行的再贴现率或在公开市场上卖出国债来减少货币供应量，实现信用紧缩，进而实现社会总需求和社会总供给的大体平衡。

中央银行实行的货币政策对证券市场的影响主要通过以下几个方面来进

行。首先，增加货币供应量，证券市场的资金增多，通货膨胀使人们为了保值而购买证券，从而推动证券价格上涨；反之，减少货币供应量，证券市场的资金减少，使人们购买证券保值的欲望降低，从而使证券市场的价格呈回落趋势。其次，利率的调整通过决定证券投资的机会成本和影响上市公司的业绩来影响证券市场价格。利率上升，证券投资的机会成本提高，上市公司的运营成本也随之提高，业绩下降，证券市场价格下跌；反之，利率降低，证券投资的机会成本降低，上市公司的运营成本也随之下降，业绩向好，证券市场价格上涨。最后，中央银行在公开市场中买进债券，增加货币供应量，促使经济增长，证券价格上升；反之，中央银行在公开市场中卖出债券，减少货币供应量，促使经济降温，证券价格下跌。

视野拓展

量化宽松

3. 产业政策

产业政策是指有关产业发展的一切政策和法令的总和。施行产业政策会对投资活动产生直接的影响，因此了解产业政策对证券投资决策有重要作用。如对国家积极支持发展的产业，由于受到各种优待，具有发展前途，证券投资者从长远利益考虑，应向这些产业相关的证券投资；对国家限制发展的产业，由于发展前景黯淡，证券投资者应谨慎向这些产业相关的证券投资。

【案例】

中美贸易摩擦对股市的影响

2018年3月23日，美国政府宣布基于所谓的"301调查"结果，对500亿美元中国输美商品加征25%的关税。由此，中美贸易摩擦白热化。此后，对于美方一意孤行、出尔反尔，一再发出贸易摩擦威胁并不断升级事态的行为，中方被迫采取对等反制措施。中美贸易摩擦出现长期化的趋势。

贸易摩擦引发的市场担忧，对全球资本市场的短期走势产生了重大影响。全球最大的两个经济体之间发生的贸易摩擦，让投资者对世界经济的前景产生了一定的悲观情绪，欧美股市和A股市场行情也随之出现了大幅下跌。上证指数2018年走势如图8.3所示。

图8.3　上证指数2018年走势

思考与讨论：请说明宏观事件对证券市场的影响。

第二节　行业分析

行业分析介于宏观经济分析与微观经济分析之间，是发现和掌握行业规律的必经之路，对指导行业内企业的经营规划和发展具有决定性意义。因此，在分析宏观经济的基础上，进行行业分析显得非常必要。

一、行业分析概述

行业是指根据生产同类产品、具有相同工艺或提供同类劳动服务而划分的经济活动类别。对行业的划分有不同的标准。

行业分析主要探讨的是行业所属的市场类型、所处的生命周期、影响行业发展的因素以及行业业绩对证券价格的影响。

（一）行业的分类

行业标准的分类多种多样，常用的有以下三种。

（1）标准行业分类法。1971 年联合国社会事务统计局将国民经济划分为 10 个大门类：①农业、畜牧狩猎业、林业和渔业；②采矿业及土、石采掘业；③制造业；④电、煤气和水；⑤建筑业；⑥批发和零售业、饮食和旅店业；⑦运输、仓储和邮电通信业；⑧金融、保险、房地产和工商服务业；⑨政府、社会和个人服务业；⑩其他。

（2）我国国民经济的行业分类。由国家统计局起草，原国家质量监督检验检疫总局、国家标准化管理委员会批准发布了《国民经济行业分类》国家标准（2019 年修订），把我国整个国民经济分为 20 个大门类：①农、林、牧、渔业；②采矿业；③制造业；④电力、热力燃气及水生产和供应业；⑤建筑业；⑥批发和零售业；⑦交通运输、仓储和邮政业；⑧住宿和餐饮业；⑨信息传输、软件和信息技术服务业；⑩金融业；⑪房地产业；⑫租赁和商务服务业；⑬科学研究和技术服务业；⑭水利、环境和公共设施管理业；⑮居民服务、修理和其他服务业；⑯教育；⑰卫生和社会工作；⑱文化、体育和娱乐业；⑲公共管理、社会保障和社会组织；⑳国际组织。

（3）我国上市公司的行业分类。中国证监会公布了《上市公司行业分类指引》（2012 年修订），将行业分为 19 大类：①农、林、牧、渔业；②采矿业；③制造业；④电力、热力、燃气及水生产和供应业；⑤建筑业；⑥批发和零售业；⑦交通运输、仓储和邮政业；⑧住宿和餐饮业；⑨信息传输、软件和信息技术服务业；⑩金融业；⑪房地产业；⑫租赁和商务服务业；⑬科学研究和技术服务业；⑭水利、环境和公共设施管理业；⑮居民服务、修理和其他服务业；⑯教育；⑰卫生和社会工作；⑱文化、体育和娱乐业；⑲综合。

宏观经济分析为投资者明确了大的环境和背景条件，而行业分析则为投资者明确了具体的投资领域和投资对象。在国民经济运行过程中，国民经济各行业的发展周期与宏观经济的发展周期并不完全一致。在一定时期内，一些行业的增长率高于经济的平均增长率，另一些行业的增长率则低于经济的平均增长率。

视野拓展

A 股板块轮动规律

（二）行业的结构

依据不同行业中企业的数量、产品的差异程度、企业对价格的控制程度以及企业进入市场的难易程度等因素，基本上可以将各种行业分为以下四种市场类型。

（1）完全竞争。完全竞争是指许多企业生产同质产品的市场情形。其特点包括：①企业众多，各种生产资料可以完全流动；②生产的产品不论是有形的还是无形的，都是同质的、无差别的；③由于企业众多和产品同质，因而没有一个企业能够决定产品的价格；④企业永远是价格的接受者而不是价格的制定者；⑤企业的盈利基本上由市场对产品的需求来决定；⑥生产者（企业）和消费者对市场情况非常了解，并可自由进入或退出这个市场。

完全竞争是一种理想状态下的市场类型，其特点概括而言就是所有企业都无法控制市场的价格或使自己的产品具有差异性。在现实经济生活中，初级产品的市场类型与完全竞争较为相似。

（2）垄断竞争。垄断竞争（或不完全竞争）是指许多生产者生产同种但不同质产品的市场情形。其特点包括：①生产者众多，各种生产资料可以流动；②生产的产品同种但不同质，即产品之间存在着差异，这种产品之间存在的实际或想象中的差异是垄断竞争与完全竞争的主要区别；③由于产品差异性的存在，生产者可借以树立自己产品的信誉，从而对自己产品的价格有一定的控制能力。在国民经济各行业中，零售业的市场一般都属于这种类型。

（3）寡头垄断。寡头垄断是指相对少量生产者在差别很少或没有差别的某些产品的生产中以及具有某些差别的产品生产中占据很大市场份额的情形。在这类市场上，由于这些少量生产者的产量非常大，因此它们对市场的价格和交易具有一定的垄断能力。此外，由于只有少量生产者生产同一种产品，因而每个生产者的价格政策和经营方式及其变化都会对其他生产者产生重大的影响。一些资本密集型、技术密集型行业，如钢铁、汽车等行业，以及少数储量集中的矿产品，如石油等，它们的市场类型多属于寡头垄断。

（4）完全垄断。完全垄断是指企业独家生产某种特质产品的情形。特质产品是指那些没有或缺少相近替代品的产品。完全垄断可以分为两种类型：一种是政府完全垄断，如国有铁路、邮电等部门即被政府完全垄断；另一种是私人完全垄断，如根据政府授予的特许经营或根据专利生产的独家经营，以及由于资本雄厚、技术先进而建立的排他性私人垄断经营。

在现实经济生活中，一些公用事业（如燃气、自来水供应）以及某些资本、技术高度密集型或稀有资源的开采等行业的市场类型都属于完全垄断。

四种市场类型的对比如表 8.1 所示。

表 8.1　四种市场类型的对比

市场类型	企业数目	产品差异程度	个别企业控制价格程度	企业进入行业难易程度	现实中接近的行业
完全竞争	很多	无差别	没有	完全自由	农业
垄断竞争	较多	有些差别	有一些	比较自由	零售业
寡头垄断	几个	有或者没有差别	相当有	较难	汽车制造业
完全垄断	一个	唯一产品，无替代品	很大，但常受政府管制	不能	公用事业

实际上，大多数行业都处于完全竞争和完全垄断这两种极端情况之间，因此往往既有不完全竞争的特征，又有寡头垄断的特征；而且很多行业的产品都有替代品，当一种产品的价格过高时，消费者就会转向价格较低的产品。通常来说，竞争程度越高的行业，其产品价格和企业利润受供求关系影响越大，因此该行业的证券投资风险较大；而垄断程度越高的行业，其产品价格和企业利润受控制程度越大，因此该行业的证券投资风险相对较小。

（三）行业的生命周期

任何行业都要经历一个由成长到衰退的发展演变过程，这个过程被称为行业的生命周期。

行业的生命周期可分为四个阶段，分别是初创期、成长期、稳定期和衰退期，如图 8.4 和表 8.2 所示。

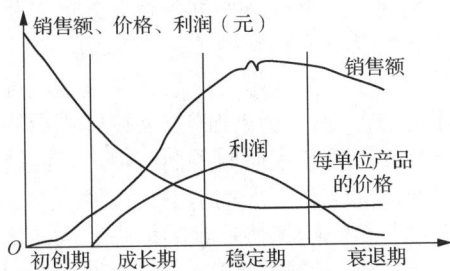

图 8.4 行业的生命周期

表 8.2 企业在行业生命周期各阶段的特征

行业生命周期阶段	特征
初创期	产品的市场接受度值得怀疑，商业战略的实施并不清晰，存在高风险和许多破产事件
成长期	产品已被接受，业务拓展开始，销售额和盈利加速增长，商业战略的正确实施仍是一个问题
稳定期	行业趋势与总体经济趋势相同，参与者在稳定的行业中争夺市场份额
衰退期	消费偏好的改变和新技术的出现使产品的需求逐步减少

1. 初创期

初创期，新行业刚刚诞生或初创不久，投资这个新兴行业的创业公司为数不多，而且由于初创期产品的研发费用和企业创设成本均较高、市场需求小，销售收入较低，没有盈利；同时，较高的产品价格和企业成本与较小的市场需求还使这些创业公司面临很大的投资风险。

2. 成长期

成长期，新行业生产的产品经过广泛的宣传和顾客的试用，逐渐赢得大众的欢迎，市场需求呈上升趋势；同时，由于市场前景较好，投资这一行业的企业大量增加，产品也由单一、低质、高价逐步向多样、优质和低价的方向发展，因而在新行业中出现生产企业和产品相互竞争的局面。正因如此，这一阶段有时又被称为投资机会时期。竞争的结果有两个方面：第一是促进了产品品种、性质和用途的多样化，促进了产品质量的提高和生产成本及价格的降低；第二是导致了生产企业的两极分化，有些企业逐渐占领和控制了市场，而更多的企业在竞争中遭到淘汰或被兼并。因此到了成长期的后期，在优胜劣汰的竞争规律的作用下，市场上的生产企业在大幅度减少之后便开始稳定下来。

成长期行业技术发展迅速，利润丰厚，但竞争激烈导致风险也很大，因此其股价往往会出现大起大落的现象。

3. 稳定期

稳定期，产品的销售增长减慢，迅速赚取利润的机会减少，在前一时期竞争中生存下来的少数大企业势均力敌，都相对稳定地占有一定比例的市场份额。企业和产品之间的竞争手段逐渐由初期的以价格手段为主转向以非价格手段为主，如提高产品质量、改善产品性能和加强产品售后维修服务等。在这一时期，行业的利润由于一定程度的垄断达到了很高的水平，风险却因市场占有率比较稳定、新企业无法与老企业相竞争而降低。稳定期一般会维持相对较长的时期，在这个期间，行业的股票价格基本上呈稳定上升态势。

4. 衰退期

在出现较长的稳定期之后，由于新产品和大量替代品的出现，原行业的市场需求开始逐渐减少，产品的销量也开始下降，一些企业纷纷向其他更有利可图的行业转移资金，致使原行业出现企业数目减少、利润下降的停滞和萧条景象。

衰退期的股票行情平淡或有所下跌，尤其是那些因产品过时而遭淘汰的行业的股票价格会受到更为严重的影响。

视野拓展

行业分析示例

（四）经济周期对行业的影响

经济周期的变化一般会对行业的发展产生影响，但影响程度不尽相同。根据经济周期与行业发展的相互关系，可将行业分为以下三种类型（见表8.3）。

表8.3　行业的类型及特征

类型	特征
增长型行业	销售和利润独立于经济周期而超常增长
周期型行业	收益随经济周期的变化而变化，通常会放大经济的周期性
防守型行业	在经济周期的上升和下降阶段，经营状况都很稳定

（1）增长型行业。增长型行业是指发展速度经常快于平均发展速度的行业，其较快的发展速度主要靠技术的进步、新产品的开发和优质服务而取得。在经济高涨时，它的发展速度通常高于平均水平；在经济衰退时，它所受影响较小甚至仍能保持一定的增长。选择增长型行业的股票进行投资，通常可以分享行业增长的利润，同时又不受经济周期的影响，在买卖证券时机的选择上也比较灵活。因此，增长型行业的股票备受投资者的青睐。

（2）周期型行业。周期型行业是指受经济周期影响很大的行业。当经济繁荣时，这些行业会相应扩张；当经济衰退时，这些行业会随之收缩，如建筑材料业、家用电器业、旅游业等就属于这一类行业。

（3）防守型行业。防守型行业是指受经济周期影响小的行业。这些行业的产品往往是生活必需品或必要的公共服务，公众对其有相对稳定的需求，因而行业中具有代表性的公司盈利水平也相对稳定。这些行业往往不会因经济周期变化而发生大幅度变动，甚至在经济衰退时也能获得稳步发展，如食品业、药品业、公用事业等就属于这一类行业。

了解了经济周期与行业的关系，投资者还应认清经济循环的不同表现和不同阶段，顺势选择不同行业进行投资。当经济处于上升、繁荣阶段时，投资者可选择投资周期型行业证券，以谋取丰厚的资本利得；当经济处于下降、衰退阶段时，投资者可选择投资防守型行业证券，以获得稳定的收益，并降低所承受的风险。

二、行业投资的选择

通过对行业一般特征的了解和分析，投资者就能快速做出选择某一行业作为投资对象的决策。一般来说，投资者应选择增长型行业和在行业生命周期中处于成长阶段和稳定阶段的行业。

增长型行业的特点是其增长速度快于整个国民经济的增长率，投资者可享受快速增长带来的较高股价和股息。当然，投资者也不应排斥增长速度与国民经济增长率同步的行业，这些行业一般发展比较稳定，投资回报虽不及增长型行业，投资风险却相应较小。

面对处于生命周期不同阶段的行业，投资者应避免选择处于初创阶段的行业，因为这些行业的发展前景尚难预料，投资风险较大。同样，投资者也不应选择处于衰退阶段的行业，因为这些行业缺乏竞争力，投资收益较低，风险也较大。投资者应选择一个在增长循环中处于成长阶段和稳定阶段的行业。可是，如何在众多行业中发现这类行业？通常可以用两种方法来衡量：一是将行业的增长情况与国民经济的增长情况相比较，从中发现增长速度快于总体经济增长水平的行业；二是根据行业历年的销售额、利润率等历史资料分析过去的增长情况，并预测行业的未来发展趋势。

1. 行业增长比较分析

分析某个行业是否属于增长型行业，可将该行业的历年统计资料与国民经济综合指标予以对比。

（1）看该行业是否属于周期型行业。比较行业销售额是否与国民经济综合指标同向变化，如果在国民经济繁荣阶段行业的销售额也逐年同步增长，或在国民经济处于衰退阶段行业的销售额也逐年同步下降，说明该行业是周期型行业。

（2）看该行业与国民经济增长保持同步还是增长过缓。比较该行业的年增长率与国民生产总值、国内生产总值的年增长率。如果在大多数年份中行业的年增长率都高于国民经济综合指标的年增长率，说明该行业是增长型行业；如果行业的年增长率与国民经济综合指标的年增长率持平甚至相对较低，则说明该行业不是增长型行业。

（3）看该行业增长比国民经济平均增长水平高还是低。比较该行业销售额在国民经济综合指标中所占比重，如果这一比重逐年上升，说明该行业增长比国民经济平均增长水平高；反之，则低。

2. 行业未来增长率的预测

将行业历年销售额与国民生产总值、国内生产总值的周期资料予以对比，只是说明过去的情况，投资者还需要了解和分析行业未来的增长变化，以便对行业未来的发展趋势做出预测。

总之，通过行业分析，投资者可以选择处于成长或稳定阶段、实力雄厚、有较大发展潜力的行业作为投资对象。

第三节 公司分析

公司分析是证券投资基本分析的微观层次，是确定最终具体投资对象的必要环节。公司分析的内容包括基本素质分析和财务分析两个部分，其中财务分析是最重要的。公司分析的对象主要是上市公司，但有时还需要关注一些与上市公司存在关联关系或对上市公司存在收购行为的非上市公司。

一、公司基本素质分析

公司基本素质分析主要是指针对上市公司的基本资料，综合考察公司的内部条件和外部环境，分析上市公司自身的优势和劣势、面临的挑战和机遇、发展前景和现实需要等。因公司的基本资料多种多样，分析者应养成对信息进行分类的习惯，以便日后使用。

1. 公司的经营管理水平分析

公司的经营管理水平分析一般从以下四个方面展开。

（1）管理人员水平。投资者在分析管理人员水平时，要注意了解其学历构成、在公司的工作年限、变动情况。这是因为，高层管理人员的变动往往意味着公司可能蕴藏着巨大的风险。

（2）经营理念。经营理念是公司发展一贯坚持的核心思想，是员工坚守的基本信条，也是公司制定战略目标的前提。投资者在分析公司的经营理念时，要注意公司是否注重稳健经营，其经营目标是否经常发生变化。

（3）资本规模。投资者在分析公司资本规模时，要注意了解公司是不是规模经营，其经营规模是否适度。如果单一地扩大规模而超出公司和市场的承受能力，一旦市场发生变化，就容易造成公司资金链断裂，使公司陷入困境。虽然公司规模经营能够产生规模效益，但并非规模越大越好，而是应保持适度。

（4）技术水平。投资者在分析公司技术水平时，主要应了解公司是否拥有核心技术和创新能力，其产品是否具有竞争优势，其核心技术是否在同行内领先、是否具有不可替代性。

2. 公司的市场状况和行业地位分析

对公司的市场状况主要从产品的竞争力和产品的市场占有率方面进行分析。产品的竞争力主要体现在产品质量、技术优势、成本优势上。产品质量主要从品牌忠诚度、用户反馈方面分析。技术优势主要从新产品的研发及开发费用比例方面分析。成本优势则主要从与其建立合作关系的原材料厂商的能力方面分析，以判断其是否拥有批量进货的优势。

> **课堂讨论**
>
> 如何理解"资产重组是上市公司实现跨越式发展的重要手段"？

公司产品的市场占有率越高，其效益就越好。对产品的市场占有率，主要通过行业的横向和纵向比较来分析，从而选择产品市场占有率高的公司进行投资以获取稳定的收益。

对公司的行业地位，主要从公司是不是领导企业、是否具有价格影响力、是否具有竞争优势、是否具有行业领先地位等方面进行分析。如果公司的盈利能力高于行业平均水平，并在行业中综合排名靠前，是行业领导企业，其投资价值就要高于同行业内的其他公司。

【案例】

上市公司报表的阅读

上市公司的定期报表是获得上市公司经营状况最重要的信息来源之一。下面是某上市公司某年年报的目录。阅读上市公司的定期报表，其关键就在于读懂报表中的数据。

目录

第一节　重要提示、目录和释义

第二节　公司简介

第三节　会计数据和财务指标摘要

第四节　董事会报告

第五节　重要事项

第六节　股份变动及股东情况

第七节　董事、监事、高级管理人员和员工情况

第八节　公司治理

第九节　内部控制

第十节　财务报告

第十一节　备查文件目录

第二节是对上市公司历史、现实和未来经营战略及经营状况的总结，其中包括会计数据和业务数据摘要、历史财务数据摘要、境内外审计差异（仅限境内外上市公司）、相关财务报表的补充财务数据等。阅读会计数据和财务数据摘要是掌握上市公司经营状况最关键、最核心的环节。

第三节和第十节是财务数据的核心部分，其中披露了资产负债表、损益表和现金流量表的全部内容。结合这些数据，分析人员就能对上市公司的现实经营状况和历史经营状况做出一个宏观的比较分析。

第六节介绍了股份变动及股东情况。由于股东的结构和股本的构成直接决定了公司的发展方向和发展战略，因此深度挖掘该节内容具有极其重要的意义。

第七节和第八节涉及高级管理人员的介绍和公司治理，虽然公司的管理机构是一个团队，但核心人物往往是公司未来关键发展方向的确定者。就像杰克·韦尔奇成就了通用电气集团（GE）的传奇、比尔·盖茨造就了微软王国一样，任何一个上市公司中都可能会有一小部分核心人员决定着公司发展的方向、风格和前途。因此这两节的分析更侧重于上市公司战略层面的内容，同样不可忽视。

定期报表中还有一部分是财务状况和企业经营状况的分析，其在我国上市公司的报告中通常放在第四节董事会报告中予以体现。一些公司会用"董事会关于公司报告期内经营状况的讨论与分析"或"讨论与分析"等名称代替"管理层讨论"一词，但是讨论内容大致相同。对这一部分的分析，其重要程度不亚于对第三节和第十节的分析。

思考与讨论：作为投资者，如何读懂上市公司的年报？

二、公司财务分析

视野拓展
某股票基本面分析

《证券法》规定，上市公司必须定期将公司财务报表上报证券交易所，并按时在国内指定的主要证券媒体上进行披露。

公司财务分析又称财务报表分析，是指投资者以公司的财务报表为主要依据，采取一定的标准和系统、科学的方法，综合分析和评价公司的财务状况、经营成果和现金流量情况，以便为自己做出相关决策提供参考。公司财务分析的目的一般可以归结为：评价过去的经营业绩、衡量现在的财务状况和预测未来的发展趋势。

（一）财务分析的对象

根据中国证监会的要求，上市公司必须遵守财务公开的原则。上市公司除了应在证券募集说明书中披露财务报告之外，还应定期披露年度财务报告、上半年中期财务报告和季度财务报告。财务报告包括财务报表、财务报表附注和审计报告，其中财务报表是最重要的。财务报告是上市公司董事会向社会公众（投资者）公开披露或列报的全面反映报告期财务事项的规范化文件。

财务报表是反映一个公司过去所取得的财务成果及其质量，以及当前财务状况的报告性文件。上市公司的财务报表是公司的财务状况、经营业绩和发展趋势的综合反映，是投资者了解公司、决定是否做出投资行为最全面、最翔实的，往往也是最可靠的第一手资料。其中，最重要的是资产负债表、利润表和现金流量表。

（1）资产负债表。资产负债表是反映公司某一特定日期资产、负债、所有者权益等财务状况的财务报表。它表明公司在某一特定日期所拥有的经济资源、所承担的经济义务和公司所有者对净资产的要求权。资产负债表以"资产 = 负债 + 所有者权益"为平衡关系。资产负债表的作用在于，表明资产及其分布状况，反映公司所承担的债务及其偿还期限，反映净资产的持有状况，有助于判断公司财务状况的发展趋势。

微课堂
财务报表

（2）利润表。利润表是反映上市公司某一会计期间财务成果的报表。它可以提供上市公司在月度、季度或年度内净利润或亏损的形成情况。利润表各项目间的关系可用"收入 - 费用 = 利润"来概括。利润表的作用在于，反映公司在一定期间内的经营成果，有助于评价公司的盈利能力，有助于判断公司的价值，预测公司未来盈利变化的趋势。

（3）现金流量表。现金流量表是反映上市公司在一定会计期间现金流入与流出情况的报表。它表明公司获得现金和现金等价物的能力。现金流量表的核心内容包括经营活动产生的现金流量、投资活动产生的现金流量、筹资活动产生的现金流量三个部分。

利润表列示了公司一定时期内实现的净利润，但未揭示其与现金流量的关系。资产负债表提供了公司货币资金期末与期初的增减变化，但未揭示其变化的原因。现金流量表如同一座桥梁沟通了上述两表的会计信息，进一步完善了公司的对外财务报表体系，从而可向投资者与债权人提供更全面、有用的信息。

（二）财务报表分析的内容与方法

投资者通过阅读财务报表可以取得大量的第一手数据资料。但仅仅浏览这些数据还不够，还需要用一定的方法分析各种会计数据之间存在的相互关系，这样才能全面地反映企业经营业绩和财务状况。

1. 财务报表分析的内容

对公司财务报表进行分析时，应重点关注以下几项内容。

（1）公司持续经营能力分析。主要分析公司能否持续经营。公司的持续经营能力关系到公司的发展方向、投资者的资金安全，对公司持续经营能力的分析主要包括对公司的战略目标、公司的研发费用所占比例和公司的主营业务情况、资产负债情况的分析。

（2）公司盈利能力分析。主要分析公司的主营业务利润是否持续增长。利润是公司生产经营的目标和出发点。

（3）公司管理能力分析。主要研究利润表中的费用，看是否存在管理费用过高的情况。

（4）公司成长性分析。主要分析公司的潜在利润、产品的成长性、投入和产出是否一致。

2. 财务报表分析的方法

（1）单位化法，是将各种总数化成单位数字，主要以每一股普通股为单位进行分析。如用税后净利总数除以发行在外的普通股股数，可以得到每股税后净利，用净资产除以发行在外的普通股股数，可以得到每股净资产等。单位化法可以清晰地反映每一股股票的权益。

（2）结构分析法，是指分析同一年度会计报表中各项目之间的比率关系，从而揭示各个会计项目的数据在企业财务中的相对意义。在运用结构分析法时，首先，将同一年度资产负债表中的"资产总计""负债和所有者权益总计"作为分析的基数，将全部资产类项目的余额化作"资产总计"的百分率列计，将属于"负债和所有者权益总计"的各个项目的余额化作"负债和所有者权益总计"的百分率列计；其次，将利润表中的"营业收入"数据作为基数，再列计各项成本、费用、所得税税金及利润项目的百分率；最后，分析同一年度财务报表中某一小项目及其结构情况，如流动资产项目下货币资金、应收账款、应收票据、存货等项目分别所占比率，并进一步分析其流动资产结构及流动性程度。此外，还可以将不同年度财务报表结构分析的结果加以比较，分析不同年度各项目的百分率变动情况，使结构分析带有动态分析的性质。

结构分析法使在同一行业中规模不同企业的财务报表有了可比性。因为把各个会计项目的余额都转化成百分率，在经营规模不同甚至相差悬殊的企业之间就有了可比的基础，也就可以比较它们之间的经营状况和财务状况了。

（3）趋势分析法又称指数分析法，是将同一公司连续多年的会计报表中的重要项目，如销售收入、销售成本、费用、税前净利、税后净利等集中在一起与某一基期的相应数据做百分率比较的分析方法。在运用趋势分析法时，首先，要选择以某一会计年度为基期，并将基期会计报表中各个项目或若干重要项目的余额定为 100%，同时要注意基期必须是各方面情况都较正常、较有代表性的会计年度，即各项目基期的值必须为正值才有比较的可能。其次，将以后各年度会计报表中相同项目的余额除以基期相应项目的余额再乘以 100%，并按年度顺序排列。通过计算、排序、分析，可以反映公司的资产、负债、所有者权益以及收入、成本、费用、利润等项目相对于基期的增减情况、变动幅度，进而可以据此预测公司经营活动和财务状况的未来变化趋势。

（4）横向分析法，是采用环比的方法比较资产负债表和利润表，即将公司连续两年或数年的会计数据按时间顺序排列并进行前后期对比，同时增设"绝对额增减"和"百分率增减"两栏，编制出比较财务报表，以揭示各会计项目在这段时间内所发生的绝对金额和百分率的变化情况及变化趋势。

（5）标准比较法，是将公司的有关财务报表数据及百分率与本行业的平均水平或行业标准加以比较，分析公司在本行业中所处地位。行业标准或平均水平可由政府或某权威机关制定，也可由公司根据历史统计资料计算得出。

三、公司财务比率分析

公司财务比率分析是将财务报表中的两个相关项目加以比较，以揭示它们之间存在的逻辑关系以及公司的经营状况和财务状况。

1. 偿债能力分析

偿债能力是指上市公司偿还各种短期、长期债务的能力。对公司偿债能力进行分析主要是看公司的资金占用结构、财务结构是否合理，即公司的资金是否有足够的流动性。

常用的分析指标包括以下几个。

（1）流动比率，是指全部流动资产与全部流动负债的比率。其计算公式为

$$流动比率 = 流动资产 / 流动负债$$

由流动比率可分析公司的流动资产是否足以偿付流动负债，它是衡量公司提供流动资金、偿付短期债务和维持正常经营活动能力的主要指标。流动比率过低，说明公司的偿债能力较弱，流动资金不够充足，短期财务状况不佳；而流动比率过高，则说明公司的管理可能过于保守，将资金过多地用于流动性较强的资产上，而放弃了某些获利机会。

（2）速动比率，是速动资产与流动负债的比率。速动资产是指几乎可以立即用来偿付流动负债的资产，即流动资产减去存货。速动比率是一个比流动比率更严格的用以衡量公司流动性状况的指标，它可以更确切地反映公司快速偿付短期债务的能力。其计算公式为

$$速动比率 = 速动资产 / 流动负债$$

速动比率过低，说明公司在资金使用和安排上不够合理，随时会面临无力清偿短期债务的风险，应立即采取措施调整资产结构，并想方设法筹措到足够的资金以备不时之需；速动比率过高，则说明低收益资产过多，或应收账款中坏账较多，将影响公司的盈利能力。要衡量公司偿还短期债务能力的强弱，应该将流动比率与速动比率结合起来看，一般来说存在以下几种关系：流动比率<1 并且速动比率<0.5，资金流动性差；1.5<流动比率<2 并且 0.75<速动比率<1，资金流动性一般；流动比率>2 并且速动比率>1，资金流动性好。

（3）现金比率，是指公司在会计期末拥有的现金余额与同期各项流动负债总额的比率。其计算公式为

$$现金比率 = 现金余额 / 流动负债$$

现金比率是衡量公司短期偿债能力的重要指标。因为流动负债期限很短，很快就需要用现金来

偿还。对债权人来说，现金比率总是越高越好，现金比率越高就说明公司短期偿债能力越强。然而对公司来说，现金比率并非越高越好，因为资产的流动性与盈利能力成负相关关系。现金是流动性最强、盈利能力最弱的资产，保持过高的现金比率，虽能提高公司的偿债能力，但同时也会降低公司的盈利能力，因此公司不应长时间保持过高的现金比率。

（4）已获利息倍数又称利息备付率，是指公司生产经营所获得的息税前利润与利息费用之比。其计算公式为

$$已获利息倍数=息税前利润/利息费用$$

如果已获利息倍数大，说明公司的偿债能力较强，持有公司中长期债券的安全系数就大，收益也较有保证。如果已获利息倍数较小，说明公司的利息负担较重，很可能过多地使用债权人资金，财务风险就相应增大。

（5）应收账款周转率和应收账款平均回收天数，是分析和评估公司应收账款的变现速度和公司流动资金周转状况的重要指标。其计算公式分别为

$$应收账款周转率=赊销净额/平均应收账款净额$$
$$应收账款平均回收天数=365/应收账款周转率$$

应收账款周转率和应收账款平均回收天数合理，说明公司产品销售后收款迅速、坏账损失少、资产流动性强、偿债能力强，同时收账费用也相应较低。应收账款周转率过低且应收账款平均回收天数过长，说明公司客户的信用状况不佳，可能隐含着较大的坏账风险；也说明公司销售和财务人员催收账款不力，使公司有较多营运资本滞留在应收账款上，从而影响公司的经营效益。

2. 资本结构分析

资本结构分析主要是分析公司资产与债务、股东权益之间的相互关系，反映公司利用财务杠杆的程度及财务杠杆的作用。

（1）股东权益比率简称权益比率，是股东权益与资产总额的比率。其计算公式为
$$股东权益比率=股东权益/资产总额$$

股东权益包括普通股股本、优先股股本、资本公积金以及盈余公积等。对股东来说，股东权益过高，意味着公司不敢负债经营，没有积极地利用财务杠杆的作用。当公司的资本利润率高于融资的固定利率时，说明财务杠杆发挥了积极有效的作用，股东权益比率偏低些较好。但是，当公司的资本利润率低于融资的固定利率时，说明财务杠杆发挥了消极负面的作用，股东权益比率过低意味着利息负担过重。对债权人来说，股东权益比率高意味着公司资金来源中股东投资的比率大，举债融资的比率小，债权人的权益受到保护的程度大。

（2）负债比率，是债务总额与资产总额的比值。其计算公式为
$$负债比率=债务总额/资产总额$$

负债比率可反映债权人提供资金的安全程度。对债权人来说，如果负债比率较低，意味着债权人的权益在较大程度上会受到保护，在公司发生财务困难或被迫破产清算时收回本金和利息的可能性较大。如果负债比率过高，则债权人的权益受保护的程度下降，即风险增大。同时，负债比率过高说明公司融资能力受到很大限制。股东权益比率与负债比率相加应该等于100%。将这两个比率结合起来分析，可反映公司的资本结构、两种资本在公司总资本中的比例关系以及各自的作用。

（3）长期负债率，是长期负债占固定资产的比率。其计算公式为
$$长期负债率=长期负债/固定资产$$

长期负债率反映公司固定资产中长期负债所占比率。如果这一比率较高，说明公司过多地依赖长期债务购置固定资产，由于固定资产流动性较差，债权人的权益受保护的程度小。如果这一

比率较低，说明公司尚未充分利用财务杠杆的作用，也说明公司尚有较大的潜在借债能力，特别是在需要用固定资产做抵押时，可为债权人提供安全保障。

（4）股东权益占固定资产比率的计算公式为

$$股东权益占固定资产比率=股东权益/固定资产$$

由于股东权益主要用于固定资产投资，所以这一比率可反映公司股东投资是过多还是不够充分。与长期负债率相比，这一比率表明公司购置固定资产的两种资金来源以及各自所占比率。

3. 经营能力分析

经营能力分析又称经营效率分析，是指分析公司利用各项资产形成产出或销售的效率。经营效率分析可以衡量公司是否实现了资源的优化配置，从而发现公司提高产出和销售的潜在能力。经营能力分析将资产负债表与利润表有机地结合起来，计算并分析公司的资产利用情况和周转速度，以揭示公司在配置各种经济资源过程中的效率状况。

（1）存货周转率，反映公司的存货由销售转为应收账款的速度，是分析公司销售能力的强弱和存货是否过量的重要指标，也是衡量公司产供销效率和公司流动资产运转效率的参考依据。其计算公式为

$$存货周转率=销售收入/平均存货$$

其中，平均存货=(期初存货+期末存货)/2，或每年、每月的平均存货。

（2）存货周转天数又称存货供应天数，是指企业从取得存货开始，至消耗、销售为止所经历的天数。其计算公式为

$$存货周转天数=365/存货周转率$$

（3）固定资产周转率，是用来衡量公司利用现存厂房、机器设备等固定资产形成多少销售额的指标，可反映公司固定资产的使用效率。由于受固定资产原值、存续时间、折旧等因素的影响，不同公司的固定资产周转率有时会出现很大差异，所以这一指标一般只用于本公司不同年份的纵向比较，而很少用于不同公司之间的横向比较。其计算公式为

$$固定资产周转率=销售收入/平均固定资产$$

（4）总资产周转率，表明公司投资的每一元资产在一年之内可产生多少销售额，可从总体上反映公司利用资产创造收入的效率。显然，这一比率越高，表明公司投资发挥的效率越高，公司的利润率也越高；反之，则表明资产利用程度低，投资效益差。其计算公式为

$$总资产周转率=销售收入/平均资产$$

公司的总资产等于全部负债加上股东权益，也就是说公司的全部资产是由负债和股东投资这两大资金来源组成的。所以，总资产周转率又称投资周转率。

（5）股东权益周转率，表明股东每一元的投资在一年内可产生多少元的销售收入，可反映公司的资本经营盈利能力。其计算公式为

$$股东权益周转率=销售收入/股东权益$$

4. 盈利能力分析

公司盈利能力分析主要反映资产利用的效果，即公司利用资产实现利润的状况。通过对盈利能力指标长期趋势的分析，可判断公司的投资价值。

（1）毛利率，是毛利占销售收入的比例。毛利是公司的销售收入与销货成本的差额（或营业收入与营业成本的差额）。毛利率是考核公司经营状况和财务成果的重要指标，一般来说，毛利率越高越好。不同行业间的毛利率相差很大，而同一行业中各公司的毛利率差距不大，通过比较很容易发现它们的区别。毛利率的计算公式为

$$毛利率=毛利/销售收入×100\%$$

（2）净利率，是指公司收入一元钱能净赚多少钱。其计算公式为

$$净利率=税后净收益/销售收入×100\%$$

税后净收益是销售收入减去一切生产成本、各项费用和税金后的纯收益。各行各业的净利率有时相差很大，可比性很小。在同一行业中，净利率高的公司盈利能力强，股东获利多。

（3）资产收益率又称资产报酬率，可用来衡量公司利用资产实现利润的情况，即每一元钱的资产能获取多少净利润。这一指标可准确、全面地反映公司经营效益和盈利情况，是资产周转率和净利率的结合，也是投资者十分关心的指标。其计算公式为

$$资产收益率=税后净收益/资产总额×100\%$$

（4）股东权益收益率又称股本收益率或净资产收益率，可用来反映公司的所有股东，包括普通股股东和优先股股东投入资本的收益状况。其计算公式为

$$股东权益收益率=税后净收益/股东权益×100\%$$

5. 投资收益分析

投资收益分析是将公司财务报表中公布的数据与公司发行在外的股票数、股票市场价格等资料结合起来加以分析，计算出每股净收益、市盈率等与股东利益休戚相关的财务指标，以便帮助投资者对不同上市公司股票的优劣做出评估和判断。

（1）普通股每股净收益，是指公司每年税后净利润在扣除优先股股息后所剩余额属于每股普通股的净收益。其计算公式为

$$普通股每股净收益=（税后净利润-优先股股息）/发行在外的普通股股数$$

每股净收益突出了相对价值的重要性。如果一家公司的税后净收益绝对值很大，但每股净收益数额很小，说明它的经营业绩并不理想，股票的市场价格也不可能很高；反之，每股净收益数额大，则意味着公司有潜力增发股利或增加资本金以扩大生产经营规模，而公司生产经营规模扩大、预期利润增长又会使公司股票价格稳步上升，从而使股东获得资本收益。

（2）股息发放率又称股息支付率、派息率，是指公司派发的普通股股息在其税后净收益中所占的比率，也是投资者非常关心的一个指标。其计算公式为

$$股息发放率=每股股息/每股净收益×100\%$$

股息发放率也与行业特点有关，收入较为稳定的行业、处于稳定发展阶段的行业往往股息发放率较高，而新兴的行业、成长性公司的股息发放率都很低。

（3）普通股每股经营活动净现金流量，是指经营活动净现金流量与发行在外的普通股股数之比，用以反映公司支付股利和资本支出的能力。其计算公式为

$$普通股每股经营活动净现金流量=经营活动净现金流量/发行在外的普通股股数$$

一般而言，该比率越大，表明公司支付股息的能力及资本支出的能力越强。对投资者来说，如果公司支付能力很强，每年都能在满足各项开支后支付一定量的股息，那么投资者就能在较短的时间内收回投资成本，从而增强对公司的信心。

（4）支付现金股利的经营净现金流量，是指经营活动净现金流量与现金股息的比率，用以反映公司年度内使用经营活动净现金流量支付现金股利的能力。其计算公式为

$$支付现金股利的经营净现金流量=经营活动净现金流量/现金股息$$

该比率越大，说明公司支付现金股息的能力越强。

（5）普通股获利率又称股息实得利率，是衡量普通股股东当期股息收益率的指标。其计算公式为

$$普通股获利率=股票股息/股票市价$$

这一指标在用于分析股东投资收益时，分母应采用投资者当初购买股票时支付的价格；在用于

对准备投资的股票进行分析时，则要采用当时的市价。这样既能揭示投资该股票可能获得股息的收益率，也能表明出售或放弃投资这种股票的机会成本。

投资者可利用股价和普通股获利率的关系以及市场调节机制预测股价的涨跌。当预期股息不变时，普通股获利率与股票市价呈反方向运动。当某普通股获利率偏低时，说明股票市价偏高，投资者必然会出售股票，从而导致股价下跌，普通股获利率提高；反之，则说明股票市价偏低，投资者会竞相购买，从而导致股价上升，普通股获利率降低。

（6）本利比，是普通股获利率的倒数，表明目前每股股票的市场价格是每股股息的几倍，以此来分析相对于股息，股票价格是否被高估以及股票有无投资价值。其计算公式为

$$本利比=股票市价/股票股息$$

（7）市盈率又称本益比，表明投资者愿意为每一元公司净收益所支付的股票价格，相当于净收益的倍数，是分析股价与公司净收益之间相互关系的主要指标。其计算公式为

$$市盈率=股票市价/股票净收益$$

市盈率是投资者评估公司股票价值最常用的指标，可用以揭示每股市价相当于每股净利的倍数，表明投资者收到多少年的净利才能和目前的股价水平持平。显然，市盈率高，说明公司盈利能力相对较低或股价偏高；反之，则说明公司盈利能力较强或股价相对偏低。因此，投资者一般都偏好市盈率低的股票，而在股票市盈率高时出货。但这并不是绝对的，当投资者预期公司盈利将增加时，会争相购买该公司股票，市盈率就会随之迅速上升，因此，经营前景好、有发展前途的公司的股票，市盈率会趋于升高；而发展机会不多、前景黯淡的公司的股票，市盈率会经常处于较低水平。

（8）投资收益率，是市盈率的倒数，该比率越大，说明股权资本的盈利率越高，对潜在投资者越有吸引力，是投资者做出投资决策的重要指标。其计算公式为

$$投资收益率=股票净收益/股票市价×100\%$$

（9）每股净资产，是每股普通股股票代表的公司净资产价值，是支撑股票市场价格的物质基础。其计算公式为

$$每股净资产=股东权益/发行在外的普通股股数$$

如果公司的股本除了普通股外还有优先股，则要从股东权益中减去优先股权益。其计算公式为

$$每股净资产=(股东权益-优先股权益)/发行在外的普通股股数$$

每股净资产的数额越大，表明公司内部资产积累越雄厚，抵御外来因素影响和打击的能力越强。每股净资产也是公司清算时的股票账面价值，通常被认为是股价下跌的最低值。对每股净资产与股票市场价格进行比较，可从中发现股票是否具有潜在的获利性。大部分公司的股票市价都会高于每股净资产，而优质公司的股票市价更是远远高于每股净资产。

（10）净资产倍率，是指每股市价与每股净值的比率，用以表明股价以每股净值的若干倍在流通转让，评价股价相对于净值是否被高估。其计算公式为

$$净资产倍率=股票市价/每股净值$$

净资产倍率越小，说明股票的投资价值越高，股价的支撑越有保证；反之，则说明投资价值越低。净资产倍率同样是投资者判断某股票投资价值的重要指标。

投资收益分析就是从报表中获取符合报表使用人分析目的的信息，以此了解公司活动的特点，评价其业绩，发现其问题。

【本章小结】

证券投资基本分析一般先分析宏观经济环境，再分析上市公司所在行业，最后分析上市公司管理现状和财务状况。影响宏观经济的因素有经济增长率、通货膨胀率、经济周期、利率、汇率、国际收支、固定资产投资规模、财政收支等。宏观经济政策对证券市场的影响主要是财政政策、货币政策和产业政策。公司分析主要包括公司基本素质分析、公司财务分析。

本章主要讲述了证券投资基本分析的方法，包括宏观分析、行业分析和公司分析。

【自测题】

【知识测试与实训操作】

一、名词解释

宏观分析　　GDP　　失业率　　通货膨胀率　利率　　汇率　　财政收支
国际收支　　固定资产投资规模　财政政策　货币政策　产业政策
完全竞争　　垄断竞争　　寡头垄断　完全垄断　初创期　成长期
稳定期　　衰退期　增长型行业　周期型行业　防守型行业　经营理念
资产负债表　利润表　现金流量表　现金比率　股东权益比率
负债比率　　长期负债率　固定资产周转率　总资产周转率
毛利率　净利率　资产收益率　普通股每股净收益　股息发放率
本利比　市盈率　每股净值　普通股每股经营活动净现金流量

二、简答题

1. 宏观经济的影响因素有哪些？
2. 财务分析的方法有哪些？
3. 现金流量表的作用有哪些？
4. 市盈率水平的高低应该怎样衡量？

三、实训操作

（一）宏观分析操作

1. 找出中国股市历次大的价格波动周期，说明股市发生大的变动的主要原因，阐述当时的国家政治、经济和政策变化，以检验宏观基础因素的变化是否会对股市产生影响，以及影响产生的时间特性。

2. 收集某个具体行业的数据（如市场容量、销售规模、产能等）。

3. 收集国家产业政策；预测行业发展的趋势；确定行业投资策略。

（二）公司分析操作

公司分析实践训练。选择一只目标股票，进行一次股票投资的基本面综合分析。

1. 股票基本信息收集和分析训练。

（1）选择某个行业中的股票。

（2）收集该股票的相关信息。

1）将公司概况填入表 8.4 中。

表 8.4　公司概况

公司名称			
股票简称		股票代码	
行业类别		上市日期	
法定代表人		公司董秘	
网址			
注册地址			
主营业务			
每股发行价（元）		上市首日收盘价（元）	

2）将公司前五大股东填入表 8.5 中。

表 8.5　公司股本变动情况　　　　　　　　　截止日期：

股东排名	股东名称	年度	股本数量（万股）
第一大股东			
第二大股东			
第三大股东			
第四大股东			
第五大股东			

3）将公司主营业务情况填入表 8.6 中。

表 8.6　公司主营业务情况　　　　　　　　　截止日期：

项目	营业收入（万元）	营业利润（万元）	毛利率（%）	营业利润占主营业务收入的比率（%）

4）将公司财务指标情况（近三年）填入表 8.7 中。

表 8.7　公司财务指标情况

指标	年	年	年
主营业务收入（亿元）			
主营业务利润（亿元）			
净利润（亿元）			
每股收益（元/股）			
每股净资产（元/股）			
净资产收益率（%）			

（3）根据以上所做分析说明该股票是否具有投资价值，并说明理由。

2．股评阅读。

借助证券分析网站，寻找上题所讨论的股票评论文章，摘录要点填入表8.8中。

表8.8　股票评论

股票名称		年　月　日
网　　址		
栏目名称		
主要观点		
理　　由		

3．股票投资技巧运用和模拟交易。

（1）依据以上所做工作，确定模拟投资交易对象，简述理由。

（2）确定投资策略。

第九章

证券投资技术分析

【学习目标与知识结构图】

1. 了解 K 线、切线理论和形态理论的主要内容，理解并掌握具有典型意义的 K 线组合的技术含义。

2. 掌握并应用技术分析的经典理论。

3. 发扬科学家精神，锐意进取勇于创新。

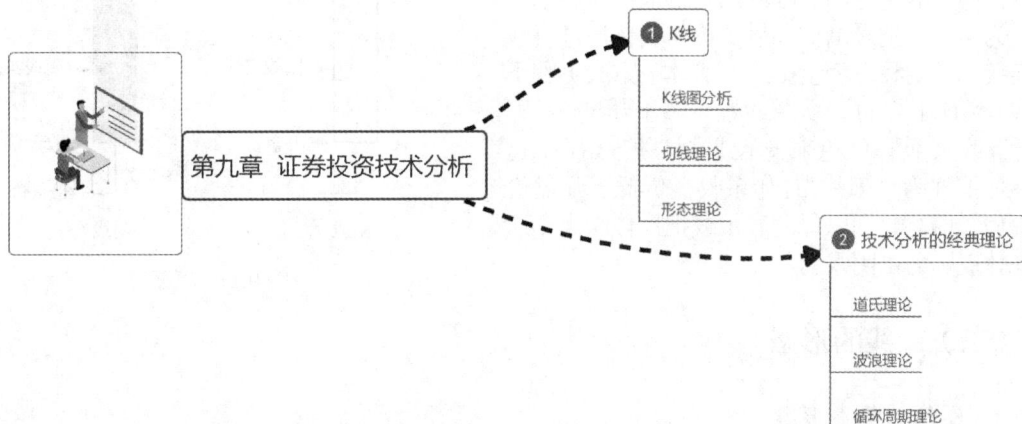

【案例导入】

通过前面的学习，A 掌握了证券基本分析方法，可据此选择出一个投资标的。但是当打开证券分析软件，看到上下波动的股票 K 线图时，A 傻眼了，怎么才能把握股票的买卖点呢？

证券分析就是研究证券价格的波动规律，其主要包括基本分析和技术分析。技术分析常用于分析股票的价格趋势，即解决股票买卖点的问题。

看来 A 还得好好了解证券的技术分析，本章和第十章将介绍技术分析的相关内容。

思考与讨论

（1）证券投资基本分析与技术分析有什么区别？

（2）作为学生，在进行证券投资技术分析时要注意哪些事项？

第一节　K 线

K 线能记录证券价格变化，通过 K 线图分析证券价格走势是证券投资技术分析的主要任务。

一、K 线图分析

K 线图以其直观、立体感强的特点而备受投资者欢迎。通过 K 线图分析证券价格可以较准确地预测后市走向，为投资决策提供重要参考。

（一）K 线图的概念

K 线又称阴阳线，K 线图又称蜡烛图，是股市分析中应用最广泛的图表之一。K 线图最早是被日本德川幕府时代大阪的米商用来记录当时一天、一周或一月中米价涨跌行情的图示法，后被引入股市。

K 线显示了分析期内的四个重要价格，即开盘价、收盘价、最高价和最低价（见图 9.1）。把开盘价和收盘价之间的区域用长方形柱体表示，称之为实体；把最高价和最低价与实体通过直线段连接，分别称之为上影线（实体上方的）和下影线（实体下方的）。如果收盘价高于开盘价（即低开高收），便以红色来表示或在柱体上留白，这种柱体被称为"阳线"；如果收盘价低于开盘价（即高开低收），则以绿色表示或把柱体涂黑，这种柱体被称为"阴线"。

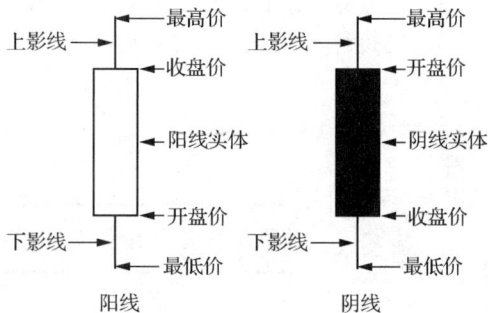

图 9.1　K 线

（二）K 线的形态

1. K 线的基本形态

K 线的基本形态如图 9.2 所示，K 线基本形态的含义如下。

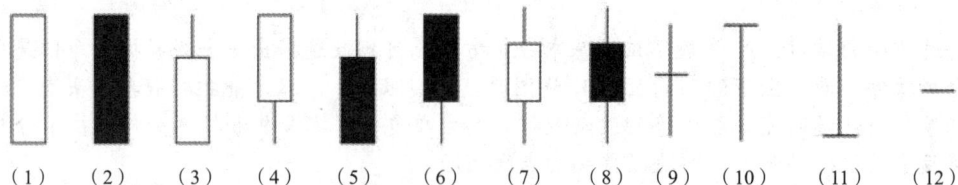

图 9.2　K 线的基本形态

（1）光头光脚阳线，即没有上影线和下影线，只有阳实体的图形表示开盘价为最低价，股价呈上升趋势，收盘于最高价。阳线表示买方的力量占据优势，阳线越长，这种优势越明显。

（2）光头光脚阴线，即没有上影线和下影线，只有阴实体的图形表示开盘价为最高价，股价一路下跌，收盘于最低价。阴线表示卖方的力量占据优势，阴线越长，这种优势越明显。

（3）光脚阳线，即由上影线和阳实体组成的图形，没有下影线。这种图形表示开盘价为最低价，开盘后股价攀升逐渐受到卖方的压力，到最高价处上升势头受阻，价格掉头回落，但收盘价仍比开盘价高。这种图形表示总体上买方的力量比卖方强，但是在高价位处卖方占据优势，属于上升抵抗型。买卖双方力量的对比可以根据上影线与实体长度的比例来判断。实体越长，上影线越短，说明买方的优势越明显；反之，则说明买方的优势越弱。在上升趋势的后期出现上影线很长、阳线实体很短的图形，往往是上升趋势疲软、逆转的前兆。

（4）光头阳线，即由下影线和阳实体组成的图形，没有上影线。这种图形表示开盘后，价格一度下探，在最低价位处得到支撑，然后一路上扬，在最高价位收盘，属于先跌后涨型。这种形态说明买方经受了抛盘的压力，开始显示出优势。买卖双方力量的对比可以通过实体与下影线的长度的比例来判断。下影线越长，说明买方的优势越明显。

（5）光脚阴线，即由上影线与阴实体组成的图形。这种图形表示开盘后价格曾经上升，在最高价位处受阻回落，在最低价位处收盘，属于先涨后跌型。这种形态说明卖方的力量占优，使得买方抬高股价的努力失败。实体部分越长，影线越长，表示卖方力量越强。

（6）光头阴线，即由下影线与阴实体组成的图形。这种图形表示开盘后，价格顺势下滑，在最低价位处受阻后反弹上升，但收盘价仍低于开盘价，属于下跌抵抗型。这种形态说明开始阶段卖方的力量占优，但是在价格下跌的过程中，卖方的力量逐渐削弱。在收盘前，买方的力量稍稍占优，将股价向上推动。但从整个周期来看，收盘价没有超过开盘价，买方的力量仍占下风。实体越长，表示买方力量越弱。

（7）有上下影线的阳线，即带有上下影线、实体为阳线的图形。这是价格震荡上升的形态。总体来看，买方的力量占优，价格有所上升。但是，在高价位处，买方受到卖方的抛压形成了上影线；在低价位区，卖方的力量并不占优，因而形成了下影线。对于买卖双方的优势，主要依靠上下影线和实体的长度来衡量。一般来说，上影线越长、下影线越短、实体越短，越有利于卖方；上影线越短、下影线越长、实体越长，越有利于买方。

（8）有上下影线的阴线，即带上下影线、实体为阴线的图形。这是价格震荡下挫的形态。虽然总体上卖方力量占优，但是买方在低价位区略占优势，遏制了价格的跌势，形成了下影线。上下影线越长，表明买卖双方的较量越激烈，股价上下震荡较大。实体部分越长，说明卖方的优势越大；反之，则说明双方力量的差距越小。

（9）十字形，即只有上下影线，实体长度为零的图形。它表示开盘价等于收盘价，买卖双方的力量呈胶着状态，当影线较长时，说明双方对现行股价的分歧颇大。因此，这种图形常常是股价变盘的预兆。

（10）T字形，即由下影线和长度为零的实体组成的图形。它表示交易都在开盘价以下的价位成交，并以最高价收盘，属于下跌抵抗型。这种形态说明卖方的力量有限，买方的力量占有优势，下影线越长，优势越大。

（11）倒T字形，即由上影线和长度为零的实体组成的图形。它表示交易都在开盘价以上的价位成交，并以最低价收盘，属于上升抵抗型。这种形态说明买方的力量有限，卖方的力量占有优势，上影线越长，优势越大。

（12）一字形，是一种非常特殊的形状。它表示全部的交易只在一个价位上成交。冷门股可能会发生这种情况，或者在实行涨跌停板制度下，开盘后股价直接到涨跌停板，并维持到收盘时，也会发生这种情况。

🏛 **视野拓展**

K线图形态记忆口诀

2. K线图的分析要点

分析K线图是为了判断证券价格的未来走势，而决定证券价格未来走势的根本因素是市场中多方与空方力量的对比。如果多方占优，价格将上涨；如果空方占优，价格将下跌。通过K线图来判断多空双方力量的对比与变化，主要考虑K线图的阴阳、实体大小和影线长短。

（1）K线图的阴阳。阴阳表明多空双方孰占优势以及趋势方向。以阳线为例（日线），经过一天的多空拼搏，收出阳线表明多头占据上风，收出阴线则表明空头占优。

（2）K线图的实体大小。实体是开盘和收盘的差价，其大小代表内在动力。阳线实体越大，代表其内在上涨动力越足；而阴线实体越大，则代表下跌动力越足。在实践中，实体有大阳（阴）、中阳（阴）和小阳（阴）的说法；但实体大小的量化是个相对的概念，最好是只同邻近的K线实体长度和价格的移动距离相比。

（3）K线图的影线长短。影线代表转折信号。向一个方向的影线越长，越不利于证券价格向这个方向变动。即上影线越长，越不利于证券价格上涨；下影线越长，越不利于证券价格下跌。以上影线为例，在经过一段时间的多空斗争之后，多头终于败下阵来，不论K线是阴还是阳，上影线部分都已构成下一阶段的上涨阻力，预示着证券价格向下调整的概率居高；同理，下影线预示着证券价格向上攻击的概率居高。

二、切线理论

切线理论是在道氏理论的基础上，遵循顺势而为的交易思想发展起来的。它通过在K线图中绘制直线表明当前证券价格运行的趋势，预测未来证券的价格走势，从而指导具体的买卖操作。

（一）趋势

趋势就是价格波动的方向，或者说是证券市场运动的方向。若确定当前市场是一段上升（或下降）趋势，则价格的波动就是向上（或向下）运动。当然，在向上的趋势中，肯定会出现下降的过程，但这不是主流，不会影响上升的大方向。技术分析三大假设中的第二条就明确说明价格的变化是有趋势的，对证券价格运行趋势的研判是形态分析的主要内容。

微课堂
趋势与走势

趋势有三个方向：第一个是上升方向，第二个是下降方向，第三个是水平方向，分别对应上升趋势、下降趋势和水平趋势（也称横盘），如图9.3所示。价格的波动在图表上形成波形，上升趋势的显著特点就是一底比一底高，或底部抬高。下降趋势的特点就是一顶比一顶低，或顶部降低。水平趋势的特点就是每一波的高低没有明显的差别，其意味着目前市场中多空双方力量均衡，证券价格处于盘整状态，而一旦这种盘整状态结束，证券价格将选择新的运动方向。因此，水平趋势正是酝酿新的运动趋势的过程。

按照趋势的运行时间和波动幅度的大小，可将趋势划分为三种类型：主要趋势、次要趋势和短暂趋势。主要趋势是价格运动的主要方向，持续时间一般比较长；次要趋势是在主要趋势过程中进行的调整，持续时间比较短。短暂趋势是指股价的日常波动。

发现价格运行的趋势是为了指导具体的买卖操作，一旦确定了市场的趋势，投资者就应该顺势而为。如果市场的主要趋势是上升趋势，持有的仓位就可以重一些，持有

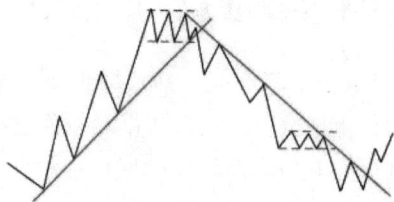

图9.3　趋势的三个方向

的时间则可长一些，尽量不要频繁地进进出出，应选好有潜力的证券然后持仓待涨；如果市场的主要趋势是下降趋势，就应该多看少动，即使买入证券也不要恋战，以免深套其中。

（二）支撑线和压力线

1. 支撑线和压力线的定义及作用

支撑线又称抵抗线。当证券价格跌到某个价位附近时，证券价格就会停止下跌，甚至回升，因为多方在此价位买进。支撑线起着阻止证券价格继续下跌的作用。这个阻止价格继续下跌或暂时阻止价格继续下跌的价位就是支撑线所在的位置。压力线又称阻力线。当证券价格上涨到某价位附近时，证券价格就会停止上涨，甚至回落，因为空方在此价位卖出。压力线起着阻止证券价格继续上升的作用。这个阻止或暂时阻止证券价格继续上升的价位就是压力线所在的位置。支撑线和压力线如图9.4所示。

证券价格的运动是有趋势的，要维持这种趋势，保持原来的运动方向，就必须突破阻止其继续向前的障碍。例如，要维持下跌行情，就必须突破下降的支撑线的阻挠，创造出新的低点；要维持上升行情，就必须突破上升的压力线的阻挠，创造出新的高点。由此可见，支撑线和压力线不足以长久地阻挠证券价格保持原来的运动方向，只不过是使其暂时停顿而已，因此迟早会被突破。

在上升趋势中，如果下一次未创出新高，即未突破压力线，这个上升趋势就已经处在关键的位置，

图9.4 支撑线和压力线

而再往后的证券价格又向下突破这个上升趋势的支撑线，则就发出了上升趋势将要改变的强烈信号。通常来说，这意味着这一轮上升趋势已经结束，下一步的走向是下跌的过程。同理，在下降趋势中，如果下一次未创出新低，即未突破支撑线，这个下降趋势就到了关键的位置，下一步证券价格向上突破这个下降趋势的压力线，则就发出了下降趋势将要结束的强烈信号，那么以后的证券价格将是上升趋势。

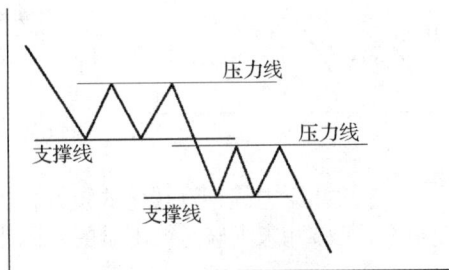

2. 支撑线和压力线的理论依据及相互转化

支撑线和压力线主要从人的心理因素方面考虑，因此两者的相互转化也要从心理角度来考虑。支撑线和压力线能起支撑和压力作用，在很大程度上是人们心理方面的原因，这是支撑线和压力线的理论依据。

市场中的投资者不外乎多头、空头和旁观者三种。其中，旁观者又可分为持有证券的旁观者和持有货币的旁观者。假设证券价格在一个支撑区运动一段时间后开始向上移动，在此支撑区买入的多头很肯定地认为自己对了，并对自己没有更多地买入而感到后悔；在此支撑区卖出的空头也意识到自己错了，并希望证券价格再跌回他们卖出的区域，将他们原来卖出的证券补买回来；而旁观者中持有证券者的心情和多头相似，持有货币者的心情与空头相似。无论是这四种人中的哪一种，都有买入证券成为多头的愿望。正是由于这四种人决定要在下一个买入的时机买入，所以才使证券价格稍一回落便受到大家的关注，他们或早或晚地进入证券市场买入证券，使得价格还未下降到原来的支撑位置，买入的力量就已经把价格推了上去。在该支撑区发生的交易越多，就说明关注这个支撑区的证券投资者越多，这个支撑区就越重要。再假设证券价格在一个支撑位置获得支撑后，运动一段时间开始向下移动，而不是像前面假设的那样向上移动。对于上升，

由于每次回落都有更多的买入，因而产生新的支撑。而对于下降，由于跌破了该支撑，情况就截然相反。在该区域买入的多头意识到自己错了，而没有买入的或卖出的空头都意识到自己对了。无论是多头还是空头，他们都有抛出证券逃离目前市场的想法。一旦证券价格有些回升，尚未到达原来的压力位，就会有一批证券被抛出来，再次将证券价格压低。以上分析过程同样适用于压力线，只不过结论正好相反。

上述分析的结果是支撑线和压力线地位的相互转化。如上所述，一个支撑线如果被跌破，那么这个支撑线将成为压力线；同理，一个压力线如果被突破，这个压力线将成为支撑线。这说明支撑线和压力线的角色不是一成不变的，而是会相互转化的，如图 9.5 所示。

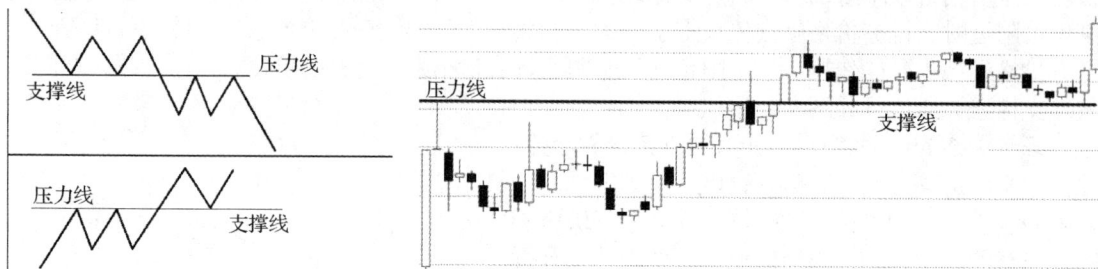

图 9.5　支撑线和压力线的转化

支撑线和压力线相互转化的重要依据是被突破，那么怎样才能算被突破呢？用一个数字来严格区分突破和未突破是很困难的，因为没有一个明确的截然分明的界线。

3. 支撑线和压力线的确认及修正

支撑线和压力线的确认都是人为的，其主要依据是证券价格变动的 K 线图。支撑线和压力线的确认要从三个方面考虑：一是证券价格在这个区域持续的时间长短；二是证券价格在这个区域伴随的成交量大小；三是这个支撑区域或压力区域发生的时间距当前这个时间的远近。很显然，持续的时间越长，伴随的成交量越大，离当前这个时间越近，则这个支撑区域或压力区域对当前的影响就越大。这三个方面是确认一个支撑线和压力线的重要识别手段。有时，由于证券价格的变动，原来确认的支撑线或压力线可能不具有支撑或压力的作用，或者说不是很符合上述三个方面的情况，那么就存在一个对支撑线和压力线进行调整的问题，即支撑线和压力线的修正。

（三）趋势线

趋势线是用来衡量价格趋势的，由趋势线的方向可以明确地看出价格的运动方向。

1. 趋势线的画法

在上升趋势中，将两个上升的低点连成一条直线，就得到上升趋势线。在下降趋势中，将两个下降的高点连成一条直线，就得到下降趋势线。上升趋势线起支撑作用，下降趋势线起压力作用。也就是说，上升趋势线是支撑线的一种，下降趋势线是压力线的一种。下降趋势线和上升趋势线如图 9.6 所示。

2. 趋势线的有效性

画好趋势线以后，可采用以下三种方法判断其有效性。

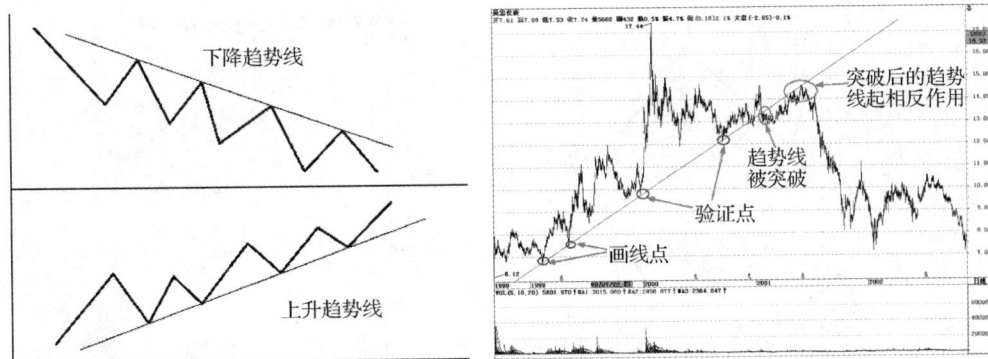

图 9.6　下降趋势线和上升趋势线

（1）趋势线被触及的次数。股价变动中触及趋势线的次数越多，趋势线越可靠，趋势线的支撑或压力效用越强，一旦被突破则市场反应也越强烈。

（2）趋势线的倾斜度。趋势线的斜率越大，可靠性越低，支撑作用或压力作用就越弱，以后也越容易被突破或修正。股价变动趋势形成初期如果出现斜率很大的趋势线，即使突破也不会改变股价变动方向，可视为修正。

（3）趋势线的时间跨度。趋势线跨越的时间越长，可靠性越高，支撑或压力效用越强。

3. 趋势线的作用

趋势线的有效性一经确认，下一步就是怎样通过这条趋势线对价格进行预测。趋势线有以下两个作用。

（1）约束今后价格的变动，使价格总保持在这条趋势线的上方（上升趋势线）或下方（下降趋势线）。实际上，就是起支撑或压力作用。

（2）趋势线被突破后，就说明价格下一步的走势是向相反的方向运行。越重要和越有效的趋势线一旦被突破，其转势的信号就越强烈。此时被突破的趋势线原来所起的支撑和压力作用也将相互转换，即原来起支撑作用的现在起压力作用，原来起压力作用的现在起支撑作用。

4. 趋势线的突破

趋势线的突破（见图 9.7）是应用趋势线最重要的内容，判断趋势线有效突破的主要原则包括以下几项。

（1）收盘价突破趋势线比当日内最高或最低价突破趋势线重要。

（2）穿越趋势线后，离趋势线越远，突破越有效。投资者可以根据各个证券的具体情况，自己制定一个界限。

（3）穿越趋势线后，在趋势线的另一方停留的时间越长，突破越有效。很显然，只在趋势线的另一方停留一天，肯定不能算突破。至于多少天才算突破，则又是一个人为选择的问题，趋势线的突破实例如图 9.8 所示。

（四）轨道线

趋势线是一条直线，而轨道线是两条直线，证券价格在轨道内运行。

1. 轨道线的画法

轨道线又称通道线或管道线。在画好趋势线后，通过波形的顶点和低点再画出这条趋势线的平行线，两条平行线组成一个轨道，即轨道线。轨道线分为上升轨道和下降轨道，如图 9.9 所示。

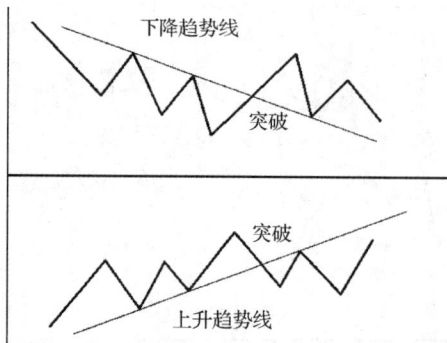

图 9.7 趋势线的突破

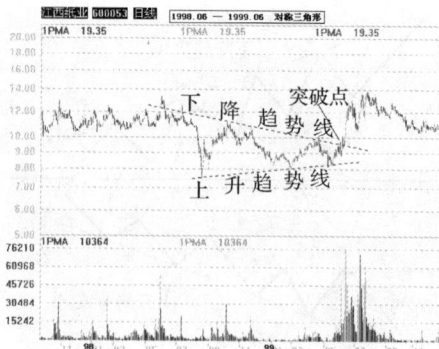

图 9.8 趋势线的突破实例

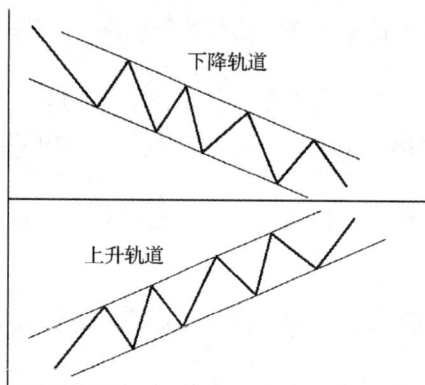

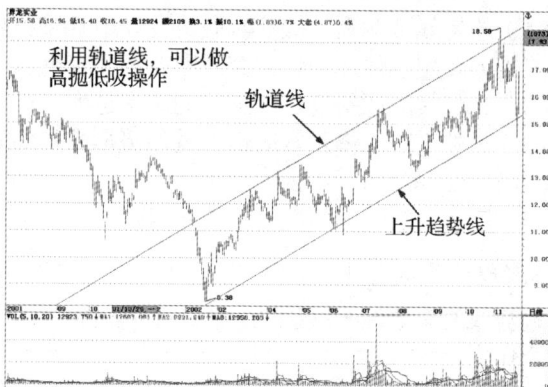

图 9.9 轨道线

2. 轨道线的作用

轨道线的作用之一是预测证券价格的变动范围。轨道线一经确认，价格将在其中变动。如果轨道上沿或下沿的直线被突破，就意味着价格将会有一个大的变化。同趋势线一样，轨道线也有是否被确认的问题。如果价格的确因得到支撑或受到压力而在轨道线处掉头，并一直走回到趋势线上，那么这条轨道线就可以被确认了。当然，轨道线被触及的次数越多，延续的时间越长，其被认可的程度和重要性就越高。

轨道线的作用之二是发出趋势转向的预警。如果在一次波动中未触及轨道线，且离得很远就开始掉头，这往往是原有的趋势将要改变的信号。

微课堂

黄金分割线

（五）黄金分割线与百分比线

黄金分割线与百分比线都是在证券价格分析的过程中，通过画出重要价位的水平直线，作为证券价格的支撑线或压力线，用于对价格进行预测。

1. 黄金分割线的画法

黄金分割是一种古老的数学方法，有着神奇的作用和魔力，屡屡在实际中产生令人意想不到的效果。

（1）了解若干个特殊的黄金分割数字：

| 0.191 | 0.382 | 0.618 | 0.809 | 1.191 | 1.382 |

| 1.618 | 1.809 | 2.00 | 2.618 | 4.236 | 6.854 |

其中 0.382、0.618、1.382、1.618 最为重要，因为价格很容易在这四个数对应的黄金分割线处产

生支撑或压力。

（2）在 K 线图中找到一个点。这个点是上升行情结束，掉头向下的最高点；或者是下降行情结束，掉头向上的最低点。当然，这里的高点和低点都是在一定范围的局部性的高点和低点。只要能够确认一个趋势（无论是上升还是下降）已经结束或暂时结束，则这个趋势的转折点就可以作为黄金分割的起点，而这个点一经选定，我们就可以画出黄金分割线了。

（3）计算黄金分割线的位置，分为在下降行情和在上升行情两种情况。

1）在下降行情。当下降行情持续很长时间后，价格已经下降了很多，此时投资者最为关心的是下降趋势将在什么位置获得支撑。黄金分割线提供了几个价位，它们是这次下降开始的最高点价位分别乘以上面所列数字中比 1 小的数字。如果下降起点的顶点位为 10 元，依次可以计算出 8.09、6.18、3.82、1.91 四个价位，这是四个黄金分割线的位置，它们今后可能会成为支撑位，如图 9.10（a）所示。

2）在上升行情。当上升行情持续了很长时间后，价格已经上涨了很多，此时投资者最为关心的是上升趋势将在什么位置遇到压力。用本次上升开始的低点位分别乘以上面所列数字中比 1 大的数字。如果上升起点的低点位为 10 元，依次可以计算出 11.91、13.82、16.18、18.09、20、26.18、42.36、68.54 等，这些都是黄金分割线的位置，它们今后可能会成为压力位，如图 9.10（b）所示。

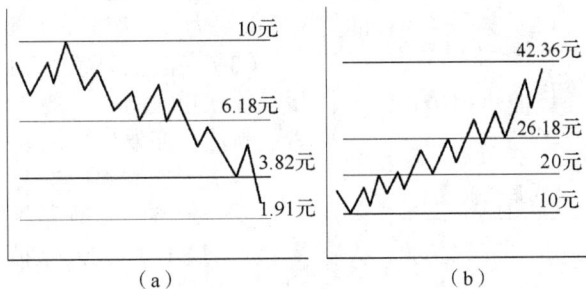

图 9.10 黄金分割线

2. 百分比线的画法

百分比线是利用百分比率的原理进行证券价格分析的一种方法。

当价格持续向上，涨到一定程度时，肯定会遇到压力，而遇到压力后，就要向下回撤，回撤的位置很重要。黄金分割线可以提供几个价位，百分比线也可以提供几个价位。

用这次上涨开始的最低点和开始向下回撤的最高点两者之间的差分别乘以几个特别的百分比数，就可以得到未来支撑位可能出现的位置。

设最低点是 10 元，最高点是 22 元。这些百分比数一共有 9 个，分别是 1/8、1/4、3/8、1/2、5/8、3/4、7/8、1/3、2/3，按上述方法可得到以下 9 个价位：

$$1/8 \times (22-10) + 10 = 11.5 \qquad 1/4 \times (22-10) + 10 = 13$$
$$3/8 \times (22-10) + 10 = 14.5 \qquad 1/2 \times (22-10) + 10 = 16$$
$$5/8 \times (22-10) + 10 = 17.5 \qquad 3/4 \times (22-10) + 10 = 19$$
$$7/8 \times (22-10) + 10 = 20.5 \qquad 1/3 \times (22-10) + 10 = 14$$
$$2/3 \times (22-10) + 10 = 18$$

这里的百分比线中，1/2、1/3、2/3 三条线最为重要。从很大程度上讲，回撤到 1/2、1/3、2/3 是人们的一种心理价位。如果没有回撤到 1/2、1/3、2/3 以下，人们就觉得好像没有回撤够似的；如果已经回撤了 1/2、1/3、2/3，人们往往才会认为回撤的深度已经够了。

对于下降行情中的向上反弹，百分比线同样适用。其方法与上升行情完全相同。

如果百分比数字取 61.8%、50%和 38.2%，就会得到另一种百分比线，即这两个点的黄金分割线。在实际中，两点黄金分割线的使用很频繁，几乎已经取代了百分比线，但它仍然只是百分比线的一种特殊情况。

三、形态理论

证券形态是记录证券价格的图形，表现为某种形状。这种形状的出现和突破，对未来证券价格变动的方向和幅度有技术上的分析意义。多根K线的组合形态更容易发现多空双方力量的对比变化，从而判断出其后的证券价格趋势。多根K线的组合形态可以分为反转形态和整理形态。

（一）反转形态

反转形态是指将导致运行趋势发生逆转的价格形态。其最主要的特点是：形态所在的平衡被打破后，波动方向与平衡之前的趋势方向相反。

反转形态是形态理论研究的重要内容。判断反转形态时，需要注意以下几点。

（1）市场上事先必须存在某种趋势，这是反转形态产生的前提。

（2）某一条重要的支撑线或压力线被突破，是反转形态突破的重要依据。

> **课堂讨论**
>
> 在反转形态中怎么观察成交量？

（3）在向上突破的时候伴随的成交量越大，可靠性就较强。成交量往往在重大阻力位被突破的时候会起到关键作用，说明大多数投资者的看法正在发生变化。

（4）形态的规模越大，反转形成时市场的波动就越大。

反转形态的典型形态有阳包阴或阴包阳、早晨之星和黄昏之星、红三兵和三只乌鸦、头肩形、双重顶（底）形、圆弧形、V形、扩散形态和菱形形态等。

1. 阳包阴或阴包阳

阳包阴或阴包阳形态又称为鲸吞型组合形态或者穿头破脚形态，需要满足以下四个特征。

（1）本形态出现之前一定有相当明确的趋势。

（2）第二天的实体必须完全包含前一天的实体。

（3）前一天的K线的阴阳反映趋势。阴线反映下降趋势，阳线反映上升趋势。

（4）第二根实体的阴阳与第一根实体的阴阳相反。

阳包阴或阴包阳是市场上常见的最为剧烈的一种K线形态，应予以足够的重视。它是市场反转信号最强烈的K线形态，如图9.11所示。

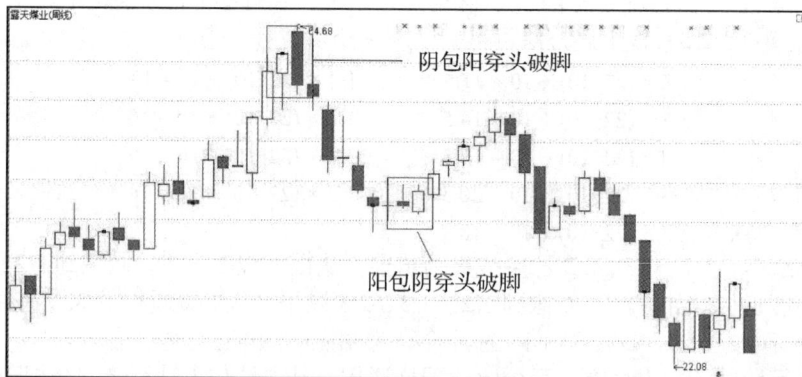

图9.11　阳包阴或阴包阳

2. 早晨之星和黄昏之星

早晨之星一般由三根K线构成。第一天，股价继续下跌，并且因恐慌性的抛盘而出现一根巨大的阴线。第二天，跳空下行，但跌幅不大，实体部分较短，构成星的主体部分，既可以是阴线，也可以是阳线。第三天，一根长阳线拔地而起，价格收复第一天的大部分失地，市场发出明显看涨信号。早晨之星的 K 线形态一般出现在下降趋势的末端，是一个较强烈的趋势反转信号。谨慎的投资者可以结合成交量和其他指标进行分析，做出相应的投资判断。

黄昏之星也由三根 K 线组成。第一天，市场在一片狂欢之中继续涨势，并且拉出一根长阳线。第二天，继续冲高，但尾盘回落，形成上影线，实体部分窄小，构成星的主体。第三天，突然下跌，间或出现恐慌性抛压，价格拉出长阴，抹去了前两天的大部分走势。黄昏之星充当顶部的概率非常高，在牛市的后期，要特别警惕这种反转信号。早晨之星和黄昏之星是常见的两种 K 线形态，应予以足够的重视。它是市场反转的信号，如图 9.12 所示。

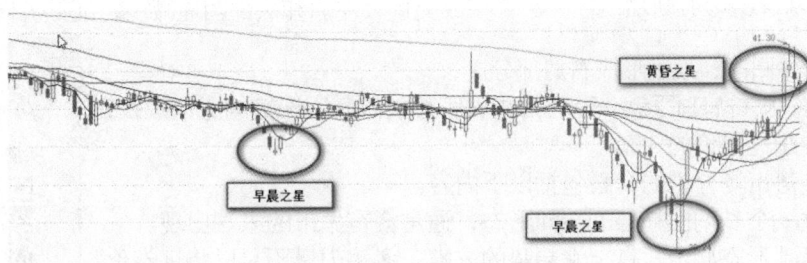

图 9.12　早晨之星和黄昏之星

3．红三兵和三只乌鸦

红三兵由三根 K 线构成，是位于股价低位时的连续三根阳线，每日的收盘价高于前一日的收盘价；每日的开盘价在前一日阳线的实体之内；每日的收盘价在当日的最高点或接近最高点。红三兵预示着后市可能见底回升。三根阳线表明多头力量已占据绝对优势，空头力量已经衰竭，如图 9.13 所示。

三只乌鸦也由三根 K 线构成，是位于股价高位时的连续三根阴线，每日收盘价都向下跌；每日的收盘价接近每日的最低价位；每日的开盘价都在上根 K 线的实体之内。三只乌鸦刚好和红三兵相反，在上升趋势中，三只乌鸦呈阶梯形逐步下降，当出现三只乌鸦的组合形态时，表明当前市场靠近顶部。三只乌鸦表明空头力量已占据绝对优势，多头力量已经衰竭。

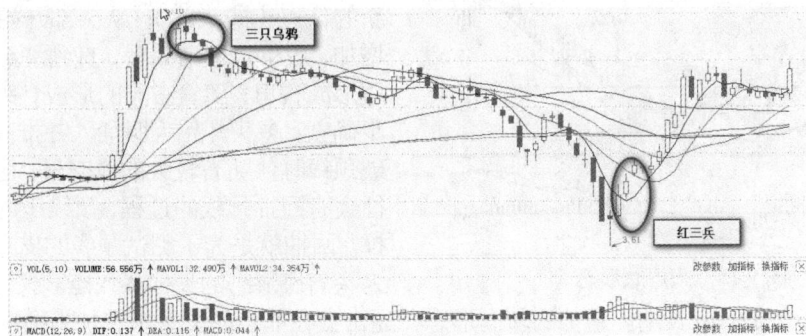

图 9.13　红三兵和三只乌鸦

4．头肩顶和头肩底

头肩顶呈现出三个明显的高峰，位于中间的峰的高点较两边的峰的高点略高。至于成交量，则逐渐减少，如图 9.14 所示。

头肩顶形态由以下部分构成。

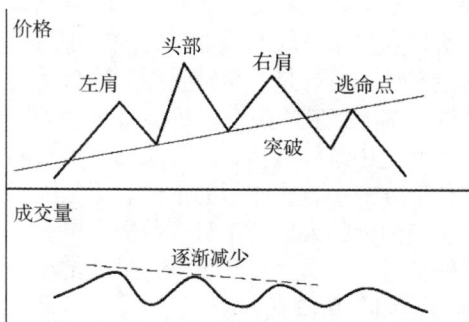

图 9.14 头肩顶形态

（1）左肩部分。上升趋势持续一段时间后，成交量很大，前期的多头开始获利沽出，令证券价格出现短期回落，成交量较上升阶段显著减少。

（2）头部。证券价格经过短暂的回落后，又有一次强有力的上升，成交量亦随之增加。不过，最大成交量较左肩部分明显减少。证券价格超过上次的高点后再一次回落，成交量在这次回落期间亦同样减少。

（3）右肩部分。证券价格下跌到接近上次回落的低点时再获得支撑而回升，市场投资的情绪显著减弱，成交量较左肩和头部明显减少，证券价格没有到达头部的高点便开始回落，最后形成右肩部分。

（4）突破。从右肩顶下跌，突破由左肩底和头部底所连接的底部颈线，其突破幅度要超过市价的3%。

头肩顶走势市场分析的含义包括以下内容。

（1）这是一个长期性趋势的转向形态，通常会在牛市的末端出现。

（2）头肩顶形态显示，在上涨趋势的末端，多头力量不足以将证券价格推向更高位置，而获利盘的不断沽出使空头力量不断增加，最终空头战胜多头。

（3）在成交量方面，头肩顶的三个峰对应的成交量逐渐减少。

（4）当头肩顶的颈线被突破时，没有卖出的投资者就必须下决心采取行动了。头肩顶被突破后往往会有一个回抽的过程，这是多头最后的逃命机会。

（5）当颈线跌破后，投资者可根据该形态的最小跌幅量度方法预测证券价格会跌至哪个水平。量度方法是从头部的最高点画一条垂直线到颈线，然后从完成右肩突破颈线的点开始，向下量出同样的长度，以此量出的价格区间就是将要下跌的最小幅度。

头肩底形态（见图 9.15）和头肩顶形态正好相反，就是头肩顶形态倒转过来。在长期下跌过程中，暂时超跌获得支撑而反弹，形成左肩；左肩开始反弹至颈线时，出现新的下跌，形成新的低点（即头部）；从头部开始成交量逐步增加，股价也逐渐回暖，直到涨至颈线位受阻后形成右肩；随着右肩的形成，头肩底形态初步确立，多头开始大胆涌入并推高股价，在突破颈线时伴随着较大的成交量；在突破之后往往会有回抽颈线的过程，颈线压力随即变成支撑。回抽就是为了测试颈线的支撑力度，此处为头肩底形态的最佳买入点。

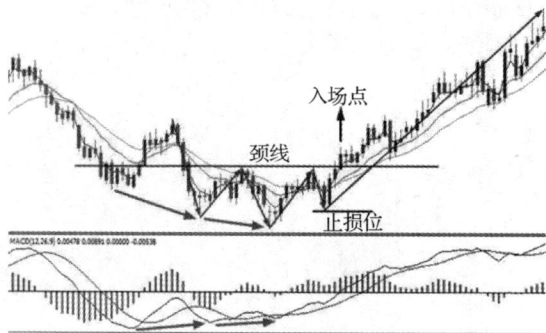

图 9.15 头肩底形态

头肩底形态是一个长期性趋势的转向形态，通常会在熊市的尽头出现。当两次反弹的高点压力线（颈线）被突破后，显示多方的力量已经超过空方，即多方将代替空方完全控制整个市场。需要注意的是，头肩底的突破一定要有成交量的有效放大作支撑。头肩底形态被突破后的升幅与头肩顶降幅的预测原则一样。

5. 双重顶和双重底

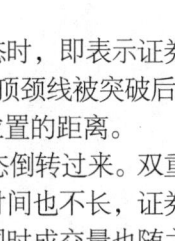

双重顶（又称 M 头或双头）的形状呈现出两个明显的高峰，并且两个峰顶的价位大致相同。至于成交量方面，第二个峰的成交量会下降。

（1）双重顶的形态分析。证券价格上升一段时间后，在某一价格水平遇到阻力，价格随之下跌，并在低位获得支撑。接着证券价格又升至与前一个价格几乎相等的高点，但成交量却不能达到上一个高峰的成交量，随后在压力线的阻压下再次下跌，而且跌破双重顶颈线的支撑。双重顶颈线是指第一次从高峰回落的最低点。注意，双重顶的两个峰所对应的成交量逐渐减少。

（2）双重顶的市场含义。双重顶形态是一个转向形态。当出现双重顶形态时，即表示证券价格的升势已经终结。双重顶颈线被突破，就是一个可靠的卖出信号。当双重顶颈线被突破后，价格至少要跌到与形态高度相等的距离。所谓形态高度，是指从顶点到颈线位置的距离。

双重底形态（又称 W 底或双底）和双重顶形态正好相反，就是双重顶形态倒转过来。双重底形态中证券价格持续下跌到某一平台出现技术性反弹，但回升幅度不大，时间也不长，证券价格再次下跌，当跌至上次低点时获得支撑，再一次回升，而且突破颈线，同时成交量也随之放大。双重底颈线被突破，就是一个可靠的买入信号。双重顶和双重底形态如图 9.16 所示。

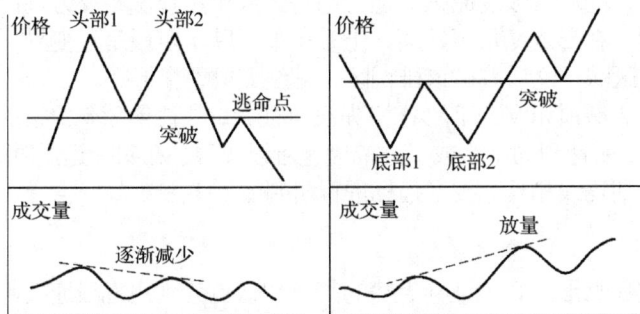

图 9.16 双重顶和双重底形态

6. 圆弧顶和圆弧底

圆弧顶形态是由一系列小波段形态组成的，由于一系列小波段的高点用曲线连起来，能得到一条弧线，刚好盖在证券价格之上，故而得名。

（1）圆弧顶的形态分析。在圆弧顶形成过程中，日 K 线以小阴、小阳及十字星之类的震荡 K 线为主。成交量逐步萎缩，尤其是在下跌半圆的末期可能会萎缩到底量。当圆弧顶头部确定后，证券价格下跌的幅度会较大，而且较难出现反弹离场的时机。

（2）圆弧顶的市场含义。多方在维持一段股价或指数的升势之后，力量逐步趋弱，难以维持原来的购买力，使涨势缓和，而空方力量却有所加强，导致双方力量均衡，此时股价保持平台整理的状态。一旦空方力量超过多方，股价就开始回落，起初只是慢慢改变，跌势不明显，到后来空方完全控制市场，跌势转急，表明一轮跌势已经来临，先知先觉者往往会在形成圆弧顶前抛售出局。之后空方势力完全控制市场，证券价格迅速下跌，因为顶部耗时长、换手充分，所以向下突破后，买方无力抵抗，往往无须回档，短期跌幅相当惊人。

圆弧底形态和圆弧顶形态正好相反，就是圆弧顶形态倒转过来。圆弧底形态也是由一系列小波段形态组成的，由于一系列小波段的低点用曲线连起来，也能得到一条弧线，刚好托在证券价格之下，故而得名。在圆弧底形成过程中，成交量两头多、中间少，而且以圆弧的中心点为界，右侧的成交量水平要明显超过其对称左侧的成交量水平，这是一个确认底部将形成反转的条件。圆弧顶和圆弧底形态如图 9.17 所示。

7. V 形顶和 V 形底

V 形顶和 V 形底形态是指证券价格的走势图和字母"V"的样子很像，如图 9.18 所示。

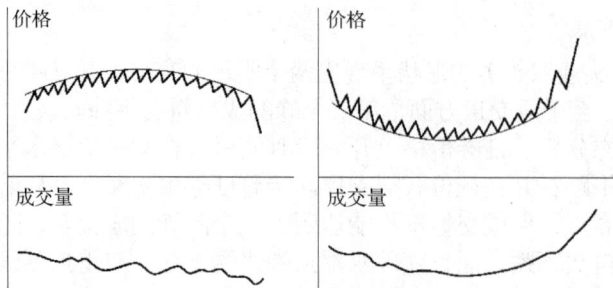

图9.17　圆弧顶和圆弧底形态

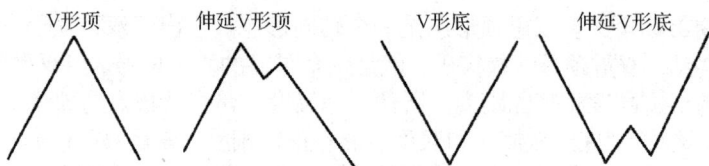

图9.18　V形顶和V形底形态

（1）V形顶和V形底的形态分析。V形顶和V形底往往出现在市场剧烈波动时，在价格顶部或者底部区域只出现一次高点或低点，随后就改变原来的运行趋势，股价呈现出相反方向的剧烈变动。伸延V形顶是V形顶的变形。在形成V形顶期间，上升（或下跌）阶段呈现变异，证券价格有一部分出现横向发展的成交区域，之后打破该徘徊区，继续完成整个形态。

（2）V形顶和V形底的市场含义。V形顶和V形底形态事先没有征兆，往往伴随着价格的剧烈波动，其形态完成后潜能相当惊人，所达到的下跌或上升幅度也难以测算。在实际运用时，不但要注意价量的配合，还要结合中长期均线和其他技术指标进行研判。

8. 扩散形态

扩散形态是指证券价格的走势形成喇叭形态。把证券走势的高点和低点分别用直线连接起来，就可以呈现出喇叭形状，如图9.19所示。

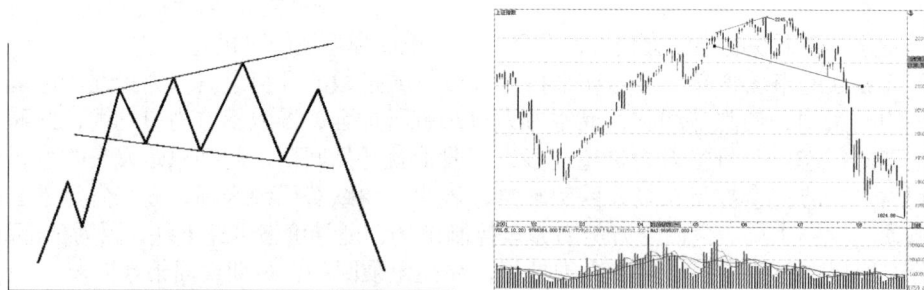

图9.19　扩散形态

（1）扩散形态的形态分析。证券价格经过一段时间的上升后下跌，然后再上升再下跌，上升的高点较上次更高，下跌的低点则较上次的低点更低。整个形态以狭窄的波动开始，然后沿上下两个方向扩大，如果我们把上下的高点和低点分别连接起来，就会形成一个类似喇叭的形状，所以也称喇叭形态。

（2）扩散形态的市场含义。扩散形态是投资者冲动的投资情绪造成的，通常在长期性上升的最后阶段出现。这时的市场是一个缺乏理性和失去控制的市场，投资者受到市场炽烈的投机风气或传言的影响，当证券价格上升时便疯狂追涨，当证券价格下跌时又盲目加入抛售行列。

他们盲目冲动和杂乱无章的行动，使证券价格不正常地大涨大落。成交量较高，且出现不规则波动。

该形态一般是较大跌市来临前的先兆，因此可以看作一个下跌形态。由于喇叭形态是由投资者冲动和不理性的情绪造成的，因而极少在跌市的底部出现。

9. 菱形形态

把证券价格走势的高点和低点分别用直线连接起来，就可以呈现出菱形形态，如图 9.20 所示。

（1）菱形形态的形态分析。在菱形形态形成过程中的成交量方面，左边部分成交量较大且呈现出不规则的波动，右边部分成交量则越来越小。

（2）菱形形态的市场含义。当证券价格越升越高时，投资者显得越来越冲动和失去理智，因此价格波动增大，成交亦大量增加。但很快

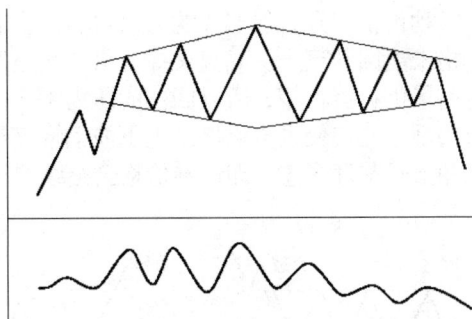

图 9.20　菱形形态

地，投资者的情绪渐渐冷静下来，于是成交量减少，证券价格波幅收窄，投资者的投资意愿从高涨转为观望，投资者根据市场的进一步变化再做投资决定。菱形很少为底部反转，通常在中级下跌前的顶部或大量成交的顶点出现，是一种转向形态。

（二）整理形态

整理形态不改变证券价格运动的基本走势，市场仅仅在证券价格某一水平位置做出必要的调整，调整完成后证券价格仍沿着原来的趋势继续运动而不是反转运动。整理形态主要有三角形、旗形、楔形、矩形等。

1. 对称三角形

对称三角形形态是指证券价格波段的高点与低点的距离不断靠近，高点连线与低点连线形成对称三角形，所以称为对称三角形形态，如图 9.21 所示。

图 9.21　对称三角形形态

（1）对称三角形的形态分析。证券价格在经过一段猛烈的上涨或下跌之后进入横盘整理，证券价格在两条逐渐聚拢的趋势线中越盘越窄，变动幅度逐渐缩小。也就是说，每次变动的最高价低于前次的水平，最低价高于前次的水平，逐渐形成一个由左向右的收敛三角形。在证券价格图形上，其上限为向下的斜线、下限为向上的斜线，把短期高点和低点分别用直线连接起来，上升的斜率和下跌的斜率近似相等。

在对称三角形形成的过程中，成交量不断减少，反映出多空力量对后市犹疑不决的观望态度，使得市场暂时沉寂。对称三角形最终会选择突破方向，可能向上突破，也可能向下突破。向上突破必须有成交量的配合，即带量突破、快速上升；向下突破不需要有成交量的配合。

（2）对称三角形的市场含义。对称三角形是因为买卖双方的力量在该段价格区域内势均力敌，暂时达到平衡状态而形成的。证券价格从第一个短期性高点回落，于是很快便被买方所消化，推动价格回升；但购买的力量对后市没有太大的信心，或者对前景感到有点犹疑，因此证券价格未能回升至上次高点又掉头再一次下跌。在下跌阶段，那些沽售的投资者持有惜售心理或对前景仍存有希望，所以回落的压力不大，因此证券价格未跌到上次的低点便又回升，买卖双方的观望心态使证券价格的上下波动幅度逐渐缩小，形成对称三角形形态。一般情况下，对称三角形是整理形态，即证券价格会继续原来的趋势。

2.　上升三角形和下降三角形

上升三角形和下降三角形形态是指证券价格波段的高点与低点的距离不断靠近，高点连线与低点连线形成三角形，如图9.22所示。

（1）上升三角形的形态分析。上升三角形是对称三角形的变形体，是整理形态中最强势的上升中途整理形态，多数将向上突破。其形态特征是上边的趋势线为水平颈线，下边的

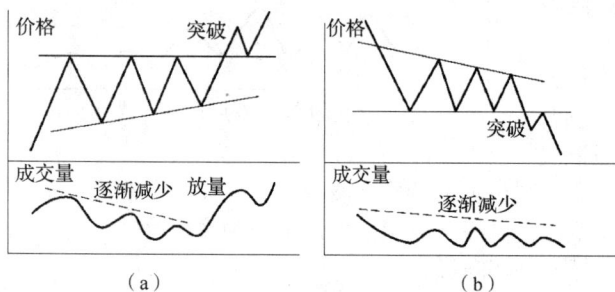

图9.22　上升三角形和下降三角形形态

趋势线向上倾斜即为支撑颈线，两条趋势线逐渐汇合。在上升三角形形态内，成交量由左向右逐渐减少。但价格向上突破颈线时，成交量会明显放大，即带量突破。

（2）上升三角形的市场分析。上升三角形的高位区基本在同一水平区域，证券价格反复冲击这一压力区域，表明市场积极攻击该区域以消化压力，反映市场做多意愿强烈。在形态的多次回调中低位逐步上升，其原因是市场看好而在回调中积极吸纳，反映出市场中空方力量在逐渐被多方力量瓦解的变化趋势。

下降三角形所反映的多空双方的力量对比变化与上升三角形的相反。多方坚守着某一价格的防线，使证券价格每次回落到该水平便获得支撑，而空方的卖压在不断增大，证券价格还没回升到上次高点便再次回落，反映出多方力量在逐渐被空方力量瓦解的趋势。

上升三角形和下降三角形都属于整理形态。上升三角形在上升过程中出现，下降三角形在下降过程中出现。上升三角形在突破顶部水平的压力线时，是买入信号；下降三角形在突破下部水平的压力线时，是卖出信号。

3.　旗形

旗形形态是指证券价格波段的高点连线与低点连线形成旗杆顶上的旗帜形状，所以称为旗形形态。旗形形态可分为上升旗形形态和下降旗形形态，如图9.23所示。

（1）上升旗形的形态分析。证券价格在经过一段猛烈的上涨之后进入横盘整理，接着形成一个紧密、狭窄和稍微向下倾斜的价格密集区域，把这个密集区域的高点和低点分别连接起来，就可以画出两条平行而又下倾的直线，这就是上升旗形。

（2）上升旗形的市场分析。在上升旗形的形成过程中，经过一段陡峭的上升行情后，做空力量开始加强，单边上扬的走势得到遏制，价格出现剧烈的波动，形成了一个成交密集、向下倾斜的证券价格波动区域。在旗形区域，成交量递减，投资者普遍存在惜售心理，市场抛压减

轻，新的买盘不断介入，直到形成新的向上突破，完成上升旗形。伴随着旗形向上突破和成交量逐渐放大，开始了新的多头行情，因此上升旗形是强势上涨的信号，投资者在调整的末期可以大胆介入，等待新的飙升行情。

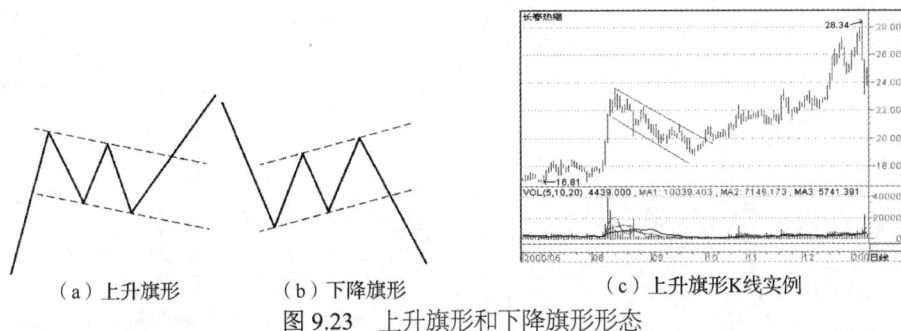

（a）上升旗形　　（b）下降旗形　　　　　　（c）上升旗形K线实例

图 9.23　上升旗形和下降旗形形态

下降旗形和上升旗形刚好相反。证券价格在经过一段急速下跌行情后，抛售力量减小，在一定的位置得到支撑，于是形成第一次比较强劲的反弹，然后再次下跌、再次反弹，经过数次反弹，形成一个类似于上升通道的图形。经过一段时间的反弹，证券价格突然跌破旗形的下沿，新的跌势终于形成。因此下降旗形具有空头市场的特征，在调整的过程中应择机离场。

4. 楔形

楔形形态是指证券价格波段的高点连线与低点连线形成楔形，两条趋势线具有收敛性，所以称为楔形形态。楔形形态可分为上升楔形形态和下降楔形形态，如图 9.24 所示。

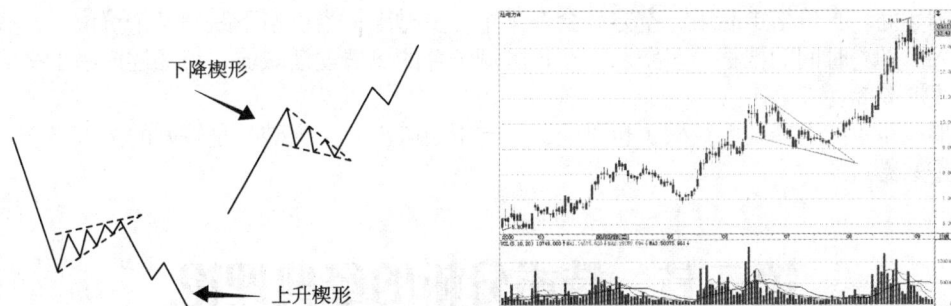

图 9.24　上升楔形和下降楔形形态

（1）上升楔形的形态分析。上升楔形指证券价格下跌后出现反弹，涨至一定水平又掉头下落，但回落点较前次高，又上升至新高点，比上次反弹点高，接着又回落直到颈线跌破。把高点和低点分别连成两条上倾的斜线，形成一个上倾三角形。

（2）上升楔形的市场含义。上升楔形是在跌市中的回升阶段出现的整理形态，只是一种技术性反弹，表明多方非常顽强，锲而不舍地向上攻击，但整体来看已属强弩之末，市场做空能量在逐步积聚，当其下颈线被跌破后，就是卖出信号。

下降楔形刚好和上升楔形相反。下降楔形指上升后出现获利回吐，高点与低点逐渐下移，构成两条同时下倾的斜线，从而形成一个下倾三角形。下降楔形是在升市的回调阶段出现的整理形态，为正常的调整。虽然下降楔形表现出空头的实力很强，但新的回落较上一个回落幅度小，说明做空力量正在减弱，加上成交量的减少，可证明市场卖压减弱。下降楔形多数会向上突破，当其上颈线被突破时，就是买入信号。

5. 矩形

矩形是一种常见的横向盘整形态,波段中证券价格的高点之间的连线与低点之间的连线形成两条水平线,如图9.25所示。

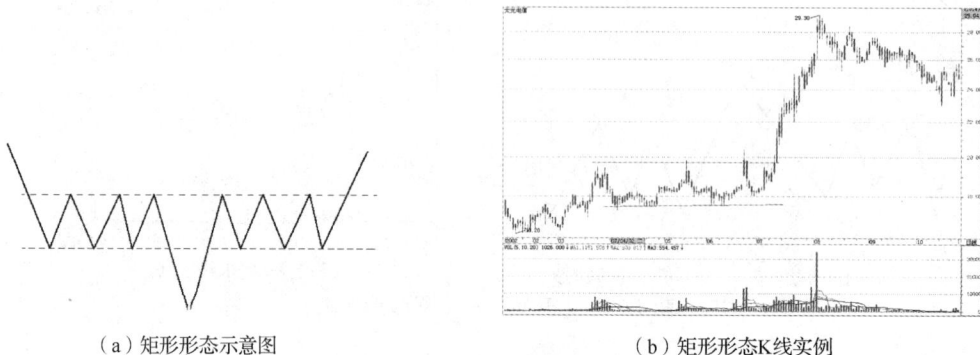

(a) 矩形形态示意图　　　　　　　　　　　(b) 矩形形态K线实例

图9.25　矩形形态

(1) 矩形的形态分析。在矩形的横向盘整形态中,每一波反弹大约都在同一个位置遭遇压力回档,回档的低点也大约位于同一价位区。连接其反弹高点成一条颈线,即箱体的上沿;连接其回档低点成一条颈线,即箱体的下沿。在矩形形成的过程中,其成交量应该是由左向右递减的。证券价格向上突破时需要有大的成交量配合,向下突破时不需要有成交量配合。

(2) 矩形的市场分析。矩形一般为牛皮市道的整理形态,可以出现在头部和底部。但多数出现在上涨或下跌趋势的中途。在矩形形成之初,多空双方全力投入,各不相让,从而形成双方的拉锯场面。当价格走高后,空方就会在某个位置抛出;当价格下跌到某个价位后,多方就开始买入。随着时间的推移,多空双方在该区域争斗的热情逐渐减弱,市场逐渐趋于平淡,成交量也逐渐萎缩。

矩形最终可能选择向上突破,也可能选择向下突破。向上突破时是较好的买入点,向下突破时则是逃命点。

第二节　技术分析的经典理论

证券投资技术分析在历史发展过程中产生了许多经典理论,而这些经典理论是100多年来市场经验的总结,同时也经过了大师们的智慧升华。

一、道氏理论

微课堂

道氏理论

道氏理论是最早、最著名的技术分析理论,由美国人查尔斯·道(Charles Dow)创立。为了反映市场的总体趋势,查尔斯·道与琼斯(Jones)创立了著名的道琼斯指数。查尔斯·道是《华尔街日报》(*The Wall Street Journal*)的创始人,他在该报发表了一系列文章,经后人整理、归纳,成为今天的道氏理论。

可以说,道氏理论是所有市场技术分析理论的鼻祖。

（一）道氏理论的内容

道氏理论主要包括以下几项内容。

1. 平均价格指数

为了反映股票市场的整体变化，查尔斯·道创立了平均价格指数，这为后来的各种指数奠定了基础。按照道氏理论，选择一些具有代表性的股票来编制平均价格指数，实际上是将投资者的各种行为综合起来，通过平均价格指数来集中体现。换言之，平均价格指数是对市场行为的整体刻画和反映。

2. 市场存在三种趋势

虽然证券价格的波动表现形式不同，但总体可以分为三种趋势，即主要趋势、次要趋势和短暂趋势。主要趋势也称长期趋势、基本趋势，是指连续一年或一年以上的股价变动趋势，体现市场价格波动最主要的方向；次要趋势也称中期趋势，其经常与主要趋势的运行方向相反，并产生一定的牵制作用，是对主要趋势的修正和调整；短暂趋势也称日常趋势，是指股价的日常波动。

这种将价格趋势分为不同等级的观点，为后来的波浪理论打下了基础。

3. 成交量在确定趋势中起着很重要的作用

成交量一般会跟随当前的主要趋势，体现出成交量对价格的验证作用。例如，证券市场中价格上升，成交量增加；价格回调，成交量萎缩。但成交量并非总是跟随当前的主要趋势，若出现价升量减，此时成交量所提供的信息可以为确定反转趋势提供依据。不言而喻，寻找到趋势的反转点对投资者来说意义重大。

4. 收盘价是最重要的价格

道氏理论非常关注收盘价，认为收盘价是所有价格中最重要的。在现实中，由于生活节奏的加快，收盘价可能是人们浏览、阅读财经类信息时最为关注的指标之一，并且被视为对当天股价的最后评价。通常来说，大部分投资者会根据该价位来做买卖的委托。

（二）道氏理论的确认原理

1. 两种指数必须相互验证

就同一个股票市场来说，某一单独的指数发生的变化不足以构成整个市场趋势改变的信号。如果两个指数都发出看涨或看跌的信号，才表示市场运动处于确定状态。如果其中一个指数上涨，而另一个指数没有呼应却继续下降，那么整个市场就不能被这一上涨的指数带动起来，上涨过程迟早会结束，上涨的指数仍会回到下降之中。如果两个指数朝着同一个方向运动，那么对市场运动方向的判定就顺理成章了。

当然，对两种指数的验证并非二者必须在时间上完全吻合，因为有时一种指数可能会滞后，但只要二者趋于一致，就说明市场总体运动方向是可靠的。当然，更多的情况是两种指数会同时达到新的高点（或低点）。在不能相互验证的情况下，稳健的投资者往往会保持耐心，等待市场给出明确的反转信号再采取行动。

2. 交易量跟随趋势

交易量跟随趋势说明成交量对价格的验证作用，即当价格沿着基本运动方向发展时，成交量应随之递增。例如，股票市场中价格上升，成交量增加；价格回调，成交量萎缩。这一规律在次级运动中同样适用。例如，熊市中的次级反弹，价格上涨时，成交量增加；而反弹结束后，价格下降时，成交量减少。

成交量并非总是跟随趋势，例外情况也并不少见，因此仅仅从一天或几天的交易量中得出有价值的结论是缺乏依据的。道氏理论强调的是市场的总体趋势，是基本运动，其方向变化的结论性信号只能通过价格的分析得出，而交易量是价格运动变化的参照和验证，即只是起辅助作用。

3. 盘局可以代替中级趋势

盘局是指股票价格或指数仅在小的幅度内波动，显示出买进和卖出两者的力量是平衡的。当然，最终的情形之一是，在这个价位水准的卖方力量枯竭，那些想买进的人必须提高价位来诱使卖者出售。还有一种情况是，本来想要以盘局价位水准卖出的人发觉买方力量削弱了，结果必须通过降价来卖出自己的股票。因此，价位向上突破盘局的上限是多头市场的征兆；价位向下跌破盘局的下限是空头市场的征兆。一般来说，盘局的时间越久，价位范围越窄，最后的突破就越容易。

盘局经常发展成重要的顶部和底部，分别代表着出货和进货的阶段。但是，它们更常出现在主要趋势的休息和整理阶段。在这种情形下，它们就取代了正式的次级波动。

4. 把收盘价放在首位

课堂讨论

道氏理论有什么缺陷？使用时应注意哪些问题？

道氏理论并不注意一个交易日当中的最高价、最低价，而只注意收盘价。收盘价通常是时间仓促的人看财经类信息时最关心的数字之一，是对当天股价的最后评价，因此大部分人会根据这个价位做买卖的委托。这是经过时间考验的道氏理论的又一规则。

5. 在反转趋势出现之前主要趋势仍发挥作用

股价波动的主要趋势是经常变化的，多头市场并不能永远持续下去，空头市场总有到达底部的一天。当一个新的主要趋势第一次由两种指数确定后，如不管短期内的波动，绝大部分趋势都会持续下去，但越往后这种趋势持续下去的可能性就越小。这一规律告诉投资者，一个旧趋势的反转可能发生在新趋势被确认后的任何时间。投资者一旦做出投资决策，就必须随时注意市场。

（三）道氏理论的评价

视野拓展

道氏理论的历史

道氏理论作为最著名、最基本的股市理论，揭示了股市本身所固有的运动规律，指出了股市循环与经济周期变动的联系，能够在一定程度上帮助投资者对股市的未来变动趋势做出预测和判断。道氏理论作为技术分析方法的鼻祖，后人在其基础上演绎出许多长期和中短期的技术分析方法。但是，作为最古老的股市理论和技术分析方法，道氏理论本身也存在一些不足，主要表现在以下方面。

（1）道氏理论对中短期投资者的帮助甚少。道氏理论过于偏重长期分析而没能对股市变动的中短期做出分析，更没能指明最佳的买卖时机。因此，道氏理论主要适用于对长期趋势的判断，对中短期投资者的帮助甚少。

（2）道氏理论预测股市变动有滞后性。道氏理论说明的只是看涨股市或看跌股市已经出现，或者还在继续，且往往是在股市已经发生实质性变化后才发出趋势转变的信号，并指出股市的转向。因此，其信号比较滞后。

（3）具有局限性。由于道氏理论是依据工业指数和运输业指数来观察和研判股市变动的，而时至今日仅用工业指数和运输业指数来判断股市的变动趋势及股市与整个经济景气程度的关系是有一定局限性的。道氏理论虽能判断和预测股市的长期变动方向，但对选股没有帮助。

二、波浪理论

波浪理论起源于 1978 年美国人查尔斯·J. 柯林斯发表的专著《波浪理论》，其实际发明者和奠基人是艾略特，他在 20 世纪 30 年代就有了波浪理论最初的想法。

1. 波浪理论的内容

艾略特的波浪理论认为，股价轨迹以波浪形式运动，每一个上升或下跌过程构成一个循环。每一个循环可以分为上升 5 浪和下跌 3 浪，共由 8 浪构成。每一级浪分别有各自的符号，其中上升浪用数字 1、2、3、4、5 表示，下跌浪用字母 A、B、C 表示，如图 9.26 所示。

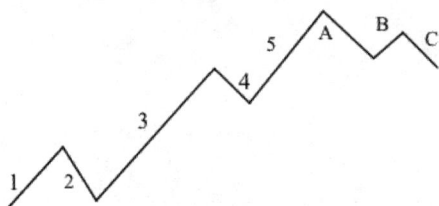

图 9.26 波浪理论图形

在 5 个上升浪中，1、3、5 浪是推进浪，2、4 浪是调整浪；在 3 个下跌降浪中，A、C 浪是推进浪，B 浪是调整浪。这就是 8 浪循环的基本模式。

2. 波浪理论的特性

波浪的形态是艾略特波浪理论的立论基础，数浪的正确性以及对每一浪性质的认识对成功运用波浪理论至关重要。

第 1 浪：几乎半数以上的第 1 浪都属于营造底部形态的第一部分，第 1 浪是循环的开始，买方力量并不强大，且继续存在空头卖压，因此在此类第 1 浪上升之后出现第 2 浪调整回落时，其回档的幅度往往很大；另外，半数的第 1 浪出现在长期盘整完成之后，此类第 1 浪的行情上升幅度较大。从经验来看，第 1 浪的涨幅通常是 5 浪中最小的。

第 2 浪：由于市场人士误以为熊市尚未结束，第 2 浪调整下跌的幅度相当大，几乎可以吃掉第 1 浪的升幅。当行情在此浪中跌至接近底部（第 1 浪起点）时，市场出现惜售心理，抛售压力逐渐衰竭，成交量也逐渐缩小，此时第 2 浪才会宣告结束。在此浪中经常出现图表中的转向形态，如头肩底、双重底等。

第 3 浪：第 3 浪的涨势往往最大，是最有爆发力的上升浪。这段行情往往持续的时间最长、幅度最大，市场投资者信心恢复，成交量大幅上升，常出现传统图形中的突破信号，如跳空高开等。这段行情走势非常激烈，一些图形上的"关卡"会非常容易地被突破，尤其在突破第 1 浪的高点时，是最强烈的买进信号。由于第 3 浪涨势激烈，经常会出现"延长波浪"的现象。

第 4 浪：第 4 浪是行情大幅劲升后的调整浪，通常以较复杂的形态出现，且经常呈现"倾斜三角形"的走势。但是，第 4 浪的底点不会低于第 1 浪的顶点。

第 5 浪：第 5 浪的涨势通常小于第 3 浪，且经常发生失败的情况。在第 5 浪中，二、三类股票通常是市场内的主导力量，其涨幅常常大于一类股（绩优蓝筹股、权重股），即投资人士常说的"鸡犬升天"现象。此时，市场情绪表现相当乐观。

A浪：在A浪中，投资人士大多认为上升行情尚未逆转，此时仅为一个暂时的回档现象。实际上，A浪的下跌通常在第5浪中已有警告信号，如成交量与价格走势背离或与技术指标背离等，但由于此时市场仍较为乐观，A浪往往会出现平势调整或者呈"之"字形态运行。

B浪：B浪的表现经常是成交量不大，一般而言是多头的逃命线。然而由于这是一段上升行情，很容易形成"多头陷阱"，让投资者误以为是另一波段的涨势，从而惨遭套牢。

C浪：C浪是一段破坏力较强的下跌浪，跌势较为强劲，跌幅大，持续的时间较长，而且会出现股票的全面性下跌。

从上述内容来看，波浪理论似乎颇为简单和容易运用。实际上，其每一个上升/下跌的完整过程中均包含一个8浪循环，大循环中有小循环，小循环中有更小的循环，即大浪中有小浪，小浪中有细浪，如图9.27所示。

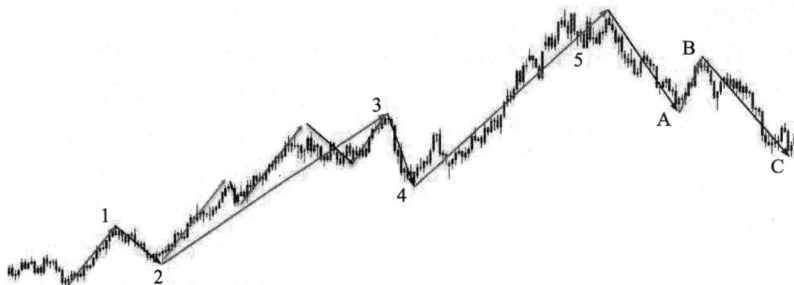

图9.27　大浪套小浪

因此，数浪变得相当复杂和难以把握，并且推进浪和调整浪经常出现延伸浪等变化形态和复杂形态以致更加难以对浪进行准确划分，这两点构成了波浪理论实际运用的难点。

3.　波浪理论的缺陷

波浪理论存在以下两方面的缺陷。

（1）波浪理论是一种主观分析的理论工具，毫无客观准则。也就是说，人们对现象的看法并不统一。每一个人，包括艾略特本人，很多时候都会受到这个问题的困扰：一个浪是否已经完成而开始了另一个浪呢？有时在甲看来是第1浪，在乙看来却是第2浪。看错的后果可能十分严重，正所谓"差之毫厘，谬以千里"。将波浪理论的不确定性用在风险奇高的股票市场，一旦运用错误足以使人损失惨重。

（2）理论复杂，掌握困难。怎样才算是一个完整的浪呢？波浪理论中对此也无明确定义。在股票市场中，升跌次数绝大多数都不是按五升三跌这个机械模式出现的。但波浪理论家却曲解说有些升跌不应该被算入浪中，其说服力似乎不足。波浪理论有所谓的伸展浪，有时5个浪可以伸展成9个浪。但具体在什么时候或者在什么准则下波浪才可以伸展，艾略特却没有明言，这就需要投资者自己去思考、去发现。波浪理论中浪的时间难以确定，浪中有浪，可以无限伸展，也就是升势可以无限上升，都在上升浪之中。下跌浪也可以跌至无休无止，而仍然是下跌浪。只要升势未完就仍然是上升浪，跌势未完就仍然是下跌浪。因此，波浪理论不能用于个股的选择上。

课堂讨论

波浪理论的三大铁律是什么？

三、循环周期理论

世间万物的变化大多都有较稳定的周期，且各种变化往往按一定的周期循环出现。同样，股市中也存在循环周期理论。股市永远是涨跌交替的过程，同样的变化不断重复，上涨趋势完结便会转为下跌趋势，而下跌趋势完结又会转为上涨趋势。在长期实践中，人们发现这些循环现象有按周期重复出现的特征。这样，以江恩、伯恩斯坦为代表人物的专门研究时间现象的循环周期理论就诞生了。

（一）循环周期理论的理论要点

1. 时间之窗

时间之窗指的是一个时间范围，即当股价波动持续的时间长度接近我们估计的时间区间范围时，就可以被看作进入了时间之窗。股价波动时间一旦进入时间之窗，投资者就要密切关注价格的变化，因为此时的股价可能已经临近转折点。

伯恩斯坦认为，股市存在时间周期的变化，从每一个明显低点到下一个明显低点之间为一个循环周期，从每一个明显高点到下一个明显高点之间也为一个循环周期，且低点到低点的循环周期比高点到高点的循环周期可靠。另外，虽然股价循环周期的时间长度各有不同，但其变动范围大多在平均周期±15%的时间范围内。因此，平均周期天数（或周数等时间单位）前后各15%的时间范围内，就成为下一轮局部低点最可能出现的时间范围，而时间轴上的这一段就被视作时间之窗。

假设根据统计计算出股价变动平均周期为60天，往前减少9天（15%）为51天，往后增加9天为69天，则从循环起点算起的第51～第69天即为观察新的局部低点出现的时间之窗。时间之窗理论的基本观点可以归结为：循环理论代表事物重复出现的周期，大部分事物均会倾向于依照长短差不多一致的周期一再露面。

2. 循环周期统计的原则与方法

（1）一致性。一致性即保持从低点到低点或从高点到高点的周期概念的一致性。该理论认为循环高点的出现较不规则，而循环低点的出现则较有规律性，因此取低点为周期计算起点。

（2）局部极点原则。局部极点原则即在一个周期中，上升或下跌幅度的大小并不重要，重要的是周期的起点和终点必须为局部最高点或局部最低点。

（3）平均周期原则。平均周期作为操作依据的循环周期长度，由依次统计的一系列循环周期的算术平均时间长度决定。

（4）数量验证。在一系列循环周期中，如果有四个或四个以上周期时间等于或十分接近该系列平均周期时间，则该平均周期比较可靠。

（5）循环周期有大小。伯恩斯坦的时间之窗理论与波浪理论类似，两者都认为循环周期有大小之分，大周期中包含小周期，周期的时间尺度是相对的。

3. 循环周期的分类

（1）季节性周期。在一年四季中，如果我们种植粮食作物，一般是春天播种，夏天作物生长，而秋天是收获的季节，也是我们最高兴的时候，冬天则应该歇息，等明年春天再努力。证券价格也会受到季节的影响，通常在一些月份会出现一定循环期内的高点或者低点。

（2）长期周期。长期周期指的是平均周期超过一年的循环周期。这样的长期周期在汇市中比比皆是。前面的道氏理论中也提出了时间周期的概念，大家可以参照，因为这两个理论是可以相互印证的。

（3）中期周期。中期周期常常以月为计算周期，一般是 6 个月到 1 年。

（4）短期周期。短期周期以天数为计算周期，平均期限不超过 3 个月。投资者在操作中进场观察的日线图，就是这样的周期。

（5）对称周期。对称周期的每个循环周期相距的时间周期基本一致。

（6）不规则周期。不规则周期的每个循环周期相距的时间不同，并非同一个时间长度。

4. 循环周期的特征

（1）循环周期的重复出现不会和上一个周期完全相同，但是有时会倾向于集中在一定的时间长度内。

（2）长短周期重复出现的次数越多，表示这个循环周期预测的可靠性越高。

（3）长期周期可以分成几个低一级的短期周期，如在波浪理论中，浪中套浪，大浪中有小浪，就需要一定的时间来进行仔细的观察和计算。

（4）关联性强的证券会有相同的周期。当观察证券价格的变化时，可以测量明显的低点和低点之间发生的时间，如果时间存在一些差异，可以取平均数。

> **问与答**
>
> 问：什么是股市跳水？
> 答：股价大幅下跌，比前一日最低价还要低很多。

（二）循环周期中的买卖信号

时间之窗为投资者把握股价波动中的低点及高点提供了一把时间尺子。该理论告诫投资者，如果在时间之窗内出现以下四种信号中的一种，即可考虑买入或卖出股票。

1. 突破信号

突破信号就是图形上的压力线、支撑线、趋势线或颈线被突破时的情形。当股价由下向上突破向右下方倾斜的压力线时，循环低点确立，可以买入。股价连续突破的压力线越多，上升趋势持续时间就越长。当股价由上向下突破向右上方倾斜的支撑线时，循环高点确立，可以卖出。股价连续突破的支撑线越多，下降趋势持续时间就越长。

2. 转向信号

转向信号共有四种，即按方向分为向上转向和向下转向两种，按信号强烈程度分为普通转向和特殊转向两种。

（1）向上普通转向信号：当日最低价低于前一日最低价，同时当日收盘价高于前一日收盘价，属买入信号。

（2）向上特殊转向信号：当日最低价低于前一日最低价且当日最高价高于前一日最高价（即当日 K 线包容前一日），同时当日收盘价高于前一日收盘价，属较强买入信号。

（3）向下普通转向信号：当日最高价高于前一日最高价，同时当日收盘价低于前一日收盘价，属卖出信号。

（4）向下特殊转向信号：当日最低价低于前一日最低价且当日最高价高于前一日最高价（即当日 K 线包容前一日），同时当日收盘价低于前一日收盘价，属较强卖出信号。

3. 收盘价高低换位信号

如果将当日 K 线全长定义为当日波幅，则当日最高价与当日收盘价之差不大于当日波幅的 10%，即接近最高价收盘，称为高收；当日收盘价与当日最低价之差不大于当日波幅的 10%，即接近最低价收盘，称为低收。如果某日收盘价低收，后一日收盘价高收，构成由低到高的转势特征，是买入信号；如果某日收盘价高收，后一日收盘价低收，构成由高到低的转势特征，是卖出信号。

4. 三高三低信号

如果当日收盘价高于相邻的前三个交易日的收盘价，是三高买入信号；如果当日收盘价低于相邻的前三个交易日的收盘价，是三低卖出信号。

伯恩斯坦在其循环理论中强调了设置止损点的重要性，并指出对上述第 1 种信号，参考出现突破信号当日及前两个交易日的收盘价，买入后将止损卖出点设定在最低的那个收盘价上；对第 2、3、4 种信号，则可将止损点定在出现信号的那个交易日的最低价上。

（三）循环周期理论实战应用注意事项

循环周期理论可以说是证券市场中分析时间因素最重要、最有价值的理论工具。但在实际应用过程中，还应注意以下两点。

（1）循环周期要计算准确。这是进行正确分析的基础。其要求能准确找出"明显低（高）点"，具体可以按趋势级别进行，同时还要求有积累的实战经验的配合。投资者要坚定不移地坚持在循环低点只准备买入，在循环高点只准备卖出，不能因为受到其他因素的影响而怀疑周期。

（2）依据周期操作要果断。在时间之窗内出现所等待的买卖信号后，应立刻开始操作，而不要优柔寡断、贻误战机。但信号不明显时，不要盲动以防有变。循环周期理论的研究对象主要是时间因素，所以不能保证循环低点出现后的上涨幅度和循环高点出现后的下跌幅度。这点也是该理论的不足之处。为弥补这一缺陷，在按循环周期进行买卖操作时，应防范指标误导。当低点出现后，涨幅不大就转向继续下跌，或当高点出现后跌幅不深就转而继续上涨，此时应立即进行止损操作。投资者可利用伯恩斯坦提出的四种买卖信号设立止损操作价位，也可综合选用多种分析手段和理论工具确定买卖信号，以提高判断的准确性。因为在各种理论分析的买卖信号中，出现同向买卖信号的指标越多则该信号越可靠。关于确立时间之窗的 ±15% 区间，只是理论上概率较大的数值范围。它并非精确包括了所有循环低（高）点的客观标准，而是人为规定包括了多数循环低（高）点的主观标准。这从概率上讲是正确的，但实战时却不能教条，因为永远存在例外，只是不会偏离过大，并且多数个股周期与指数同步。

【本章小结】

本章主要介绍了技术分析主要方法与基本理论，包括 K 线图和证券市场上三种比较著名的技术分析理论，即道氏理论、波浪理论和循环周期理论。K 线图是图形分析的基础，借助 K 线图，运用形态理论，可以分析股价中期变化趋势；在形态理论中，详细介绍了反转和整理两种形态；切线理论分析是技术分析法中的精髓，其核心思想是通过画线找出价格运动的趋势，然后顺势操作。

【自测题】

【知识测试与实训操作】

一、名词解释

K线　　光头阳线　　十字形　　一字形　　趋势　　支撑线　　压力线
趋势线　　轨道线　　黄金分割线　　反转形态　　阳包阴　　早晨之星　　红三兵
三只乌鸦　头肩顶　　双重顶　　圆弧顶　　圆弧底　　菱形形态　　对称三角形
上升三角形　　矩形　　道氏理论　　波浪理论

二、简答题

1. 道氏理论的四个重大贡献分别是什么？它又存在哪些缺陷？
2. 支撑线和压力线对证券价格的波动有何作用？
3. 判断某个形态预示市场可能反转还是持续整理，是否有必要观察其前面的走势？为什么？
4. 为什么成交量分析在技术分析中占有重要地位？
5. 头肩形具有哪些特征？

三、实训操作

依据图9.28中K线图的形态，分析该股票的发展趋势。

图9.28　某股票K线图

第十章

证券投资指标分析

【学习目标与知识结构图】

1. 掌握主要技术指标的计算方法和分析技巧，了解技术指标分析的应用法则与注意事项，能够做到多种投资分析方法相互印证。

2. 能够运用移动平均线指标、指数平滑异同移动平均线指标、随机指标、相对强弱指标、布林线指标、乖离率指标、心理线指标、人气指标、买卖意愿指标、中间意愿指标、腾落指标和超买超卖指标等对大盘或个股的走势进行分析。

3. 拥有丰富常识，创新思维，增长见识。

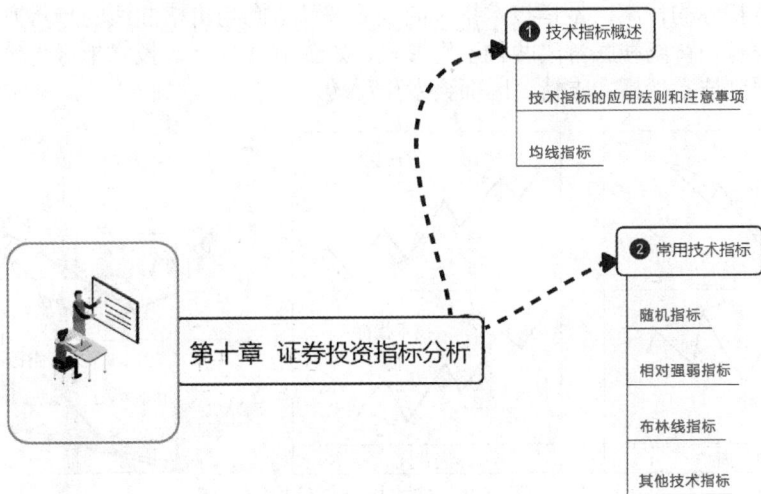

【案例导入】

A 通过一段时间的学习，掌握了 K 线以及技术分析的经典理论，理解了基本分析偏重于理性分析、技术分析偏重于研发分析等内容。各种技术分析理论和技术指标都经过几十年甚至上百年的检验，各有优势与不足。看来，要想熟练掌握技术分析方法，A 还需要花大量的时间，更多地学习各种技术指标分析方法，以便更好地将其运用于证券投资中。

思考与讨论

（1）每种证券投资技术指标都有哪些适用范围和条件？

（2）作为学生，你认为移动平均线在指导证券投资中发挥什么作用？

第一节 技术指标概述

技术指标是对市场数据进行加工的结果，属于量化投资策略的范畴。量化投资是指投资者通过一定的公式和算法，试图从计算结果中寻找价格变化的方向，以获取稳定收益为目的的交易方式。它是积极投资策略的组成部分。

一、技术指标的应用法则和注意事项

技术指标是指按照事先规定好的固定方法对证券市场的原始数据进行处理。处理后的结果是某个具体的数字，这个数字就是技术指标值。将连续不断得到的技术指标值制成图表，并根据所制成的图表对市场行情进行研判，这样的方法就是技术指标法。技术指标法是技术分析中极为重要的分支，全世界各种各样的技术指标至少有 1 000 个，且在实际应用中都取得了一定的效果。

下面主要介绍目前在证券市场比较流行的几个技术指标。技术指标已深入每一个投资者的心里，从事证券投资的人都有一套惯用的技术指标体系。由于计算机的应用，技术指标值的计算变得十分简单。

1. 技术指标的应用法则

技术指标的应用主要体现在以下几个方面。

（1）技术指标的背离，是指技术指标曲线的波动方向与价格曲线的趋势方向不一致。实际应用中的背离有顶背离和底背离两种表现形式，如图 10.1 所示。技术指标与价格背离表明价格的波动没有得到技术指标的支持，因而会发生反转。

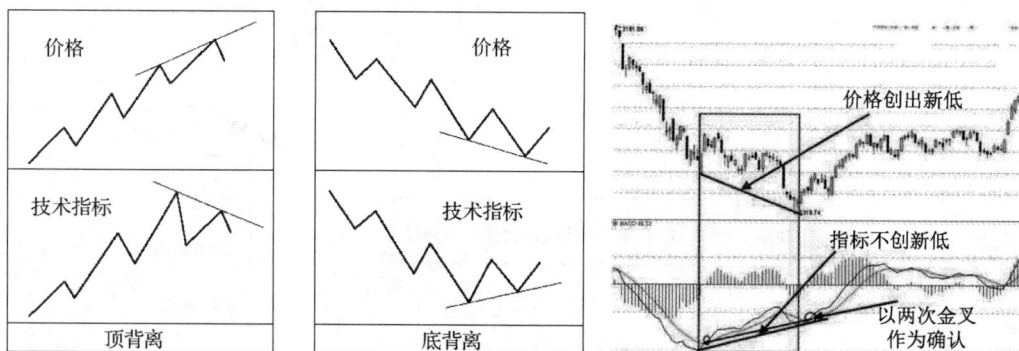

图 10.1 技术指标与价格的背离

（2）技术指标的交叉，是指技术指标图形中的两条曲线出现了相交现象。实际应用中有两种类型的技术指标交叉：第一种交叉是一个技术指标的不同参数的两条曲线之间的交叉，常说的黄金交叉和死亡交叉（简称"金叉"和"死叉"）就属于这一种，第二种交叉是技术指标曲线与固定的水平直线之间的交叉，如图 10.2 所示。这里所说的水平直线通常是横坐标轴，横坐标轴是技术指标取值正负的分界线，技术指标与横坐标轴的交叉表示技术指标由正变负或由负变正。技术指标的交叉表明多空双方力量的对比发生了改变。

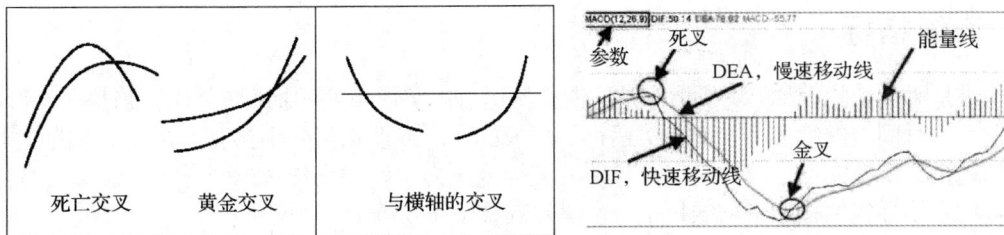

图 10.2 技术指标的交叉

（3）技术指标极端值，是指技术指标的取值极其大或极其小。用技术术语来讲，这样的情况被称为技术指标进入超买区或超卖区。大多数技术指标的初衷都是用一个数字描述市场某方面的特征，如果技术指标值太大或太小，就说明市场的某个方面已经达到了极端的地步，应该予以重视。那么技术指标达到多大或多小才会被认为是极端值呢？对于同一个技术指标，不同证券的极端值可能是不同的，在实践中应结合经验和具体情况综合分析、判断技术指标的极端值。

（4）技术指标的形态，是指技术指标曲线在波动过程中出现了形态理论中所介绍的反转形态。在实际应用中，出现的形态主要是双重顶、双重底或头肩形。有时还可以将技术指标曲线看成价格曲线，根据证券价格形态分析使用支撑线或压力线。

（5）技术指标的转折，是指技术指标曲线在高位或低位掉头。这种掉头表明前面过于极端的走势已经到了尽头，即一个趋势将要结束，而另一个趋势将要开始。

（6）技术指标的盲点，是指技术指标在大部分时间都是无能为力的。也就是说，在大部分时间，技术指标都不能发出买入或卖出信号。这是因为技术指标在大部分时间都处于盲点的状态，只有在很少的时候才能看清市场，进而发出信号。在证券投资实践中，不能过分依赖技术指标提供的买入和卖出信号，而要运用多个技术指标和技术形态综合判断。

2. 应用技术指标的注意事项

应用技术指标进行证券投资分析时，应注意以下事项。

（1）技术指标的适用范围和应用条件。任何技术指标都有其适用范围和应用条件，得出的结论也都有成立的前提和可能发生的例外。进行证券投资分析时，不管这些结论成立的前提，而盲目、绝对地相信技术指标，容易导致错误的操作。每一种技术指标都有其科学的成分，我们不能因为技术指标可能被误用而完全否定其作用。

（2）多个互补性技术指标综合运用。应用一种技术指标容易出现错误，但应用多个具有互补性的技术指标就可以极大地提高预测精度。因此，在实际操作中，投资者应综合分析多个具有互补性的技术指标，以提高预测精度。

课堂讨论

什么是多个技术指标共振的买卖策略？

（3）正确处理技术指标应用中的主观因素。技术指标在应用过程中都存在一个参数选择的问题。如使用移动平均线时，要选择计算移动平均值的天数，参数不同，移动平均值和移动平均线所代表的含义也不同。选取的参数不同，得到的技术指标值就不同，从而会影响技术指标的应用效果。技术指标只是一系列的客观数值，投资者需要利用这些数值对市场进行预测。由于投资者自身主观因素的差异，面对同一种技术指标，可能会得出不同的结论。

二、均线指标

均线是平均线的简称。均线指标是反映价格运行趋势最重要的指标，其运行趋势一旦形成，将会在一段时间内继续保持，而趋势运行所形成的高点或低点又分别具有阻挡或支撑的作用。因此均线指标所在的点位往往是十分重要的支撑或压力位，为投资者指明了买进或卖出的有利时机。均线指标包括移动平均线与指数平滑异同移动平均线。

（一）移动平均线

移动平均线（Moving Average，MA）是指用统计处理的方法，将某一段时间内证券价格的平均值画在证券价格 K 线图上并连成的曲线。根据计算移动平均线周期参数的不同，可将移动平均线分为长期移动平均线、中期移动平均线和短期移动平均线。

长期移动平均线指明了长期趋势，代表了市场行情的决定性方向。长期移动平均线向上表明长期趋势向上，向下表明长期趋势向下，有助于投资者了解当前市场是长期强势还是弱势，从而确定基本投资策略。中期移动平均线指明了市场中期趋势。中期移动平均线向上表明市场中期趋势向上，中期看好；中期移动平均线向下表明市场中期趋势向下，中期看淡。短期移动平均线揭示了市场的短期波动，是投资者选择短线操作机会的有效工具。根据移动平均线，我们还可以了解目前的平均持有成本。

1. 移动平均线指标的计算方法

移动平均线指标的计算方法主要有简单算术移动平均、加权移动平均和指数平滑异同移动平均。下面主要介绍前两种方法。

（1）简单算术移动平均。其计算方法就是将连续若干天的收盘价做算术平均，天数就是移动平均线的计算参数。例如，参数为 10 的移动平均就是连续 10 日的收盘价的算术平均价格，记为 MA(10)。同理，还有 5 日线、30 日线等概念。其计算公式为

$$MA_T(n)=[C_{T-(n-1)}+C_{T-(n-2)}+\cdots+C_{T-1}+C_T]/n$$

式中，$MA_T(n)$ 是第 T 日参数为 n 的简单算术移动平均值；C_T 为第 T 日的收盘价。将所有对应的点连成一条线就是参数为 n 的移动平均线。

（2）加权移动平均。在简单算术移动平均线中，每一天的价格对平均线的影响都是相同的，这与现实情况有些不符。显然，越是接近的价格，所包含的信息量越大，对研判未来的价格走势也越有价值。以 30 日移动平均线为例，当前价格对未来行情的影响远比 30 天前的价格对未来的影响重要得多。因此，在计算移动平均线时，对离现在越近的数据，越应该赋予较大的权重。在计算加权移动平均线时，只要按照赋权原则在上面的计算公式中将各天的收盘价分别乘以一定的系数就可以了。

2. 移动平均线的特点

移动平均线最基本的作用是消除偶然因素的影响，另外还有平均成本价格的含义。移动平均线具有以下五个特点。

（1）追踪趋势。移动平均线能够表示价格的趋势方向。如果从价格的图表中能够找出上升或下降趋势线，那么移动平均线将与趋势线的方向保持一致。原始数据的价格图表不具备这个保持追踪趋势的特性。

（2）滞后性。在价格原有趋势发生反转时，由于具有追踪趋势的特性，移动平均线的行动往往相对迟缓，掉头速度落后于大趋势。也就是说，等移动平均线发出趋势反转信号时，价格掉头的深度已经很大了。这是移动平均线的一个弱点。

（3）稳定性。由移动平均线的计算可知，要想比较大地改变它的数值，无论是向上还是向下都比较困难，除非当天的价格有很大的变动。这种稳定性有优点，也有缺点，投资者在应用时应多加注意，掌握好分寸。

（4）助涨助跌性。当价格突破移动平均线时，无论是向上突破还是向下突破，价格都有继续向突破方面运动的趋势。

（5）支撑线或压力线的特性。移动平均线在价格走势中能起到支撑线或压力线的作用。移动平均线被突破，可以看作支撑线或压力线被突破。

3. 移动平均线的应用

移动平均线的应用主要包括以下内容。

（1）快速移动平均线和慢速移动平均线。由于短期移动平均线较长期移动平均线更易受价格变化的影响，跟踪当前价格变化的速度更快，因此通常将短期移动平均线称为快速移动平均线（简称"快线"）、将长期移动平均线称为慢速移动平均线（简称"慢线"）。快线和慢线是一个相对的概念，若对比 10 日均线和 5 日均线，则 5 日均线是快线，10 日均线是慢线；若对比 10 日均线和 30 日均线，则 10 日均线是快线，30 日均线是慢线。

（2）黄金交叉和死亡交叉。交叉是指参数不同的两条移动平均线出现相交的形态，如图 10.3 所示。黄金交叉简称"金叉"，就是短期均线向上交叉中期均线或长期均线，或者中期均线向上交叉长期均线，预示着证券价格将继续上升。死亡交叉简称"死叉"，就是短期均线向下交叉中期均线或长期均线，或者中期均线向下交叉长期均线，预示着证券价格将继续下行。

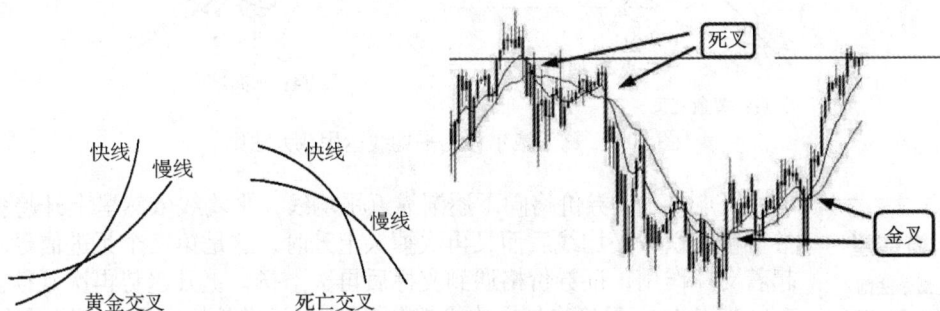

图 10.3 黄金交叉（金叉）和死亡交叉（死叉）

（3）多头排列和空头排列。多头排列指的是当前价格在均线上方，往下依次为短期移动平均线、中期移动平均线、长期移动平均线，说明市场呈现出强烈的赚钱效应，做短、中、长线的都有赚头。这是典型的牛市形态，表明市场做多意愿强烈，预示着价格还会继续上涨。空头排列指的是当前价格在均线下方，往上依次分别为短期移动平均线、中期移动平均线、长期移动平均线，说明市场呈现出强烈的亏钱效应，做短、中、长线的都亏本。这是典型的熊市形态，表明市场做空意愿强烈，预示着价格还会继续下跌。多头排列和空头排列如图 10.4 所示。

（4）葛兰威尔移动平均线运用八大法则。在移动平均线的诸多理论中，以技术分析师葛兰威尔的八大买卖法则最为著名，如图 10.5 所示。

买点1：移动平均线（简称"平均线"）经过一路下滑后，从下降开始转为走平，并有抬头向上的迹象。证券价格已经转而上升，并从下方穿越平均线，这是第一个买进信号。平均线止跌转平，表示证券价格将转为上升趋势，此时证券价格再突破平均线而上升，则表示当天证券价格已冲破空方压力，多方已处于相对优势地位。

买点 2：证券价格在平均线之上，突然急剧下跌，在接近平均线后，很快又掉头向上，这是第二个买进信号。因为平均线移动较为缓慢，当平均线持续上升时，表明上升趋势未改变；当证券价格急速跌破平均线后再次向上，穿越平均线，表明一波新的升势开始。

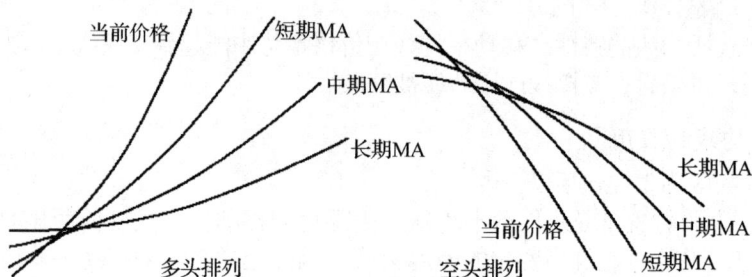

图 10.4　多头排列和空头排列

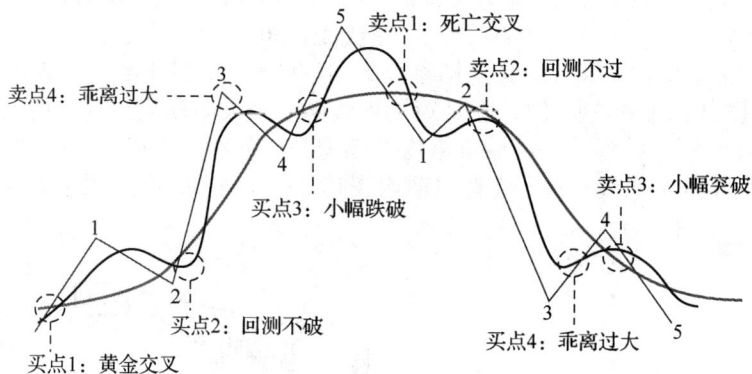

图 10.5　葛兰威尔移动平均线运用八大法则

买点 3：证券价格向下逐渐靠近平均线，平均线依然呈上升趋势，当证券价格在跌破平均线后而又再次掉头上升时，这是第三个买进信号。平均线起着支撑作用，证券价格遇到支撑后再次上扬，上升趋势再次延续。

买点 4：证券价格与平均线都在下降，但证券价格在平均线以下快速下降，远离平均线，表明反弹指日可待，这是第四个买进信号。面对这种情况，切记不可恋战，因为大势下跌，久战必被套牢。

卖点 1：平均线从上升转为平缓，并有向下趋势，这时证券价格从其上方向下穿越平均线，这是第一个卖出信号。

卖点 2：证券价格和平均线均下滑，这时证券价格自下方上升，接近平均线后，又掉头下行，表明证券价格大势趋跌，这是第二个卖出信号。

卖点 3：证券价格在平均线的下方，并朝着平均线的方向上升，但由于反弹的证券价格走势软弱，突破或接近平均线时遇到压力，证券价格不能突破上方的压力而再次下行，这是第三个卖出信号。

微课堂
葛兰威尔法则

课堂讨论
怎么把握金叉和死叉，以提高预测精度？

卖点 4：平均线呈上升态势，证券价格一路暴涨，远远超过平均线，这往往表明证券价格离峰值已不远，正所谓暴涨之后必有暴跌，这是第四个卖出信号。

（二）指数平滑异同移动平均线

指数平滑异同移动平均线（Moving Average Convergence and Divergence，MACD）的设计原理是运用快速（短期）和慢速（长期）移动平均线的聚合与分离原理来判断市场趋势。由移动平均线发展而来的指数平滑异同移动平均线，消除了移动平均线频繁发出假信号的缺陷，保留了移动平均线的效果。因此，指数平滑异同移动平均线指标具有均线趋势性、稳定性等特点，是用来研判和预测价格中长期走势的技术指标。

1. 指数平滑异同移动平均线指标的计算方法

首先计算出快速移动平均线（EMA1）和慢速移动平均线（EMA2）数值，然后根据这两个数值计算两者间的离差值（DIF），再求离差值的移动平均线（也叫 DEA、DEM 线）。可见，指数平滑异同移动平均线是双重移动平均。

下面以 EMA1 的参数取 12 日，EMA2 的参数取 26 日，离差值的参数取 9 日为例来介绍指数平滑异同移动平均线指标的计算过程。

（1）计算移动平均值（EMA）。分别计算 12 和 26 日的 EMA，12 日 EMA 的计算公式为

$$\mathrm{EMA}_{n+1}(12) = \mathrm{EMA}_n(12) \times \frac{11}{12+1} + P_{n+1} \times \frac{2}{12+1}$$

26 日 EMA 的计算公式为

$$\mathrm{EMA}_{n+1}(26) = \mathrm{EMA}_n(26) \times \frac{25}{26+1} + P_{n+1} \times \frac{2}{26+1}$$

式中，P_{n+1} 为当日收盘价。

（2）计算离差值。离差值（DIF）的计算公式为

$$\mathrm{DIF}_n = \mathrm{EMA}_n(12) - \mathrm{EMA}_n(26)$$

（3）计算离差值的 9 日移动平均值。根据离差值计算其 9 日的移动平均值，即为所求指数平滑异同移动平均线指标的值。其计算公式为

$$\mathrm{MACD} = \frac{1}{9}(\mathrm{DIF}_{t+1} + \mathrm{DIF}_{t+2} + \cdots + \mathrm{DIF}_{t+9})$$

式中，DIF_t 为当日的离差值。

（4）计算离差值与指数平滑异同移动平均线指标值的差值（BAR），其计算公式为

$$\mathrm{BAR} = 2 \times (\mathrm{DIF} - \mathrm{MACD})$$

在实战中，将各点的离差值、指数平滑异同移动平均线指标值连接起来就会形成在 0 轴上下移动的两条线，此即为指数平滑异同移动平均线图。BAR 数值被标注在图形的下方作为辅助指标。

2. 指数平滑异同移动平均线指标的应用

指数平滑异同移动平均线指标有以下 4 种应用方法。

（1）离差值、指数平滑异同移动平均线的取值与交叉。在 0 轴之上，中短期移动平均线位于长期移动平均线之上，为多头市场。在 0 轴之上，当离差值向上突破指数平滑异同移动平均线时，是较好的买入信号；当离差值向下跌破指数平滑异同移动平均线时，只能认为是回落，而不是空头市场的开始，但应准备获利了结。反之，当离差值、指数平滑异同移动平均线在 0 轴之下，则表明是空头市场。在 0 轴之下，当离差值向下跌破指数平滑异同移动平均线时，是

较佳的卖出信号；当离差值向上突破指数平滑异同移动平均线时，只能认为是反弹，做暂时空头回补，但这只能作为短线机会。

（2）离差值的曲线形态。离差值在较高或较低的位置形成头肩形或多重顶（或底）时，是实战中极好的买卖信号。注意形态一定要在较高位置或较低位置出现，位置越高或越低则结论越可靠。

（3）技术指标背离原则。离差值或指数平滑异同移动平均线在高位或低位，往往会出现与证券价格走向的背离。当证券价格的高点比前一次的高点高，离差值或指数平滑异同移动平均线处在高位并形成两个依次向下的峰，为顶背离，预示着证券价格将会反转下跌，这是卖出信号。

当证券价格的低点比前一次的低点低，离差值或指数平滑异同移动平均线处在低位并形成一底比一底高的形态，为底背离，预示着证券价格将会反转上涨，是买入信号。

（4）指数平滑异同移动平均线是中长线技术指标。在实战中，由于指数平滑异同移动平均线是中长线技术指标，买卖点与最低价、最高价之间的价差较大，指数平滑异同移动平均线并不适合短线操作，指数平滑异同移动平均线对井喷或暴挫行情的反应要慢半拍。由于它与证券价格的运动有一定的时间差，当证券价格处于整理过程时，按指数平滑异同移动平均线操作往往会无利润甚至会亏手续费，因此作为中期转向信号的指数平滑异同移动平均线主要起辅助工具的作用，研判主要还是依据 K 线、均线等技术分析方法。

3. 指数平滑异同移动平均线指标应用案例

如图 10.6 所示，从移动平均线来看，在 2020 年 4 月到 2021 年 4 月的行情中，上证指数移动平均线呈多头排列，且多条上证移动平均线都呈上涨趋势；从指数平滑异同移动平均线来看，在 2021 年 3 月上证指数创出新高时，DEA 和指数平滑异同移动平均线没有创出新高，而出现了顶背离的技术特征。

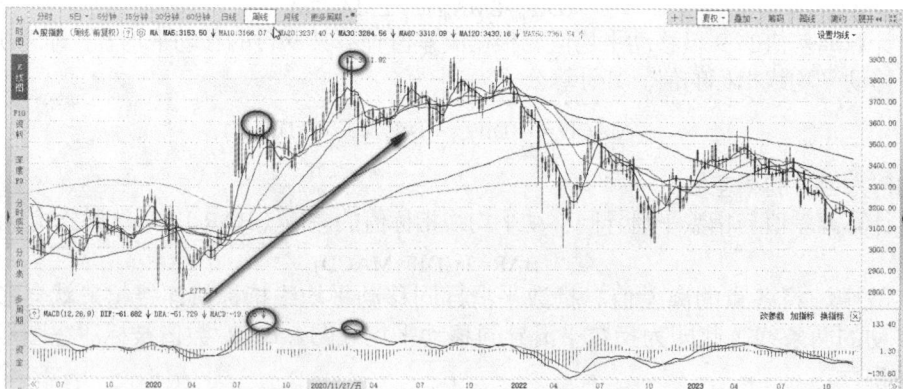

图 10.6 原图

图 10.6 上证指数 2020—2021 年 K 线图的移动平均线和指数平滑异同移动平均线

第二节 常用技术指标

本节将介绍随机指标、相对强弱指标和布林线指标等常用技术指标。

一、随机指标

随机（KDJ）指标是由乔治·莱恩（George Lane）博士提出的，最开始被用于期货市场的分析，后被广泛用于股票市场的中短期趋势分析，是期货和股票市场上最常用的技术分析工具之一。

随机指标以证券价格的最高价、最低价及收盘价为基本数据进行计算，得出随机指标的 K 值、D 值、J 值，在坐标图上连接这些数值对应的点位，即形成完整的、能反映价格波动趋势的 KDJ 曲线。随机指标利用价格波动的幅度来反映价格走势的强弱和超买超卖现象，主要是研究最高价、最低价和收盘价之间的关系，同时也融合了动量观念、强弱指标和移动平均线的一些优点，因此能够比较迅速、快捷、直观地研判行情。

（一）随机指标的计算方法

随机指标的计算比较复杂，首先要计算周期内（ n 日、 n 周等）的未成熟随机（RSV）指标值，然后要计算 K 值、D 值、J 值等。

（1）计算未成熟随机指标值，公式为

$$RSV_t = \frac{C_t - L_n}{H_n - L_n} \times 100$$

式中， C_t 为第 t 日的收盘价； L_n 为 n 日内的最低价； H_n 为 n 日内的最高价， n 一般取 3、5、9。未成熟随机指标值始终在 0～100 波动。

（2）计算 K、D 值，公式为

$$K_{n+1} = \alpha RSV_{n+1} + (1-\alpha)K_n$$
$$D_{n+1} = \beta K_{n+1} + (1-\beta)D_n$$

从数学的观点来看，K 值是未成熟随机指标值的移动平均值，而 D 又是 K 的移动平均值。因此，K 和 D 之间也有移动平均线的快线和慢线的性质。一般 α 和 β 值取 1/3；K 和 D 的初始值取 50。

（3）计算 J 值，公式为

$$J = 3D - 2K = D + 2(D - K)$$

实际上，J 值的实质是反映 K 值和 D 值的乖离程度，从而领先 K、D 值找出头部或底部。注意 J 的取值范围可能超过 100。

J 指标是个辅助指标，最早的 KDJ 指标只有两条线，即 K 线和 D 线，指标也被称为 KD 指标。随着证券市场分析技术的发展，KD 指标逐渐演变成 KDJ 指标，从而提高了 KDJ 指标反映行情的能力。

（二）随机指标的应用

随机指标是三条曲线，其研判标准主要从随机指标的取值、随机指标曲线的形态、随机指标曲线的交叉、随机指标曲线与价格走势的背离等几个方面来考虑。

1. 随机指标的取值

在随机指标中，K 值和 D 值的取值范围都是 0～100，而 J 值的取值范围可以超过 100 或小于 0。但在分析软件上，随机指标的研判范围都是 0～100。通常就敏感性而言，J 值最强，K 值次之，D 值最弱；就安全性而言，J 值最差，K 值次之，D 值最好。

根据随机指标的取值，可将其划分为几个区域，即超买区、超卖区和徘徊区。按一般划分标准，K、D、J值在20以下为超卖区，是买入信号；K、D、J值在80以上为超买区，是卖出信号。这种操作很简单，但容易出错，从而招致损失，因此需要结合市场的具体情况和其他分析工具进行具体分析。

一般而言，当K、D、J值在50附近时，表示多空双方力量均衡；当K、D、J值都大于50时，表示多方力量占优；当K、D、J值都小于50时，表示空方力量占优。

2. 随机指标曲线的形态

随机指标曲线在50上方的高位，如果曲线的走势形成M头或三重顶等顶部反转形态，就预示着证券价格可能会由强势转为弱势，价格即将大跌，应及时卖出。如果价格曲线也出现同样形态，则更可确认。

随机指标曲线在50下方的低位，如果曲线的走势出现W底或三重底等底部反转形态，就预示着证券价格可能会由弱势转为强势，价格即将反弹向上，应逢低少量吸纳。如果价格曲线也出现同样形态，则更可确认。

3. 随机指标曲线的交叉

随机指标曲线的交叉分为黄金交叉和死亡交叉两种形式。一般而言，在一个完整的升势和跌势过程中，随机指标中的K、D、J线会发生两次或两次以上的黄金交叉和死亡交叉情况。

当证券价格经过很长一段时间的低位盘整行情，并且K、D、J三线都处于50以下时，一旦J线和K线几乎同时向上突破D线，表明证券市场即将转强，价格跌势已经结束，将止跌向上，可以开始买进证券，进行中长线建仓。这是随机指标黄金交叉的形式。

当证券价格经过前期很长一段时间的上升行情后，价格涨幅已经很大，一旦J线和K线在高位（80以上）几乎同时向下突破D线，表明市场即将由强势转为弱势，价格将大跌，可以卖出大部分证券。这是随机指标死亡交叉的形式。

4. 随机指标曲线与价格走势的背离

随机指标曲线与价格走势的背离是指随机指标曲线图的走势方向和K线图的走势方向正好相反。随机指标的背离包括顶背离和底背离两种。

（1）顶背离。当证券价格K线图上的走势一峰比一峰高，即价格在一直向上涨，而随机指标曲线的走势在高位一峰比一峰低，这是顶背离现象。顶背离一般是证券价格将高位反转的征兆，价格中短期内将下跌，这是卖出的信号。

（2）底背离。当证券价格K线图上的走势一峰比一峰低，即价格一直在向下跌，而随机指标曲线的走势在低位一底比一底高，这是底背离现象。底背离一般是价格将低位反转的征兆，表明价格中短期内将上涨，这是买入的信号。

5. 随机指标案例分析

图10.7原图

如图10.7所示，2023年10月到年底，圣龙股份移动平均线呈多头排列，但随机指标的值却越来越低，这种情况就是随机指标的顶背离，预示着趋势的转变，说明2023年12月左右就是一个卖出时机。

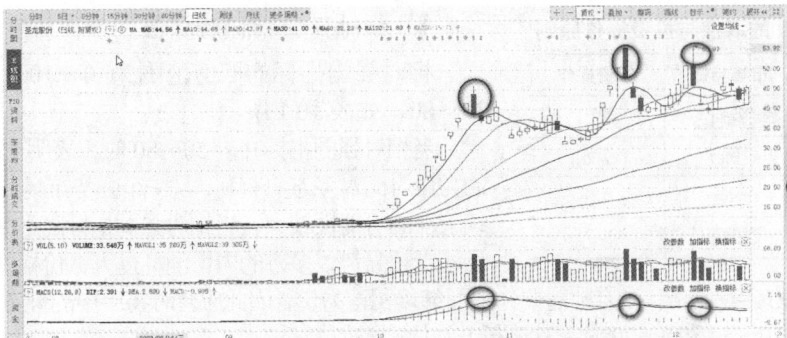

图 10.7　圣龙股份 2023 年 10 月至 12 月 K 线的随机指标

二、相对强弱指标

相对强弱指标（Relative Strength Index，RSI）又叫力度指标，由威尔斯·威尔德（Welles Wilder）首创，是目前证券市场技术分析中比较常用的中短线技术指标。

相对强弱指标是指根据证券市场上供求关系平衡的原理，通过对比一段时间内证券价格的涨跌幅度或指数的涨跌幅度来分析判断市场上多空双方买卖力量的强弱程度，从而判断未来市场走势的一种技术指标。

相对强弱指标是一定时期内市场的涨幅与跌幅之和的比值，是买卖力量对比在数量指标上的体现。投资者可根据其所反映的行情变动情况及轨迹来预测未来证券价格走势。在实战中，人们通常将其与移动平均线配合使用，借以提高对行情预测的准确性。

（一）相对强弱指标的计算方法

相对强弱指标的计算方法有两种。

第一种：假设 A 为 n 日内收盘价价差的正数之和，B 为 n 日内收盘价价差的负数之和乘以（-1），这样 A 和 B 均为正，将它们代入相对强弱指标计算公式，则

$$\text{RSI}(n) = \frac{A}{A+B} \times 100$$

第二种：先计算相对强度 RS，再计算相对强弱指标。

$$\text{RS} = \frac{A}{B}$$

$$\text{RSI}(n) = 100 - \frac{100}{1+\text{RS}} = \frac{\text{RS}}{1+\text{RS}} \times 100$$

相对强弱指标实际上是将 n 日内价格上涨幅度的总和作为多方力量的代理指标，将 n 日内下跌幅度的总和作为空方力量的代理指标，通过比较这两个汇总的波动幅度来衡量多空双方的力量，从而预测未来证券价格走势。

（二）相对强弱指标的应用

相对强弱指标的研判主要围绕相对强弱指标的取值、相对强弱指标的交叉、相对强弱指标的曲线形态等展开，其分析方法主要包括相对强弱指标取值的范围大小、相对强弱指标数值的超买超卖情况、长短期相对强弱指标线的位置及交叉等。

表 10.1　RSI 的取值与投资操作原则

RSI 值	市场特征	投资操作
80~100	极强	卖出
50~80	强	买入
20~50	弱	卖出
0~20	极弱	买入

1. 相对强弱指标的取值

相对强弱指标的取值范围为 0~100，一般分布在 20~80，如表 10.1 所示。

当相对强弱指标介于 50~80 时，表明市场中多空双方的力量对比对多方更有利，是一个强势市场，短期内价格继续上涨的可能性较大；当相对强弱指标高于 80 时，表明市场处于超强势，多方的力量消耗过大，价格处于超买区域，预期短期内空方会有反击，多方则需要休整而继续积蓄力量，因此应暂时将手中的证券卖出。当相对强弱指标介于 20~50 和 0~20 时，其分析方法原则类似。

极强与强的分界线和极弱与弱的分界线是不明确的，即两个区域之间没有一条截然分明的分界线。我们可以把分界线看作一个区域。值得说明的是，这个分界线位置的确定与以下两个因素有关。第一，相对强弱指标的参数。一般而言，参数越大，分界线离中间位置就应该越近，离两端就应该越远。第二，所选证券的活跃程度。证券越活跃，分界线离中间位置就应该越远，离两端就应该越近。

2. 相对强弱指标的交叉

进行相对强弱指标分析时，一般需将不同参数的相对强弱指标曲线结合使用。参数相对较小的相对强弱指标是短期相对强弱指标，参数相对较大的相对强弱指标是长期相对强弱指标。短期相对强弱指标大于长期相对强弱指标为多头市场，反之为空头市场。短期相对强弱指标在 20 以下超卖区内，由下往上穿越长期相对强弱指标时，为买入信号；短期相对强弱指标在 80 以上超买区内，由上往下穿越长期相对强弱指标时，为卖出信号。

3. 相对强弱指标的曲线形态

相对强弱指标在高位或低位盘整时所出现的各种形态，是研判行情并指导买卖行动的重要依据。

当相对强弱指标曲线在高位（50 以上）形成 M 头或三重顶等高位反转形态时，意味着证券价格的上升动能已经衰竭，价格有可能出现长期反转行情，投资者应及时卖出证券。如果证券价格曲线也出现同样形态，则更可确认。

当相对强弱指标曲线在低位（50 以下）形成 W 底或三重底等低位反转形态时，意味着证券价格的下跌动能已经减弱，价格有可能构筑中长期底部，投资者应逢低分批建仓。如果证券价格曲线也出现同样形态，则更可确认。

4. 相对强弱指标曲线与价格走势的背离

相对强弱指标曲线与价格走势的背离是指相对强弱指标曲线的走势和证券价格 K 线图的走势方向正好相反。相对强弱指标曲线与价格走势的背离分为顶背离和底背离两种。

（1）顶背离。当相对强弱指标处于高位，形成一峰比一峰低的走势，而此时 K 线图上的证券价格却再次创出新高，形成一峰比一峰高的走势，这就是顶背离。顶背离现象一般预示着证券价格在高位即将反转，即价格短期内即将下跌，是卖出信号。

（2）底背离。相对强弱指标的底背离一般出现在 20 以下的低位区。当 K 线图上的证券价格一路下跌，形成一波比一波低的走势，而相对强弱指标曲线在低位却率先止跌企稳，并形成一底比一底高的走势，这就是底背离。底背离现象一般预示着证券价格短期内可能将反弹，是买入信号。

5. 相对强弱指标案例分析

图 10.8 原图

如图 10.8 所示，2019 年 10 月到 2022 年 1 月宁德时代移动平均线呈多头排列，股票价格越来越高，但相对强弱指标的值却不涨，这种情况就是相对强弱指标的顶背离，预示着趋势的转变，说明 2022 年 1 月左右就是一个卖出时机。

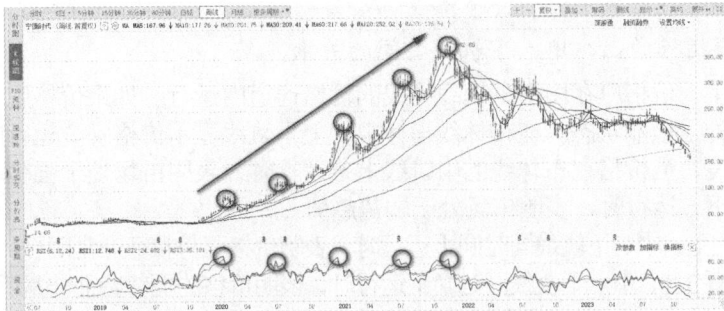

图 10.8 宁德时代 2019—2022 年 K 线的相对强弱指标

三、布林线指标

布林线（Bollinger bands，BOLL）指标，是用该指标的创建人约翰·布林格（John Bollinger）的姓来命名的，是研判证券价格运动趋势的一种中长期技术分析指标。

布林线指标是美国股市分析家约翰·布林格根据统计学中的标准差原理设计出的一种非常简单实用的技术分析指标。一般而言，价格的运动总是围绕某一价值中枢（如均线、成本线等）在一定的范围内变动。布林线指标正是在上述条件的基础上，引进了价格通道的概念，当市场运行趋势没有发生变化时，价格运行在这个价格通道中。布林线指标认为价格通道的宽窄随着价格波动幅度的大小而变化，且价格通道又具有变异性，会随着价格的变化而自动调整。正是由于具有灵活性、直观性和趋势性的特点，布林线指标渐渐成为投资者广为应用的热门技术指标。

微课堂
布林线

（一）布林线指标的计算方法

布林线指标的计算过程是数理统计中的置信区间的计算过程，相对比较复杂，需要用到两个参数：一个是时间区间的长度 n，另一个是置信区间的置信度水平 α。在布林线指标的计算公式中，α 不直接出现，而是通过查 t 分布表得到 $t(\alpha)$。

以移动平均线为中心，通过布林线指标计算得出两条曲线 BU 和 BD，BU 是布林线指标的上限，BD 是布林线指标的下限。布林线指标是以移动平均线为中心，以 BU 为上边界，以 BD 为下边界的价格波动带，即价格通道。其计算公式为

$$BU = MA(n) + t(\alpha) \times \sigma(n)$$
$$BD = MA(n) - t(\alpha) \times \sigma(n)$$
$$\sigma^2(n) = \frac{\sum[\text{close}(i) - MA(n)]^2}{n-1} \quad MA(n) = \frac{\sum \text{close}(i)}{n}$$

式中，close(i)为收盘价；MA(n)为移动平均线；$\sigma^2(n)$ 为样本方差；$\sigma(n)$ 为样本标准差。

从数理统计的角度来看，$t(\alpha)$的取值可通过查表直接得到，与 α 有关。但在这里，$t(\alpha)$一般取固定的数，如 2 或者 3。如果 $t(\alpha) = 2$，对应的 α 近似为 0.05，置信度为 95%。也就是说，如果价格运行趋势没有发生变化，则当前价格落在上限和下限区间的概率为 95%。

（二）布林线指标的应用

布林线一共由四条线组成，即上轨线、中轨线、下轨线和价格线。其中，上轨线是 BU 数值的连线，中轨线是移动平均线数值的连线，下轨线是 BD 数值的连线，价格线以美国线表示。美国线的画法类似于 K 线，由一条竖的直线和右侧横线组成。直线表示当天行情的最高价与最低价间的波动幅度，右侧横线则代表收盘价。

1. 布林线指标的上、中、下轨线之间的关系

正常情况下，价格应在由上下轨线构成的价格通道内运行。如果价格脱离价格通道运行，则意味着行情处于极端状态。在布林线指标中，上下轨线显示价格安全运行的最高价位和最低价位。一般而言，当价格在布林线的中轨线上方运行时，表明市场处于强势趋势；当价格在布林线的中轨线下方运行时，表明市场处于弱势趋势。

当布林线的上、中、下轨线同时向上运行时，表明价格强势特征非常明显，价格短期内将继续上涨。当布林线的上、中、下轨线同时向下运行时，表明价格的弱势特征非常明显，价格短期内将继续下跌。当布林线的上轨线向下运行，而中轨线和下轨线向上运行时，表明价格处于整理态势。

2. 美国线和布林线指标的上、中、下轨线之间的关系

当美国线（或 K 线）从布林线的中轨线以下向上突破布林线的中轨线时，预示着价格的强势特征开始出现，价格将上涨。当美国线（或 K 线）从布林线的中轨线以上向上突破布林线的上轨线时，预示着价格的强势特征已经确立，价格将可能短线大涨。当美国线（或 K 线）向上突破布林线的上轨线，且运动方向继续向上时，如果布林线的上、中、下轨线的运动方向也同时向上，则预示着市场的强势特征依旧，价格短期内还将上涨。

当美国线（或 K 线）在布林线的上方向上运动了一段时间，突然掉头向下并突破布林线的上轨线时，预示着价格短期的强势行情将可能结束。当美国线（或 K 线）从布林线的上方向下突破布林线的上轨线后，如果布林线的上、中、下轨线的运动方向也开始同时向下，预示着价格的短期强势行情即将结束。当美国线（或 K 线）从布林线的中轨线上方向下突破布林线的中轨线时，预示着价格前期的强势行情已经结束，价格中期的下跌趋势已经形成，如果布林线的上、中、下轨线也同时向下则更能确认。当美国线（或 K 线）向下跌破布林线的下轨线并继续向下时，预示着价格处于极度弱势行情。当美国线（或 K 线）在布林线的下轨线下方运行了一段时间后，如果美国线（或 K 线）的运动方向有掉头向上的迹象，表明价格短期内将止跌企稳。当美国线（或 K 线）从布林线的下轨线下方向上突破布林线的下轨线时，预示着价格的短期行情可能回暖。当美国线（或 K 线）一直处于中轨线上方，并和中轨线一起向上运动时，表明价格处于强势上涨过程中。当美国线（或 K 线）一直处于中轨线下方，并和中轨线一起向下运动时，表明价格处于弱势下跌过程中。

3. 布林线指标喇叭口形态分析

布林线指标喇叭口是指在价格运行的过程中，布林线的上轨线和下轨线分别从两个相反的方向与中轨线大幅扩张或靠拢而形成的类似于喇叭口的特殊形状。根据布林线上轨线和下轨线运行方向及所处位置的不同，可以将喇叭口分为开口型喇叭口、收口型喇叭口和紧口型喇叭口三种类型。

（1）开口型喇叭口。当价格经过长时间的底部整理后，布林线的上轨线和下轨线逐渐收缩，上、下轨线之间的距离越来越小，随着成交量的逐渐放大，价格突然出现向上急速飙升的行情，此时布林线的上轨线也同时急速向上扬升，而下轨线却加速向下运动。这样布林线的上、下轨线之间就形成了一个类似于大喇叭的特殊形态，我们把布林线的这

> 🧘 **问与答**
>
> **问：**什么是阴跌？
>
> **答：**阴跌又称盘跌，指股价缓慢下滑的情况，如阴雨连绵，长期不停。

种喇叭口称为开口型喇叭口。

开口型喇叭口是一种显示价格短线大幅向上突破的形态。它是形成于价格经过长时间的低位横盘筑底后，面临着向上变盘时所出现的一种走势。布林线的上、下轨线出现方向截然相反而力度很强的走势，预示着多头力量逐渐强大而空头力量逐步衰竭，表明价格将处于短期大幅拉升行情之中。

开口型喇叭口形态的形成必须具备两个条件：其一，价格要经过长时间的中低位横盘整理，整理时间越长，上、下轨线之间的距离越小，则未来上涨的幅度越大；其二，布林线开始开口时要有明显的大成交量出现。开口型喇叭口形态的确立以美国线（或 K 线）向上突破上轨线、价格带量向上突破中长期均线为准。

（2）收口型喇叭口。当价格经过短时间的大幅拉升后，布林线的上轨线和下轨线逐渐扩张，上、下轨线之间的距离越来越大，随着成交量的逐步减少，价格在高位出现了急速下跌的行情，此时布林线的上轨线开始急速掉头向下，而下轨线还在加速上升。这样布林线的上、下轨线之间就变成一个类似于倒着的大喇叭的特殊形态，我们把布林线的这种喇叭口称为收口型喇叭口。

收口型喇叭口是一种显示价格短线大幅向下突破的形态。它是形成于价格经过短时期的大幅拉升后，面临着向下变盘时所出现的一种走势。布林线的上、下轨线出现方向截然相反而力度很大的走势，预示着空头力量逐渐强大而多头力量开始衰竭，价格将处于短期大幅下跌的行情之中。收口型喇叭口形态的形成虽然对成交量没有要求，但必须具备一个条件，即价格经过前期大幅的短线拉升，拉升的幅度越大，上、下轨线之间的距离越大，则未来下跌幅度越大。收口型喇叭口形态的确立以价格的上轨线开始掉头向下、价格向下跌破短期均线为准。

（3）紧口型喇叭口。当价格经过长时间的下跌后，布林线的上、下轨线向中轨线逐渐靠拢，上、下轨线之间的距离越来越小，随着成交量的越来越小，价格在低位反复震荡，此时布林线的上轨线还在向下运动，而下轨线却在缓慢上升。这样布林线的上、下轨线之间就变成一个类似于倒着的小喇叭的特殊形态，我们把布林线的这种喇叭口称为紧口型喇叭口。

紧口型喇叭口是一种显示价格将长期小幅盘整筑底的形态。它是形成于价格经过长期大幅下跌后，面临着长期调整的一种走势。布林线上、下轨线的逐步小幅靠拢，预示着多空双方的力量逐步趋于平衡，价格将处于长期横盘整理的行情之中。

紧口型喇叭口形态的形成条件和确立标准都比较宽松，只要价格经过较长时间的大幅下跌后，成交量极度萎缩，上、下轨线之间的距离越来越小，就可认定紧口型喇叭口初步形成。

图 10.9 原图

4．布林线指标案例分析

如图 10.9 所示，2023 年 2 月浪潮信息 K 线图的布林线（BOLL）指标出现了紧口型喇叭口形态。美国线从下向上穿越中轨线，预示着一段上涨行情的来临。

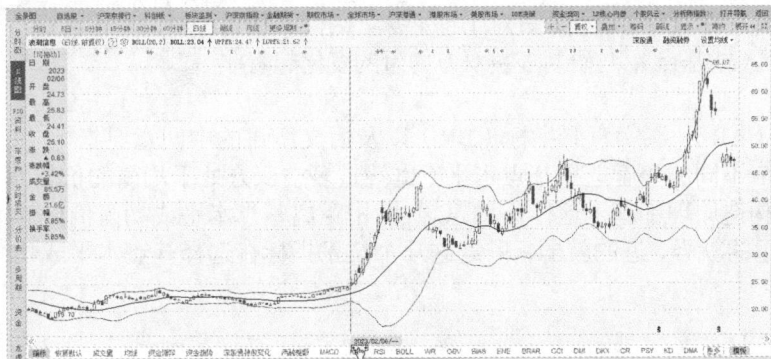

图 10.9　浪潮信息 2023 年 K 线的布林线指标

四、其他技术指标

除前文介绍的三个技术指标外，比较常用的技术指标还有乖离率指标、心理线指标、人气指标、买卖意愿指标、中间意愿指标、腾落指标和超买超卖指标等。

（一）乖离率指标

乖离率（BIAS）指标是表示一定期间内价格与移动平均线之间差距的技术指标，是对移动平均线理论的重要补充。其功能是测算价格在变动过程中与移动平均线的偏离程度，其指导思想是价格在剧烈变动时，偏离移动平均线过远一般会出现回档或反弹。乖离率指标意味着，如果价格离移动平均线太远，不管是在移动平均线之上，还是在移动平均线之下，都不会保持太长的时间，即随时会有反转发生，使价格再次趋向移动平均线。

（二）心理线指标

心理线（Psychological line，PSY）指标是研究投资者对证券市场涨跌产生心理波动的情绪指标，是一种能量类和涨跌类指标，对证券市场短期走势的研判具有一定的参考意义。心理线指标通过计算 n 日内证券价格或指数上涨天数的多少来衡量投资者的心理承受能力，反映证券市场未来的发展趋势及证券价格是否存在过度的涨跌情形，从而为投资者买卖证券提供参考。

（三）人气指标和买卖意愿指标

证券市场上多空双方的优势不断交替着，即双方力量都有可能在一定时期内占据优势。如果一定时期内多方力量占据优势，证券价格将会不断上升；如果一定时期内空方力量占据优势，证券价格则会不断下跌；如果一定时期内多空双方力量大致平衡，证券价格会在某一区域内窄幅波动。而市场上多方力量大，则买方气势就会比较强，卖方气势就会减弱；市场上空方力量大，则卖方气势就会比较强，买方气势就会减弱。证券价格走势的变动主要是由供求双方买卖气势和多空力量的对比造成的。多空双方的争斗都是从某一个均衡价位区（或基点）开始的。证券价格在这个基点上方，说明多方力量占优势；证券价格在这个基点下方，说明空方力量占优势。随着市场的进一步发展，证券价格会逐渐向上或向下偏离平衡价位区（或基点），价格偏离得越大，说明多空双方力量对比越悬殊。因此，找到这个均衡价位区（或基点），对研判多空双方力量的变化起着非常重要的作用。

> **问与答**
>
> 问：什么是洗盘？
> 答：洗盘是主力打压股价、清理市场多余的浮动筹码的行为，旨在抬高市场整体持仓成本，达到获利的目的。

人气指标（AR）、买卖意愿指标（BR）以及后文所讲的中间意愿指标（CR）三个技术指标都是从各自不同的角度选择基点水平（也就是多空双方处于均衡的价格水平）的。这三个技术指标的构造原理都基于这样一种思想，即用距离基点水平或均衡价格的远近描述多空双方的力量，远的就强，近的就弱，只是这几个技术指标在选择基点水平或均衡价格时有所不同。

（四）中间意愿指标

中间意愿指标（CR）同人气指标、买卖意愿指标有很多相似的地方，如计算公式和研判法则等，而与人气指标、买卖意愿指标不同之处在于理论的出发点有差异。中间意愿指标的理论出发点是认为中间价是证券市场最有代表性的价格，即多空双方争夺的基点价格水平或均衡价位。

为避免人气指标、买卖意愿指标的不足，在选择计算的均衡价位时，中间意愿指标采用的是上一计算周期的中间价。从理论上讲，比中间价高的价位，其能量为强；比中间价低的价位，其能量为弱。中间意愿指标通过上一个计算周期的中间价与当前周期的最高价、最低价进行比较，计算出一段时间内证券价格走势的强弱。

（五）腾落指标

腾落（Advance Decline Line，ADL）指标又叫涨跌线指标，是专门研究股票指数走势的技术分析工具。

腾落指标以股票每天上涨和下跌的家数作为计算和观察的对象，借此了解股票市场中人气的兴衰，探测大势的内在动量是强势还是弱势，从而研判股票市场未来走向。大盘指数上升，上涨股票的家数必然较多；大盘指数下跌，下降股票的家数必然较多。两者之间的关系往往为正比关系，而股票市场大盘指数的升降与人气的强弱情形也是相同的。

腾落指标与股票市场大盘指数比较类似，两者均反映大势的动向和趋势，不针对个股的涨跌提供信号。但由于股票市场大盘指数在一定情况下受指标股的影响，这些股票的异常走势（暴涨或暴跌）会对股票市场大盘指数的走势造成影响，从而给投资者提供不真实的信息。为了弥补股票市场大盘指数可能失真的缺点，引入了腾落指标来辅助研判股票市场大盘指数。

腾落指标是一个以个股涨跌家数的多少来进行大盘研判的指标。由于该指标用来对市场上所有交易的个股中上涨家数和下跌家数的差额进行累计，因此只有大盘指数才有腾落指标值，而个股没有该指标值。

（六）超买超卖指标

超买超卖指标（Over Bought and Over Sold，OBOS）和腾落指标一样，也是专门研究股票指数走势的中长期技术分析工具。

超买超卖指标主要是研判一段时间内整个股票市场中涨跌家数的累积差关系，来测量大盘买卖气势的强弱及未来演变趋势。超买超卖指标的原理是基于对投资者心理变化的假定，认为当股市大势持续上涨时，必然会使部分敏感的主力机构获利了结，从而诱发大势反转向下；而当股市大势持续下跌时，又会吸引部分先知先觉的机构进场吸纳，从而触发向上反弹行情。因此，当超买超卖指标逐渐向上并超越正常水平时，即代表市场的买气过度升温并最终导致大盘超买。同样，当超买超卖指标持续下跌时，则导致超卖。对整个股票市场而言，由于超买超卖指标在某种程度上反映了部分市场主力的行为模式，因此在预测上：当大盘由牛市转向熊市时，超买超卖指标在理论上具有领先大盘指数的能力；而当大盘由熊市转向牛市时，超买超卖指标在理论上又存在稍微落后于大盘指数的缺陷。

视野拓展 威廉指标 技术指标的失效

【本章小结】

技术指标分析是一种常用的技术分析方法，其优点是简单、明了、易用。

本章详细介绍了市场上常用的技术指标，主要包括均线指标、随机指标、相对强弱指标、布林线指标和其他一些常用的技术指标。

【自测题】

【知识测试与实训操作】

一、名词解释

移动平均线　　技术指标　　　黄金交叉　　　死亡交叉　　　指数平滑异同移动平均线
随机指标　　　相对强弱指标　底背离

二、简答题

1．构造技术指标的方法有哪些？
2．技术指标的交叉法则主要体现在哪些方面？
3．技术指标的背离法则主要体现在哪些方面？
4．移动平均线（MA）的作用主要有哪些？
5．指数平滑异同移动平均线（MACD）指标的计算方法和原理是什么？

三、实训操作

如图 10.10 所示，指出某股票价格与 MACD 背离的位置，并分析其后市趋势。

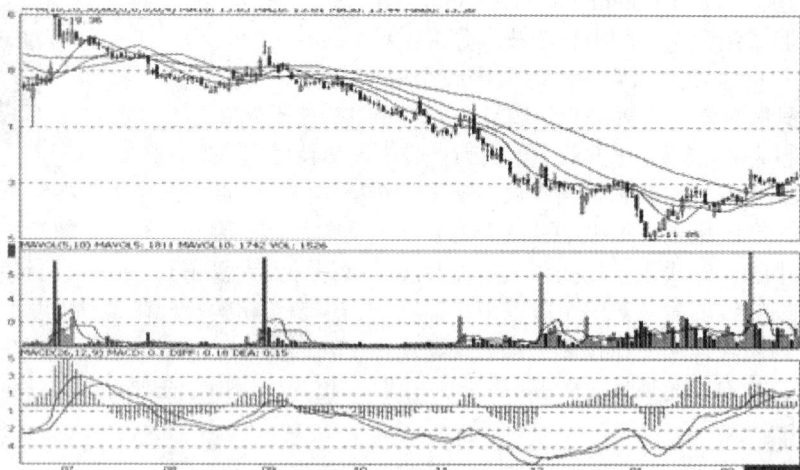

图 10.10　某股票 K 线图

第十一章

证券投资管理

【学习目标与知识结构图】

1．掌握证券投资者的类型、证券投资者的心理及其行为特征，掌握投资组合理论。
2．了解证券投资的策略与技巧。
3．培养多维思考模式和积极的人生态度，提高抗压能力，形成正确的投资观。

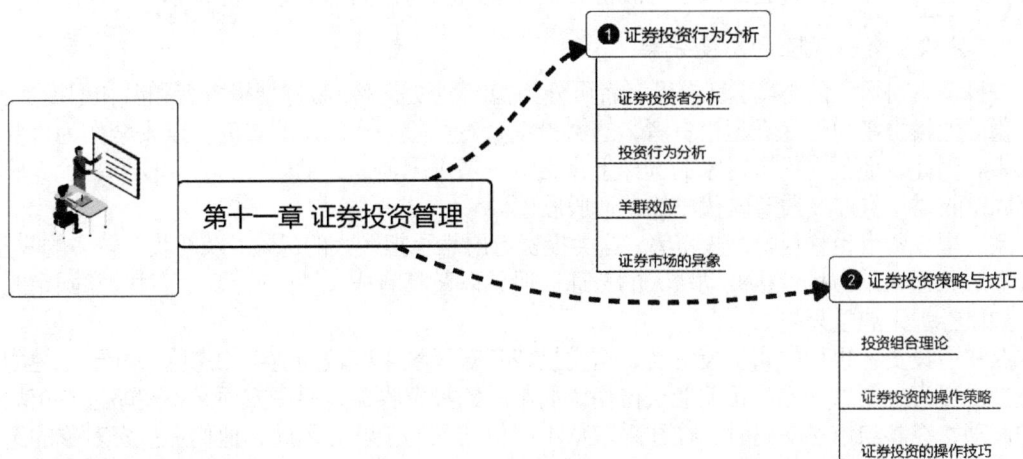

【案例导入】

A 经过前面的学习，已经基本了解了证券及证券市场，也掌握了证券基本分析和技术分析的基础知识。同时，他还阅读了一些投资家的传记，了解了很多伟大投资家总结的经验，如沃伦·巴菲特获得成功的两条法则：第一条是"永不亏损"，第二条是"永远牢记第一条法则"。A 还了解到，进行证券投资还需要掌握投资市场中投资者的心理和行为分析方法、证券投资收益与风险的计算方法、证券投资的操作策略等。

A 在证券市场中进行了几次操作，收获颇丰，并总结出一些经验，从而形成了自己的投资风格。至此，A 终于成为一名合格的证券投资者。

思考与讨论

（1）证券市场有哪些异象？
（2）作为一名学生，你如何理解采取正确的投资策略的重要性？

第一节　证券投资行为分析

在证券市场中，对任何投资者来说，最大的敌人都是投资者自己。

一、证券投资者分析

证券投资者的种类较多，既有个人投资者，也有机构（集团）投资者。当然，各类投资者的投资目的也各不相同。

（一）证券投资者的类型

证券投资者多种多样，而要研究证券投资者的投资行为，就要先对其进行科学的分类。

1. 按投资目的分类

按投资目的，证券投资者可分为套利型投资者、参股型投资者和经营型投资者。套利型投资者是以套取差价利润为目的的证券投资者，参股型投资者是以参与股息和红利分配为目的的证券投资者，经营型投资者是以参与股份公司经营活动为目的的证券投资者。

2. 按投资者对风险的态度分类

按投资者对风险的态度，证券投资者可分为稳健型投资者、激进型投资者和温和型投资者。

稳健型投资者也称保守型投资者，这类投资者对风险采取回避的态度，以安全作为首要考虑因素。因此，他们在投资对象的选择上常会首先考虑国债、金融债券、公司债券、优先股股票等固定收益证券以及股息较优厚的普通股股票。

激进型投资者也称风险型投资者，这类投资者愿意承担较大的风险，以期获得较多的收益。其投资对象通常是市场价格波动较大的普通股股票以及具有成长性的股票，而对收益固定的证券（如债券）则缺乏兴趣。

温和型投资者也称中庸型投资者，这类投资者对风险采取较为适中的态度，介于稳健型和激进型投资者之间，一方面希望能获得稳定而丰厚的投资收益，另一方面又不忽略证券市场价格的波动，在参与市场交易时，往往采取从中间位切入的策略。因此，他们在投资对象的选择上通常是普通股与债券并重，兼顾投资和投机两方面的因素。

3. 按投资时间长短分类

按投资时间长短，证券投资者可分为长期投资者、中期投资者和短期投资者。长期投资者主要是指公司董事及长期持股的大股东；中期投资者持有股票的时间一般在一年之内，参与投资的通常是中、大户；短期投资者则是指以赚取差价利润为目的的短线投资者。

证券投资的期限长短是相对而言的，也很难有一个绝对的标准。一般来说，几天到三个月内为短期，三个月到一年内为中期，一年以上为长期。

4. 按投资的行为特征分类

按投资的行为特征，证券投资者可分为投资者、投机者和赌博者。

投资者是指购买证券后，准备在较长时间内持有，以获得投资增值或股利收入，并具有参与投资对象经营愿望的证券买卖者。由于这类投资者的目的在于获得资本利得和稳定的投资收益，所以一般会选择质量较高的证券进行投资。所谓质量较高的证券，是指那些经济实力雄厚、经营管理

视野拓展

短期投机

好的上市公司发行的股票（如股市中的蓝筹股）及收益丰厚的债券等。因此，这类投资者在进行投资前，一般都会在掌握较充分的信息资料的基础上，对将要购买的证券的各种风险和预期收益率进行分析，而不会靠凭空臆测来做出投资决策。

投机者是指在证券市场上频繁地买进和卖出证券，利用有利时机，从短期的证券价格波动中套取差价利润的证券买卖者。投机者在证券流通市场中十分常见，与投资者不同，他们希望能在短期的证券价格波动中获得价格差额。因此，投机者在买卖证券时，通常不注重对上市公司经济实力和经营能力等方面的分析，也不注重企业定期的稳定的收入，而只关注证券价格的波动可能给自己带来的利益。这里必须指出，投机并不等同于欺诈。在证券交易中，欺诈通常被认为是非法的。

赌博者是指以运气、机遇为基础，存有侥幸心理的证券买卖者。他们将证券买卖看成赌博的机会，往往在没有掌握任何信息资料的情况下，或者仅凭点滴的小道消息便做出买卖的大胆决策；或者孤注一掷进行买空、卖空，试图从中获利；或者利用手中的资金，哄抬价格，操纵市场，以期牟取暴利；或者不断地进行证券投机，贪得无厌，期望一夜暴富。

以上三种类型，有时很难区分开来。因为投资者有时也有投机行为，在时机较准时，也会通过买卖证券以期获得差价收益；而投机者购买证券本身就是一种投资行为，只是他们为买而卖或为卖而买，属于和正常情况不符的投资行为；赌博者的行为本身就是一种投机，只不过是超出了正常的投机范围。

5. 按投资额分类

按投资额的大小，证券投资者可分为大户、中户和散户。这里的投资额是个相对的量，不同市场环境、不同证券公司有不同的标准。

大户（多为机构投资者）是指那些资金实力雄厚、投资额巨大的投资者，其交易行为有时能直接左右市场行情。大户多由大的企业财团、信托投资公司及拥有庞大资金的集团或个人组成。一般来说，大户较多的股市在行情看涨时上扬的幅度较大；相反，在行情下跌时下跌的幅度则较小。而一旦出现主力大户撤退的现象，则会导致行市迅猛滑落。因此，了解大户的交易动态十分重要，对研究和判断股价走势具有相当高的参考价值。

中户是指其投资额介于大户和散户之间的投资者，多由收入在中等水平上下的个人投资者组成。中户努力的目标是成为大户，因而他们在资金投向上有自己的计划和安排，主观性较强。中户是股市中变化最大、最不稳定的投资者。值得注意的是，中户在股票市场活动中起着一种制衡作用，当多数散户追随大户而向一边倾倒时，部分中户则能够通过自己的逆向活动在一定程度上保持市场平衡。

散户是指股票市场上投资额较小、缺乏计划性，无定则、无组织，彼此间也没有关联，完全依行情而动的小额投资者。散户通常由个人投资者组成，人数很多，但投资额较少。散户在投资活动中虽然不是影响行情变化的主力，但也是股市中不可缺少的组成部分，他们在每次的股价涨跌波动中都起着一定的推波助澜作用。散户的心理随着股价的变化常常会处于不理性的波动状态，如图 11.1 所示。

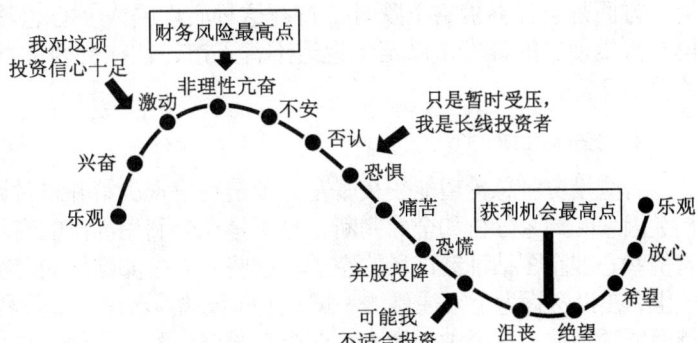

图 11.1　投资心理波动

（二）证券投资者的心理

面对复杂多变的证券市场，投资者很容易产生各种各样的投资心理。这反映了不同的投资者有不同的心理品质与特征。不同的投资心理会直接影响投资者对证券市场的判断和据此做出的投资决策，最终影响投资收益。证券投资者的心理可分为以下几种类型。

1. 盲目跟风心理

盲目跟风心理主要是指投资者在对证券优劣、企业经营状况、市场行情等一无所知或知之甚少的情况下，当看到别人抢购某种证券时，便立即闻风而动，唯恐落后；而当看到别人抛售某种证券时，即使不了解缘由也会紧随其后。这种心理的典型特点是投资者缺乏证券投资的主动性，缺乏个人的价值判断、理性分析和投资取向。这种心理对股市影响很大，一旦谣言四起，股票市场就会掀起波澜。

2. 犹豫不决心理

犹豫不决心理是指投资者在证券市场上总是担心自己会成为交易的牺牲品，不时因证券市场的价格涨落而担惊受怕。即使他们事先已经制订了投资计划和实施方案，临场也很容易受到群体心理的影响而改变投资策略。因此，这种投资者往往可能因为优柔寡断而错失良机。犹豫不决的投资心理表现如下。

（1）虽然事先并无购入某种证券的计划，但因禁不住众人抢购某种证券的诱惑，会贸然入市。

（2）根据自主分析决定购入 A 证券，但临场听闻 B 证券价格将上涨、A 证券价格将下跌，中途便改变决策购入 B 证券。结果却是 A 证券价格上涨。

（3）根据自己的判断分析，发现某种证券价格较低宜于购入，便做出低价购入决策。但当看到他人纷纷抛售时，马上又显得信心不足、疑虑重重，总感觉自己决策有误，从而临阵退缩。

（4）投资者发觉持有的证券价格偏高宜于抛售，并做出出售的决策，但临场由于受到群体继续看涨心理的影响，又改变计划继续持有。结果价格回落，不仅没有抓住获利时机，反而无利可获甚至亏本，可谓得不偿失。

3. 贪婪心理

贪婪心理是指投资者的心理期望值特别高，甚至到了贪得无厌的地步。其主要表现在两个方面：一方面是当证券价格上升时，持有这种心理的投资者一心想要追求更高的价格，获得更大的收益，因此迟迟不肯出售自己手中的证券，从而使自己失去了一次次获利的机会；另一方面是当证券价格下跌时，持有这种心理的人一心想着证券价格会继续下跌，等待以后再买入更便宜的证券，以至于迟迟不肯入市，往往会因贪得无厌而落空，错过了一次又一次的获利良机。

4. 赌博心理

有些投资者总希望能一夜暴富，于是在投资决策并未付诸行动时，不是基于对市场行情和相关因素的周密分析和全面判断，也不是充分利用准确的市场信息和有效的技术手段，而是抱着侥幸心理企图钻证券市场的空子。这些人大多如赌场的赌徒般将自己的希望完全寄托在碰运气上，在投资行为上往往孤注一掷，走向极端。当在股市获利后，他们多半会被胜利冲昏头脑，继而频频加注，直至蚀本为止；而当在股市失利后，他们往往不惜背水一战，把全部资金都投入股市，以期挽回损失。这种非理智的意气用事的投资行为，往往会导致投资者倾家荡产。

5. 惊慌心理

初涉证券市场的投资者，由于缺乏必要的心理准备和证券投资的实践经验，往往会对证券市场产生莫名其妙的惊慌。在听到未经考证和分析的不利消息时，他们惊慌失措，无所适从，把手中的股票视为异物而拼命抛售。投资者在各种消息面前，如果不能做到细观静察，反而是过于急躁，不加分析地仓皇处置，很容易就会成为证券市场的受损者。

6. 偏执心理

初始入市的投资者，因缺乏对证券市场的全面认识和了解，更缺乏证券投资的操作经验，往往容易形成对证券投资的片面理解，从而产生偏执心理，要么只愿赚不敢赔，要么失去信心认定自己只赔不赚。即使是投资经验丰富、投资技巧娴熟的投资者，也不可能永远只赚不赔；作为初始投资者，即使投资受损，只要在正常的证券价格内波动，就存在着扭亏为盈、反败为胜的机会。因此，投资者应当树立理性的投资理念，既要有投资获利的信心，也要有必要的风险意识，具备一定的风险承受能力。这样，才能在获利时，不会只想赚而不敢赔；才能在受损时，不会只有沮丧而难以振作。

7. 嫌贵贪平心理

持有嫌贵贪平心理的投资者，一心只想着购入一些价格便宜的股票，而不考虑买入那些价格高的股票，认为其投资风险大。其实，买高价股入市当然会给投资者带来不甚理想的后果，但一心想买价格低的股票有时也不见得就会有好的收益。贪平入市的结果往往是这种投资者的股票成了永远抛售不出去的蚀本股。

> **问与答**
>
> **问：**什么是多头陷阱？
> **答：**主力利用资金、消息或其他手段操纵图形的技术形态，使其显现出多头排列的信号，诱使散户买入。

二、投资行为分析

我国证券市场的投资者，散户所占比例很大。他们往往在专业技能水平上存在很大不足，并且存在不良心理，导致自己的正常投资行为受到严重影响。

（一）过度自信的投资行为

过度自信的人在做决策时，会过高估计那些突出而能引人注意的信息，尤其会过高估计与自己已有信念一致的信息，并倾向于搜集那些支持其信念的信息，而忽略那些不支持其信念的信息。当自己的某些观点得到充分信息、重要案例和明显场景支持的时候，他们往往会更自信，并对这些信息反应过度。

过度自信的心理导致投资者很容易做出包括过度交易、冒险交易在内的错误交易行为。过度自信的心理会增加投资者交易的数量，因为他们对自己的观点太过相信。投资者的观点一方面基于他们掌握信息的准确性，另一方面基于他们分析信息的能力。过度自信的投资者更相信自己对股票的判断，而较少考虑其他人的观点。

1. 过度交易行为

过度自信使投资者对自身的判断能力确信无疑，过分相信自己能获得高于平均水平的投资回报率，从而倾向于做出过度交易行为。在投资过程中，适度的自信是有益的，过度的自信是很危险的。

过度自信的投资者在金融市场中会频繁进行交易，总体表现为年成交量放大，但是由于过度自信而频繁进行的交易可能会给投资者带来较低的收益。这就是过度自信心理所导致的投资行为的表现，我们把这种投资行为称为过度交易行为。

2. 爱冒风险行为

过度自信还会助长投资者的冒险行为。理性的投资者会在收益与风险之间找到一个均衡的投资组合。然而过度自信的投资者常会错误地判断他们所承担的风险水平，导致他们所做的投资组合面临较高的风险。

过度自信的投资者所做的投资组合往往会承受更大的风险，原因有以下两点。

（1）过度自信的投资者倾向于买入高风险的股票，而高风险的股票主要是那些小公司和新上市公司的股票。

（2）过度自信的投资者没有充分进行分散化的投资组合，认为自己能充分地收集、分析投资决策的信息，并能做出最有效的投资决策。

过度自信的投资者往往认为自己的行为并不是冒险，而事实上并非如此。过度自信的投资者总认为自己能够把握住投资机会，所做的往往是高风险的投资行为。

3. 赌场资金效应

股票市场的繁荣催生了更多的过度自信者，他们会认为自己很精明，投资获取的较高收益往往得益于自己的精明判断，骄傲的情绪会对其投资行为产生很大的影响，并在个人获得更大成功后进一步强化其自信心。

事实上，人们在获得盈利之后仍然愿意冒更大的风险，这种感受被赌博者称为"玩别人的钱"。在赚了一大把钱之后，赌博者并不会认为新赚来的钱是自己的。因为赌博者并不会将盈利与自己的钱混为一谈，他们就好像在用赌场的钱进行赌博一样。

这种赌场资金效应产生的原因有：①已经获得收益的投资者在未来的决策中过度自信；②已经获得收益的投资者，因为赌本来已经获得的盈利，如果在接下来的赌博中输了，心里也会认为这些钱本来就不是自己的，感受的痛苦程度自然就比较低，而且痛苦容易被已获得收益所带来的愉悦化解；③投资者在实现收益后，有更多的资金用于投资，从而变得不再回避风险。

（二）心理账户与资产组合

1. 心理账户

心理账户由美国芝加哥大学行为科学教授理查德·塞勒（Richard Thaler）提出，是行为经济学中的一个重要概念。由于心理账户的存在，投资者在做决策时往往会违背一些简单的投资法则，从而做出许多非理性的投资行为。

由于认知偏差的存在，人们倾向于用局部账户而非综合账户进行评价，即将不同的财富分开考虑。投资者将每一次投资分别归入各个不同的心理账户，只考虑单个心理账户的结果，不考虑不同心理账户之间的相互作用，忽视了各个心理账户之间的相互作用会影响资产组合的总体收益及风险。

2. 现代资产组合理论

现代资产组合理论是由美国经济学家哈里·马科维茨于1952年创立的，他认为最佳投资组合应当是具有风险厌恶特征的投资者的无差异曲线和资产的有效边界线的交点。威廉·夏普则在其基础上提出了单指数模型，并提出以对角线模式来简化方差－协方差矩阵中的非对角线元素。他据此建立了资本资产定价模型（CAPM），指出无风险资产收益率与风险资产组合收益率之间的连线代表各种风险偏好的投资者组合。根据上述理论，投资者在追求收益和厌恶风险的驱动下，会根据组合风险收益率的变化调整资产组合的构成，进而影响市场均衡价格的形成。这种预期收益和风险关系的资产组合曲线如图 11.2 所示。

现代资产组合理论是现代资本资产定价模型的基石，资本资产定价模型和资产套利模型均是基于投资组合理论建立的。这些理论都假设理性投资者会依据投资组合理论对其投资风险进行分散，从而达到预期效益最大。

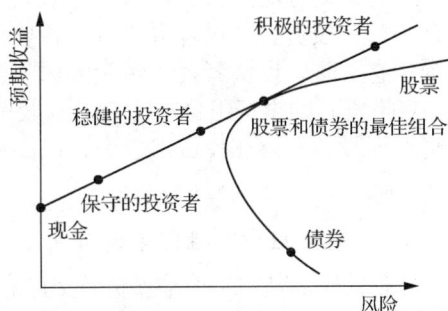

图 11.2　预期收益和风险关系的资产组合曲线

3. 心理账户影响下的资产组合构建

投资者并非完全按照资产组合理论的方式进行投资组合，由于受到心理账户的作用，他们常常为每一个投资目标分别设立心理账户，为每一个投资目标设定不同的风险，通过发现与该心理账户的预期收益和风险相配备的资产来为每一个心理账户选择投资。例如，投资者会有一个安全性的目标，为了满足这个心理账户的需要，他们会选择一部分虽然收益低但风险也低的资产。例如养老账户，这显然属于一个心理账户，投资者会购入债券或支付高股息的股票。而出于致富的需要，投资者则会为其设立另一个心理账户，并购入高风险证券。

（三）禀赋效应与投资行为

1. 禀赋效应的投资行为表现特征

经典金融理论将投资者的决策行为视为黑箱，抽象为一个投资者追求预期效用最大化的过程，不会受主观心理及行为因素影响。以期望理论为代表的行为金融理论修正了经典金融理论中的假设，认为投资者并不具有完全理性，而只具有有限理性，并对人们很多偏离理性的投资决策行为进行了更贴近实际的合理解释。后悔心理的认知误差经常会导致投资者做出非理性行为，为了避免采取不当行为造成损失而产生的后悔，禀赋效应会导致证券市场上的交易不足，最典型的投资行为表现为过早出售获利的资产，而过长持有亏损的资产，这种现象也被称为"处置效应"。

处置效应是一种比较典型的投资者认知偏差，呈现出投资者对投资盈利的"确定性心理"和对亏损的"损失厌恶心理"。当投资处于获利状态时，投资者是风险回避者，愿意较早平仓锁定利润，在行为上表现为急于平掉敞口头寸；当投资处于亏损状态时，投资者是风险偏好者，愿意继续持有仓位，在行为上表现为不愿轻易平仓接受亏损。

2. 处置效应的案例

假如投资者甲持有某只股票，买入价为每股 10 元，投资者乙持有同一只股票，买入价为每股 20 元。该股昨日收盘价为每股 16 元，今天跌到每股 15 元。请问：甲、乙两位投资者，谁的感觉更差？

多数人会认为乙比甲的感觉更差。这是因为，投资者甲可能会将股价下跌看作收益的减少，而投资者乙会将股价下跌看作亏损的扩大。由于价值函数曲线在亏损区比在盈利区更陡峭，因此每股 1 元的差异对乙比对甲更为重要。

再假如有一位投资者，由于需要现金，必须卖出所持有两种股票中的一种。其中，一只股票账面有盈利，另一只股票账面亏损（盈利和亏损均相对于买入价格而言），该投资者会卖出哪只股票？

投资者更可能卖出那只账面有盈利的股票。当股票价格高于买入价（即主观上处于获利状态）时，投资者是风险厌恶者，希望锁定收益；而当股票价格低于买入价（即主观上处于亏损状态）时，投资者就会转变为风险喜好者，不愿意认识到自己的亏损，进而拒绝接受亏损。当投资者的投资组合中既有盈利股票又有亏损股票时，投资者倾向于较早卖出盈利股票，而将亏损股票保留在投资组合中，以回避现实损失。这也是所谓的处置效应导致的投资行为表现。

3. 处置效应中理性因素的分析

处置效应的基本结论是投资者更愿意卖出盈利股票和继续持有亏损股票，与此相关的有以下两个推论。

（1）卖出盈利股票的比率超过卖出亏损股票的比率。

（2）持有亏损股票的时间长于持有盈利股票的时间。处置效应还有一个不太适当的推论：卖出盈利股票的数量超过卖出亏损股票的数量。事实上，把绝对价格高低作为估值贵贱的标准是想当然的选择。而市场的种种缺陷，又让这种错误不仅不被纠正反而被强化。这里需要强调的是，股票的价值与其绝对价格高低并没有多少关系。市场上有些低价股其实估值并不便宜，甚至有时还会产生离谱的高估。

（四）框定偏差与投资行为

行为金融学通过借鉴心理学的研究方法、吸取心理学研究成果而解释了传统金融理论不能解释的金融现象。行为金融学是帮助人们了解框定偏差与投资行为是如何影响自己和他人的投资行为的，有助于投资者制定正确的投资策略，有效地规避投资风险，确保金融市场的稳健运行。

1. 货币幻觉

货币幻觉是货币政策的通货膨胀效应。它指人们只是对货币的名义价值做出反应，而忽视其实际购买力变化的一种心理错觉。"货币幻觉"一词由美国经济学家欧文·费雪（Irving Fisher）于1928年提出，它告诉人们理财的时候不应该只盯着哪种商品价格降了或升了、花的钱多了还是少了，而应把大脑用在研究"钱"的购买力、"钱"的潜在价值还有哪些等方面。只有这样，才能精打细算，真正做到花多少钱办多少事；否则，在货币幻觉的影响下，往往是"如意算盘"打到最后才会发现自己其实吃亏了。

2. 房产投资的货币幻觉

人们在购物时，常常会忽视那些明显已经因通货膨胀扭曲的信息，而冲动地把心理价位抬高到实际价位之上，这也是货币幻觉。例如，货币幻觉可能会使潜在买家相信房价会一直上涨，从而认为购买房产是不错的投资选择。美国耶鲁大学经济学教授罗伯特·席勒（Robert Shiller）认为，正是货币幻觉导致的错误逻辑催生了房地产泡沫，"人们大都只记得几年前买房时的房价，却常常忘记了其他商品的价格，错误地认为房价比其他物价涨幅更大，从而夸大房地产的投资潜力。"

3. 股市中的货币幻觉

股市中也存在类似货币幻觉的现象，我们姑且称之为"绝对价格货币幻觉"。当一只股票的绝对价格较低时，投资者总会认为其是便宜的。按照逻辑，既然便宜，那么这个"便宜货"就有了上涨的理论基础；既然便宜，那么绝对价格低的股票自然会广受投资者欢迎。这种绝对价格货币幻觉可以为中国股票市场上众多奇特的现象提供解释。

这一货币幻觉是炒作低价股的重要理论基础。也许股票的估值对一般老百姓而言太过复杂，把绝对价格高低作为估值贵贱的替代是想当然的选择。而市场的种种缺陷又让这种错误不仅不被纠正反而被强化。货币幻觉本来就是一种心理错觉，尽快认清这种错觉，也许能让投资者避免更多损失。

（五）投资行为中的锚定效应

锚定效应的存在使投资者在预测某一交易对象的未来价值时，不可避免地会受到被投资者视为初始值的那个变量的影响。即使投资者意识到初始值的准确性并不是太高，并不断地对其进行调整与改善，可是初始值往往仍会在投资者的心理上形成一定的制约，影响投资者的认知，并导致投资者的投资行为不同程度地受到初始值的影响，进而做出一定的非理性投资行为。

1. 以交易价作为参照价的投资行为

投资者经常锚定的是某一只股票的买入/卖出价格。例如，投资者是以 10 元/股的价格买入股票 A 的，那么他容易在 12 元/股的时候做出卖出的决定；而如果股价在 8 元/股，投资者抛售时可能就会犹豫不决。

锚定效应会使投资者过于针对某一价格形成投资决策，而不是根据股票本身的价值做出买卖的决定。锚定效应造成的常见后果如下。

（1）如果是牛股，那么在抛售后，股票继续一路上涨，由于不愿意用比自己卖出价高的价格再买回来，结果只赚到了牛股中非常少的收益。

（2）如果是熊股，则由于股价不断下跌，投资者不愿意抛售股票，甚至通过加码买入来试图降低成本，因为投资者认为股价已经更低了。但这个"更低"只是相对买入的价格而言的，而不是就股票本身的价值而言的，所以，会导致出现有些投资者手中的股票产生巨额亏损的现象。

因此，锚定效应造成了投资者不能以客观第三方的角度来分析股价，而只愿意以自己买卖股票的价格来判断股价是高还是低。然而，股价真正的决定性因素还是其内在的价值。进行投资时应该以股票本身的价值对应目前的股价来判断是否值得持有或者抛售一只股票，而不应该以自己交易的价格作为判别标准去做出投资决定。

2. 受预测估值影响的投资行为

当某些不利情况（如原材料价格的上涨、竞争对手的施压等）使得公司效益突然出现较大下滑的时候，分析师们由于一般将注意力放在对公司过去业绩水平的评估分析上，即用以分析评估的统计数据只可能来源于以往的统计报表，因此其研究结论往往会与实际的变化情况相脱离，使得按照其预测估算值进行交易的投资者遭受风险和损失。

3. "心理锚"的投资行为

心理学研究发现，股票市场中有很大一部分比例的投资者倾向于过高估计所谓的"利好消息"可能出现的概率，这是一种普遍存在的"心理锚"。在存在普遍过高估计"利好消息"的"心理锚"的情况下，人们的收益预期普遍过高，尤其是那些在大牛市背景中介入且渴望尽快致富的年轻投资者们，投资知识的相对缺乏加上拥有过于乐观自信的心态，最终往往会使其遭受一定程度的亏损。而作为一个成熟的投资者，应该有意识地避免这种情况的发生，尽可能做到谋定而后动，时刻保持谨慎与客观的态度来对待自己的每一个交易决策。

三、羊群效应

在投资学中经常用羊群效应来描述投资个体的从众行为。

（一）从众行为的基本概念

从众行为是近年来经济学研究的一个热点。所谓从众行为是指个人在社会群体的压力下，放弃自己的意见，转变自己原有的态度，采取与大多数人一致的行为，这种现象被称为"从众现象"或"羊群效应"。从众行为可以说是人类的本能，人们在不确定的条件下决策时往往会相信"真理掌握在多数人手中"。通常情况下，多数人的意见往往是对的；但缺乏分析，不进行独立思考，不顾是非曲直地一概服从多数，则是消极的、不可取的盲目从众行为。

从众行为从心理上可以分为两种不同的形式：一种为表面上顺从，另一种为内心真正接受。前者虽然是因为受到群体的压力而表现出符合外界要求的行为，但内心仍然坚持自己的观点，保留自己的意见，仅仅是表面的顺从，因此是一种伪从众。后者是指在信念和行动上，出于自愿接受了大多数人的主张，而完全放弃了自己原有的态度或行为方式，因此是一种真正的从众。两者的共同点是都迫于外界压力而产生行为，两者的区别在于是否出自内心的真实想法。

在证券市场中，从众行为是普遍存在的，常常被称为"跟风行为"或"羊群行为"。它表现为投资者在观测到其他投资者的决策和行为之后改变原来的想法，追随那些被观察者的决策和行为。它强调的是个体决策和行为受他人决策和行为的影响，与人们的情绪、心理活动密切相关，而证券价格的易变性、价格泡沫、交易狂热、股市崩溃等都是与之相伴的常见现象。

（二）羊群效应的理论分析

在经济学中，经常用羊群效应来描述经济个体的从众行为。羊群组织散乱，平时在一起也是盲目地左冲右撞，而一旦有一只头羊动起来，其他的羊就会不假思索地一哄而上，全然不顾前面可能有狼或者不远处可能有更好的草。因此，羊群效应就是比喻人们都有一种从众心理，从众心理很容易导致盲从，而盲从往往会使人们陷入骗局或遭到失败。

1. 羊群效应的表现

羊群效应一般出现在竞争非常激烈的行业中，而且这些行业中有一个领先者（领头羊）吸引了大家的注意力，那么整个"羊群"就会不断模仿这个"领头羊"的一举一动，即"领头羊"去哪里"吃草"，其他的羊则跟着去哪里"吃草"。

社会心理学家研究发现，影响从众心理最重要的因素是持某种意见的人数多少，而不是意见本身。人多本身就有说服力，很少有人会在众口一词的情况下还坚持自己的不同意见。

当然，任何存在的东西都有其合理性，羊群效应并不见得就一无是处。这是自然界的优选法则，在信息不对称和预期不确定的条件下，效仿别人的做法确实风险比较低（这在博弈论、纳什均衡中都有所说明）。羊群效应可以产生示范学习作用和聚集协同作用，这对弱势群体的保护和成长是很有帮助的。

2. 股市中的羊群效应

在股市中，羊群效应是指在一个投资群体中，单个投资者总是根据其他同类投资者的行动而行动，即在他人买入时买入、在他人卖出时卖出。

在投资股票积极性高涨的情况下，个人投资者能量迅速积聚，极易形成趋同性的羊群效应，追涨时信心百倍、蜂拥而至，大盘跳水时恐慌心理开始产生连锁反应，人们纷纷出逃，只不过这时容易将股票杀在地板价上。这就是牛市中慢涨快跌，而杀跌又往往一次到位的根本原因。我们必须牢记，一般情况下急速杀跌并不是出局的时机。

四、证券市场的异象

股票价格的波动是建立在股票内在价值基础上的，股票价格会由于各种非理性原因而偏离内在价值。但随着时间的推移，这种偏离应该会得到纠正而回归内在价值。因此，股票价格的未来表现可通过与基础价值的比较进行判断，而基础价值取决于公司未来的盈利能力。然而，令人吃惊的是股票市场价格有时会长期偏离基础价值。股票市场和债券市场的价格波动比单纯由基础价值来决定的价格波动更剧烈。股票价格长期偏离基础价值的市场异象，使股票价格只随基础价值变化而变化的观点受到了挑战。

大量的实证研究和观察结果更表明，股票市场存在收益异常的现象。这些现象无法用有效市场假说和现有的定价模型来解释，因此被称为"异象"。

（一）股票溢价之谜

股票溢价是指股票收益率大于无风险资产收益率的现象。所谓的"谜"是指理论模型在定量分析中难以解释现实中如此高的股票溢价，即理论模型的数值模拟和实际经济数据间存在着难以解释的差距。

1. 股票溢价之谜的表象

不仅美国、英国、日本、德国、瑞典和澳大利亚等发达国家的股市存在股票溢价，而且印度等发展中国家的股市也存在显著的股票溢价，由此可见股票溢价的普遍性。

2. 股票溢价之谜的解释

为什么股票的收益率会高于无风险资产收益率呢？通常的解释是，股票相对于无风险资产承担了更多的风险，正是由于风险溢价的存在，投资股票应该获得更高的收益率。

短期内，股票市场收益率存在的风险很大，因此股票必须提供更高的收益率来吸引投资者。但股票短期风险并不能对股票溢价做出完整的解释，在长时期内，实际上是固定收入的长期债券，而不是股票拥有更高的风险。消费价格指数尽管每月变动很小，但在长时间的间隔里变化很大，因而具有很大的购买力风险。

（二）封闭式基金之谜

研究发现，封闭式基金单位份额交易的价格并不等于其净资产现值。虽然有时候封闭基金单位份额交易价格与资产净值相比是溢价交易，但实证表明，折价 10%～20%已经成为一种普遍的现象。这种与有效市场假说相矛盾的价格表现就是所谓的"封闭式基金之谜"。

行为金融学学者认为，封闭基金折价水平的变化反映的是个人投资者情绪的变化，因此具有相同投资者结构的投资品种将会受到类似投资者情绪的影响。

（1）封闭式基金发行上市时，由于认知偏差的存在，噪声交易者（非理性投资策略的交易者）对封闭式基金会非常乐观。这种乐观的程度远远超出了对基金未来业绩的理性预期，导致基金过度交易，使基金的交易价格高于其资产净值，从而产生溢价。

（2）封闭式基金折价水平随投资者对基金未来收益水平预期的情绪波动而波动。

（三）动量效应与反转效应

动量效应亦称惯性效应，是指在较短时间内表现好的股票将会持续其好的表现，而表现不好的股票也将会持续其不好的表现。

在较长的一段时间内，表现差的股票有强烈的趋势在其后的一段时间内经历相当大的好转，而表现好的股票则倾向于在其后的一段时间内出现差的表现，这就是反转效应。

（四）过度反应和反应不足

过度反应是指投资者对最近的价格变化赋予过多的权重，对近期趋势的外推导致与长期平均值不一致。反应不足是指股票价格对影响公司价值的基本面消息没有做出充分、及时的反应。

1. 过度反应和反应不足的表现

过度反应是由于人们过于重视新的信息而忽略旧的信息，在市场上升时变得过于乐观，而在市场下降时变得过于悲观。

> **问与答**
>
> 问：什么是利多与利空？
> 答：有助于提升股价的消息就是利多，反之就是利空。

反应不足在证券价格的变动上表现为：当影响价格的消息出现后，证券价格会在最初价格反应的基础上，没有调整到其应有的水平，或者需要很长的时间才能调整到其应有的水平。在这个价格调整过程中，投资者可以通过在出现利好（利多）消息时买入证券而在出现利空消息时卖出证券来获得超额收益。这显然违背了有效市场的半强式有效（即不可能通过对公开信息的分析来获得超额收益）。

2. 过度反应和反应不足的解释

代表性启发和保守主义分别是造成这两种现象的重要心理因素。人们在进行投资决策时，代表性启发法使投资者过分重视近期数据的变化模式，而对产生这些数据的总体特征重视不够；而且代表性启发法使人们过于使用小样本的形式进行推断，于是可能造成人们对某种类型信息过度反应。保守主义则常使人们忽视这种信息，造成反应不足。一般来说，人们会对很容易处理的信息做出过度反应，而对难以获取或处理成本高的信息反应不足。

过度自信和自我归因偏差分别是导致这两种现象的另一个重要的心理和行为因素。过度自信导致投资者夸大自己对股票价值判断的准确性；自我归因偏差则使他们低估了关于股票价值的公开信息。

另外，投资者对信息处理的方式不一样，也可能导致出现这一现象。

（五）日历效应

股票收益率与时间有关，即在不同的时间内，投资收益率存在系统性的差异，这就是所谓的日历效应。

1. 一月效应

一月份的股票收益率明显高于其他 11 个月收益率的现象称为一月效应。1802—2004 年，对纽约股票交易所的股价指数的统计表明，其一月份股票的月平均收益率为 1.10%，而其他 11 个月的月平均收益率为 0.7%，即一月比其他月份的投资回报率高出 0.4 个百分点。如果将时间分段计算，发现股票市场的一月效应更加明显。1987—2004 年，其一月份的平均收益率为 2.16%，而其他月份的平均收益率为 0.92%，收益率差异高达 1.24 个百分点。而日本东京证券交易所近 30 年的统计数据也表明其股票指数的一月份收益率比其他月份高出 3.3 个百分点。进一步研究表明，英国和澳大利亚的股市也存在一月效应。

2. 周一效应

股票市场的投资收益率在月收益率上存在异常现象，在日收益率上也存在异常现象。研究表明，股票市场周一的平均收益率比其他交易日要低得多，我们称之为"周一效应"。不过有趣的是，可能由于大家都知道周一效应的存在，于是纷纷进行套利，经过长时间的交易，投资者的套利行为便使股票市场的周一效应逐渐消失。

3. 中国股市的春节效应

所谓"春节效应"，是指 A 股特有的一种现象，即春节前一个交易周（5 个交易日）市场上涨的概率远大于下跌的概率。

> **课堂讨论**
>
> "721 法则"被广泛用于时间管理、资源管理等领域，如个人工作时间可以这样安排：70%用于当天的工作，20%用于明天的准备，10%用于下周的计划筹措。股市"721 法则"，是指"70%的散户亏损，20%的散户保本，10%的散户获利"。你怎么解释这一现象？

Wind 数据统计显示，在 2003—2022 年的 20 年间，春节前一个交易周 A 股大概率上涨，具体表现为 20 个年份中有 16 个年份是上涨的，上证指数平均上涨 1.72%，这种现象怎么解释呢？当然，一种解释是巧合，但我们并不倾向于这种解释；另一种解释就是心理作用，节前大家心情都比较好，所以预期容易转正。

心理作用说起来比较玄，实证起来却不难。玄与不难之间的区别在于：一个总是在定性上折腾，所以听起来比较玄（实际上做起来更玄）；另一个则试图通过定量的手段统计、归纳，所以实证起来不难。

在早期美国的投资者多集中于纽约地区的时候，统计者曾经发现，纽约晴天的日子里市场上涨的概率要显著大于阴天，且最后将原因归结于晴天时投资者心情比较好。几十年以后，我国的研究人员也在上证综指上发现过类似的现象。

第二节 证券投资策略与技巧

成功的证券投资，除了要做好证券投资分析外，也要掌握必备的投资策略知识。本节将对投资策略与技巧做扼要介绍。

一、投资组合理论

证券投资中有一句谚语就是"不要把所有的鸡蛋放进一个篮子里"，这说明了证券组合的重要性。投资组合理论是指由若干种证券组成的投资组合，其收益是这些证券收益的加权平均数，但其风险不是这些证券风险的加权平均风险，投资组合能降低非系统性风险。

（一）投资组合理论概述

诺贝尔经济学奖得主、美国经济学家马科维茨于 1952 年首次提出了投资组合理论，并进行了系统、深入和卓有成效的研究。

该理论包含两个重要内容，分别是均值-方差分析方法和投资组合有效边界模型。在成熟的证券市场中，马科维茨投资组合理论早已在实践中被证明是行之有效的，并且被广泛应用于组合选择和资产配置。

从狭义的角度来说，投资组合是规定了投资比例的一揽子有价证券，当然，单只证券也可以当作特殊的投资组合。

人们进行投资，本质上是在不确定性的收益和风险中进行选择。投资组合理论用均值-方差来刻画这两个关键因素。所谓均值，是指投资组合的期望收益率，它是所有证券的期望收益率的加权平均，权重为相应的投资比例。当然，股票的收益还包括分红派息和资本增值两部分。所谓方差，是指投资组合的收益率的方差。我们把收益率的标准差称为波动率，它刻画了投资组合的风险。

人们在证券投资决策中应该怎样选择收益和风险的组合呢？这正是投资组合理论研究的中心问题。投资组合理论研究的是理性投资者应如何选择优化投资组合的问题。所谓理性投资者是指能做出最优选择的投资者，他们在给定期望风险水平下对期望收益进行最大化的选择，或者在给定期望收益水平下对期望风险进行最小化的选择。

把上述优化投资组合在以收益率标准差为横坐标、期望收益率为纵坐标的二维平面中描绘出来，形成一条曲线，这条曲线上有一个点，其收益率标准差最低，称之为最小方差点（MVP）。这条曲线在最小方差点以上的部分就是投资组合有效边界，对应的投资组合称为有效投资组合。

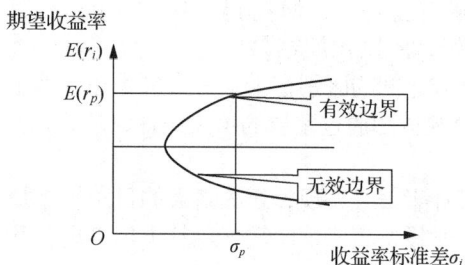

图 11.3　投资组合的收益率曲线

投资组合的收益率曲线（见图 11.3）上，任意一个投资组合要么落在有效边界上，要么处于有效边界之下。因此，有效边界包含了全部最优投资组合，理性投资者宜在有效边界上选择投资组合。

（二）投资组合理论的应用

投资组合理论为有效投资组合的构建和投资组合的分析提供了重要的理论基础和一整套分析体系，其对现代投资管理实践的影响主要包括以下两项内容。

1. 是分散投资的理论依据

在马科维茨之前，尽管人们很早就对分散投资能够降低风险有一定的认识，但从未在理论上形成系统化的认识。投资组合理论关于分散投资的合理性的阐述为基金管理业的存在提供了重要的理论依据。

马科维茨提出的"有效投资组合"概念，使基金经理从过去一直关注对单个证券的分析转向了对构建有效投资组合的重视。

自 20 世纪 50 年代初马科维茨发表其著名的论文以来，投资管理已从过去专注于选股转为对分散投资和组合中资产之间的相互关系上来。事实上，投资组合理论已将投资管理的概念扩展为组合管理，从而也就使投资管理的实践发生了革命性的变化。

2. 被应用于证券投资的最优配置

马科维茨的投资组合理论已被广泛应用到了投资组合中各主要资产类型的最优配置的活动中，并被实践证明是行之有效的。马科维茨首次对风险和收益这两个投资管理中的基础性概念进行了准确的定义，从此，风险和收益就成为描述合理投资目标缺一不可的两个要件。

在马科维茨之前，投资顾问和基金经理尽管也会顾及风险因素，但由于不能对风险加以有效的衡量，也就只能将注意力放在投资的收益方面。马科维茨用投资回报的期望值（均值）表示投资收益（率），用方差（或标准差）表示投资风险，解决了对资产风险的衡量问题。他认为典型的投资者是风险回避者，他们在追求高预期收益率的同时会尽量回避风险。据此，马科维茨提供了以均值-方差分析为基础的最大化效用的一整套组合投资理论。

投资组合的方差公式说明了投资组合的方差并不是组合中各个证券方差的简单线性组合，而是在很大程度上取决于证券之间的相关关系。单个证券本身的收益和标准差指标对投资者可能并不具有吸引力，但如果它与投资组合中的证券相关性小甚至负相关，它就会被纳入组合。当组合中的证券数量较多时，投资组合的方差的大小在很大程度上更多地取决于证券之间的协方差，单个证券的方差则会居于次要地位。因此，投资组合的方差公式对分散投资的合理性不但提供了理论上的解释，而且提供了有效分散投资的实际指引。

（三）投资组合理论的局限性

马科维茨的投资组合理论不但为分散投资提供了理论依据，而且也为如何进行有效的分散投资提供了分析框架。但在实际运用中，马科维茨模型也存在着一定的局限性。

1. 计算量大、有误差

马科维茨模型所需要的基本输入包括证券的期望收益率、方差和两两证券之间的协方差。当证券的数量较多时，基本输入所要求的计算量非常大，从而也就使得马科维茨模型的运用受到很大限制。因此，马科维茨模型目前主要被用在资产配置的最优决策上。

马科维茨模型需要将证券的期望收益率、期望收益率的标准差和证券之间的期望收益率的相关系数作为已知数据进行基本输入。如果这些数据没有估计误差，马科维茨模型就能够保证得到有效的证券组合。但由于期望数据是未知的，需要进行统计估计，因此这些数据就不可能没有误差。这种由于统计估计而带来的数据输入方面的不准确性会使一些资产类别的投资比例过高而使另一些资产类别的投资比例过低。

2. 不稳定、重配成本高

马科维茨模型的另一个应用问题是即使是输入数据的微小改变也会导致资产权重的很大变化。解的不确定性限制了马科维茨模型在实际制定资产配置策略方面的应用。例如，如果基于季度对输入数据进行重新估计，用马科维茨模型就会得到新的资产权重的解，新的解与上一季度权重的解差异可能很大。这意味着必须对资产组合进行较大的调整，而频繁调整会使人们对马科维茨模型产生不信任感。

资产比例的调整会带来很多不利的影响，如可能会造成不必要的交易成本的上升，因此正确的策略可能是维持现状而不是投资组合的最优化。

二、证券投资的操作策略

证券投资策略是我们基于对市场规律和人性的理解认识，根据投资目标而制定的指导我们投资的规则体系和行动计划方案。常用的证券投资的基本策略包括以下几种。

1. 投资组合策略

投资组合策略是指投资者在某一时期内按自己的投资理念制定的符合市场和自己操作规律的操作对象和操作方法的组合。

投资组合其实也就是资产分配，指资产组合在主要的资产种类之间的分配，如存款、货币市场基金、债券、股票、外汇、不动产及贵金属等。

2. 消极型投资策略

消极型投资策略可以应用于资产分配过程和证券选择过程中。在决定资产分配时，投资者不管对不同市场预期有何变动，并不改变其投资组合中各资产的投资比例。只有随着时间的推移，由于投资者的年龄和财富出现变化而引起其风险承受能力也发生变化时，资产组合的投资比例才会被加以调整。

一般认为，采取消极型投资策略的投资者所了解证券的程度与别人完全一致，并且其所了解的信息已经反映在证券市场的价格上，这样的投资者会认为市场上的证券定价合理，如果不能预测出哪只证券有超额收益，最好的投资策略就是投资多样化，避免"将所有的鸡蛋都放在同一个篮子里"。

3. 积极型投资策略

某些投资者相信自己具有超出市场上其他投资者的能力，相信市场是有效的，市场上的某些证券定价不合理，其价值被高估或低估，他们通过卖出价值高估的证券或买进价值低估的证券，来获得超过市场平均收益的超额收益。这种投资操作策略即为积极型投资策略。

> **课堂讨论**
>
> 买入一只股票并长期持有，这是什么样的投资策略？

积极型投资策略包括两层含义：证券分析和证券选择。证券分析侧重于对特定的行业和公司所处的市场地位进行评估。积极型投资策略就是利用许多分析者的报告筛选出所要投资的证券，然后运用对市场状况的预测来进行资产分配决策。

4. 行为金融学下的投资策略

20世纪80年代以来，与现代金融理论相矛盾的实证研究结果不断涌现，其矛盾主要体现在投资策略的改变上。下面介绍几种典型的行为金融学下的投资策略。

（1）利用小公司效应。小公司效应是指小盘股比大盘股的收益率高的现象。而且小公司效应的出现大部分集中在1月份。由于公司的规模和1月份的到来都是市场已知信息，这一现象明显地违背了有效市场假说。高市盈率的股票风险更大，在大盘下跌和经济衰退时，其表现特别差。市盈率与收益率的反向关系对有效市场假说形成了严峻的挑战，因为这时已知的信息对收益率有明显的预测作用。

（2）反向投资策略。反向投资策略就是买进过去表现差的股票，而卖出过去表现好的股票来进行套利的投资方法。一些研究显示，如选择市盈率低或历史收益率低的股票，往往可以得到比预期收益高很多的收益，而且这种收益是一种长期异常收益。行为金融理论认为反向投资策略是对股市过度反应的一种纠正，是一种简单外推的方法。

（3）动量交易策略。动量交易策略即首先对股票收益和交易量设定交易准则，当股票收益和交易量满足交易准则时就买入或卖出股票的投资策略。行为金融理论定义的动量交易策略源于对股市中间收益延续性的研究。

（4）成本平均策略和时间分散化策略。成本平均策略是指投资者以不同的价格分批买进股票，以摊低成本的策略；时间分散化策略是指随着投资者年龄的增长而将股票在投资组合中所占比例逐步予以降低的策略。

> **课堂讨论**
>
> 假设你刚毕业不久，尚未成家，每月工资略有盈余，想进入证券市场，这时你应采取什么样的投资策略？

行为金融理论已经开始成为金融研究中一个十分引人注目的领域，它对原有理论框架中的现代金融理论进行了深刻的反思，从人的角度来解释市场行为，充分考虑市场参与者的心理因素的作用，为人们理解金融市场提供了一个新的视角。行为金融理论是第一个较为系统地对有效市场假说和现代金融理论提出挑战并能够有效地解释市场异常行为的理论。行为金融理论以心理学对人类的研究成果为依据，以人们的实际决策心理为出发点讨论投资者的投资决策对市场价格的影响，它注重投资者决策心理的多样性，突破了现代金融理论只注重最优决策模型，简单地认为理性投资决策模型就是决定证券市场价格变化的实际投资决策模型的假设，使人们对金融市场投资者行为的研究由"应该怎么做决策"转变为"实际怎样做决策"，其研究更接近实际。因而，尽管现代金融理论依然是对市场价格的最好描述，但行为金融理论的研究无疑也是很有意义的。

三、证券投资的操作技巧

证券投资操作技巧需要投资者在投资过程中慢慢领悟，新手前期可用模拟软件去练习，从模拟中积累经验，等有了好的效果之后再去实战，这样可避免遭受不必要的损失，证券投资的常用操作技巧包括以下几项。

（一）顺势投资法

对小额股票投资者来说，由于投资能力有限，无法控制股市行情，只能跟随股价走势采取顺势投资法。当整个股市大势向上时，宜买进股票；而当股市不振或股市大势向下时，则宜卖出手中持有的股票，以持现待机而动。

顺势投资法只有在判明涨跌形成中期趋势或长期趋势时才可实施，而在短暂趋势时，则不宜冒险跟进。有些时候，顺势投资也会不遂人意，例如，股价走势虽已明确为涨势，但已到涨势顶峰，此时若顺势买进，则可能因迅速的走势逆转而受损；当股价走势明确为跌势，但也到了回升边缘，若这时顺势卖出，则同样会受损。因此，采用顺势投资法常常可能因看错趋势或落后于趋势而遭受损失。采用这种方法必须注意两个基本前提：①善于判断股市涨跌趋势；②对趋势及早确认，并及时采取行动。这就需要投资者随时观察股市变化的征兆。

（二）摊平投资法

投资者在买进股票后，如遇股市行情急剧下跌，便会在价格上遭受亏损，但在未卖出了结之前，就意味着还没有完全失败，只要经济发展前景仍有希望，耐心地持股等待，总会有挽回损失的时候，甚至还有可能扭亏为盈。如果投资者希望早日收回成本或赚取利润，就可运用摊平投资法。

摊平投资法是指投资者在买进股票后，由于股价下跌，手中持股形成亏损状态，当股价再跌一段时间以后，投资者再低价加码买进一些股票以摊低成本的投资方法。摊平投资法又可进一步分为两种方法。

1. 逐次等数买进摊平法

逐次等数买进摊平法，是指当第一次买进股票后便被套牢，等股价下跌至一定程度后，分次买进与第一次数额相等的股票。使用这种方法，在第一次买入时，必须严格控制，只能投入全部资金的一部分，以便留存剩余资金作以后的等数摊平之用。如果投资者准备分三次来购买，则第一次应买进 1/3，第二次和第三次再各买进 1/3。采用这种方法，可能遇到的股市行情变化及获利机会有以下两种情况。

（1）第一次买进后行情下跌，第二次买进同等数量的股票后，行情仍下跌，就再做同等数量的股票的第三次买进。三次买进的平均成本应该在第二次买进的价格附近，其后，如果行情回到第一次买进的价位，即可获利。

（2）第一次、第二次、第三次买进之后，行情继续下跌，不过行情不可能永远只跌不涨，只要行情有机会回到第二次买进的价位，就可保本，略超过第二次买进价位便可获利。

2. 倍数买进摊平法

倍数买进摊平法，是指在第一次买进股票后，如果行情下跌，则第二次再买进第一次买进股票的倍数，以便摊平成本，这种方法即为倍数买进摊平法。倍数买进摊平可以做两次或三次，分别称为两次加倍买进摊平和三次加倍买进摊平。两次加倍买进摊平，即投资者把资金做好安排，在第一次买进后，如遇股价下跌，则用第一次买进股票的资金的两倍做第二次买进，即第一次买进 1/3，第二次买进 2/3。

（三）"拨档子"投资法

该方法是多头降低成本、保存实力的操作方法之一。所谓"拨档子"，就是投资者卖出自己持有的股票，等股价下跌后再补回来的一种操作方法。投资者采用这种方法并非对股市看跌，也不是真正有意获利了结，只是希望在价位趋高时先行卖出，以便先赚回一部分差价。通常"拨档子"卖出与买回之间不会相隔太久，最短时只有一两天，最长也不过一两个月。

"拨档子"投资法的具体操作又分为以下两种方法。

（1）行情上涨一段时间后卖出，回落后补进。这是多头在推动股价上涨时，见价位已上涨不少，或者遇到沉重的压力区就自行卖出，使股价略为回落来化解上涨阻力，以便于行情再度上涨的一种操作策略。

（2）行情下跌时，在价位仍较高时卖出，等下跌后再买回。这是套牢的多头或多头自知实力弱于空头时，在股价尚未跌到底部之前先行卖出，等股价跌落后再买回反攻的一种操作策略。

视野拓展 部分投资者的操作策略简介

（四）分段交易法

分段交易法包括分段买进法和分段获利法两种。

1. 分段买进法

许多投资者倾向于采取谨慎的策略，他们不是将手中拥有的资金一次性投入购买某种股票组合，而是将所有资金分成若干部分，多次分段买进股票，这就是所谓的分段买进法。具体有以下两种做法。

（1）当股价在某一价格水平时买进一批，然后等股价上涨一小段后再买进第二批，以后依次再陆续买进若干批次，这种分段买进法叫作分段买高法。

（2）与前一种情况相反，投资者在某一股价水平上买进一批，待股价下降一小段后再买进一批，以后再陆续买进若干批次，这种分段买进法叫作分段买低法。

这两种做法的区别是分段买高法在投入资金后即可获利，而分段买低法则是在价格下跌时先买进，要等到股票价格反弹后方能获利。

2. 分段获利法

所谓分段获利法的具体做法就是当所购买的股票创下新的高价行情时，便将部分股票卖掉，及时赚取相应的价差，再将剩下的股票保留下来，一旦股票买价及交易量疲软时，即使股价下跌，仍安心持有，因为已赚得部分差价，即使赔也不至于赔得太多。对稳健保守的投资者来说，可以采用这一方法。

有不少投资者在所持股票的市场价格上涨时便急不可待地将其全部抛售，这种做法可能会赚钱很多，但如果估计失误，价格继续上升，就会失去赚更多钱的机会。相比之下，分段分次抛售股票虽然会因价格下落而减少所得利润，但比一次卖出要更稳妥，而且如果股价继续上涨，还有可能获利更多。

（五）保本投资法

在经济不景气、股价走势脱节、行情变化难以捉摸时，投资者可采用保本投资法来避免自己的本金遭受损失。采用保本投资法时，投资者应先估计自己的"本"，即投资者心目中主观认为在最坏情况下不愿损失的那部分金额，也即处于止损点的金额，而不是购买股票时所支付的投资金额。

保本投资的关键在于做出卖出的决策。在做出卖出股票的决策时，首先要定出心目中的"本"，要做好充分的亏损打算，而不愿亏损的那部分即为"本"；其次要确定卖出点，即所谓的止损点。

确定获利卖出点是针对行情上涨所采取的保本投资策略。获利卖出点是指股票投资者在获得一定数额的投资利润时，决定卖出股票的价位。这里的卖出，不一定是将所有持股全部抛出，而是卖出其欲保"本"的那一部分。

在第一次保本以后，投资者还可以再确定第二次要保的"本"，其比例可以按第一次保本的比例来定，也可以按另一个比例来定。一般来说，第二次保本比例可定低一些，等到价格上涨到获利卖出点时，再卖出一部分，行情如果持续上升，可持续地卖出获利，以此类推，可以做多次获利卖出。

止损点是当行情下跌到投资者心中的"本"时，立即卖出，以保住其最起码的"本"的那一价位。简而言之，就是投资者在行情下跌到一定比例的时候，全部卖出所有持股，以免蒙受过多损失。止损点是指当股价下降到持股总值仅等于投资总额减去要保的"本"时的那一价位。

（六）投资三分法

稳健的投资者在对其资金进行投资安排时，最常用的方法是投资三分法。这种方法是将其资金分为三个部分：第一部分资金被存于银行，等待更好的投资机会出现或者用来弥补投资的损失；第二部分资金用于购买股票、债券等有价证券进行长期投资，其中1/3用来购买安全性较高的债券或优先股，1/3用来购买有发展前景的成长性股票，1/3用来购买其他股票；第三部分资金用于购置房产等不动产。投资三分法是对投资组合原理的具体运用。

课堂讨论

现阶段，在A股市场上，效仿巴菲特进行投资是否可行？

【本章小结】

证券投资者可分为不同的类型，不同类型投资者的投资行为也各不相同。

投资组合理论主要研究如何通过多元化投资组合分散风险。

投资者为了规避风险、获取收益，总结出了一些具有经验性也带有一定专业性的投资技巧，包括顺势投资法、摊平投资法、"拨档子"投资法、分段交易法、保本投资法和投资三分法等。通过运用正确的证券投资策略与技巧，可有效提高证券投资的收益率。

【自测题】

【知识测试与实训操作】

一、名词解释

大户　　　中户　　　散户　　　羊群效应　　过度交易行为　　赌场资金效应
心理账户　处置效应　　货币幻觉　　锚定效应　　一月效应　　　投资组合理论
消极型投资策略　　　反向投资策略　顺势投资法　摊平投资法　　分段交易法
保本投资法　　　　投资三分法

二、简答题

1. 相对于传统投资管理，投资组合管理有什么重要意义？
2. 理性投资者的行为特征有哪些？
3. 从理论上说，最佳资产组合应如何确定？
4. 简述消极型投资策略与积极型投资策略的基本特点。
5. 如何理解羊群效应？
6. 在进行证券投资前，投资者应进行怎样的投资准备？

三、实训操作

扫描二维码，阅读材料，你从中可以得到哪些启发？请分析总结出自己的投资原则。

附　录　证券常用英文术语简写释义

更新勘误表和配套资料索取示意图

说明 1：本书配套资料可在人邮教育社区（www.ryjiaoyu.com）下载。

说明 2：本书配套资料将不定期更新、完善，新资料均会上传至人邮教育社区。

说明 3：同学在人邮教育社区网站注册后可直接下载本书配套学习资料。

说明 4：本书**教学用书资料仅供采用本书授课的教师下载，教师身份、用书教师身份**（"用书教师"即指为学生订购本书的教师）需网站后台审批（参见本页内示意图）。

说明 5：扫描二维码可查看本书现有"更新勘误记录表""意见建议记录表"。如您发现本书或配套资料中有需要更新、完善之处，望及时反馈，本书编辑和作者将尽快处理。

联系邮箱：13051901888@163.com。

更新勘误及意见建议记录表

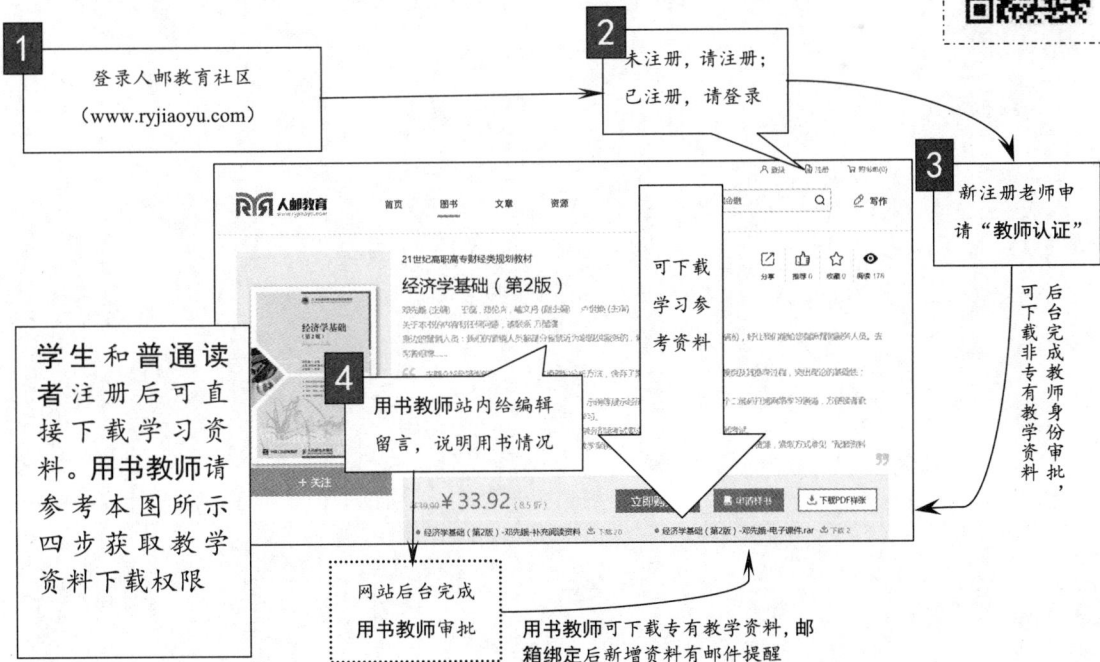

1 登录人邮教育社区（www.ryjiaoyu.com）

2 未注册，请注册；已注册，请登录

3 新注册老师申请"教师认证"

后台完成教师身份审批，可下载非专有教学资料

学生和普通读者注册后可直接下载学习资料。用书教师请参考本图所示四步获取教学资料下载权限

4 用书教师站内给编辑留言，说明用书情况

可下载学习参考资料

网站后台完成用书教师审批

用书教师可下载专有教学资料，邮箱绑定后新增资料有邮件提醒

主要参考文献

[1] 曹风岐，刘力，姚长辉，2013. 证券投资学. 3 版. 北京：北京大学出版社.

[2] 陈文汉，2023. 证券投资学. 3 版. 北京：人民邮电出版社.

[3] 丁鹏，2012. 量化投资——策略与技术. 北京：电子工业出版社.

[4] 葛红玲，2013. 证券投资学. 2 版. 北京：机械工业出版社.

[5] 何韧，2019. 财务报表分析. 4 版. 上海：上海财经大学出版社.

[6] 李向科，2019. 证券投资技术分析. 6 版. 北京：中国人民大学出版社.

[7] 李英，姜司原，2020. 证券投资学. 3 版. 北京：中国人民大学出版社.

[8] 刘德红，2021. 证券投资学. 3 版. 北京：清华大学出版社.

[9] 刘少波，2017. 证券投资学. 3 版. 广州：暨南大学出版社.

[10] 刘颖，李吉栋，杨兆廷，2021. 证券投资学. 3 版. 北京：人民邮电出版社.

[11] 吴晓求，2020. 证券投资学. 5 版. 北京：中国人民大学出版社.